André Ariel Filho

Natural de São Paulo, André Ariel Filho nasceu em 1968. Na capital, formou-se em administração de empresas pela Universidade Presbiteriana Mackenzie.

Apaixonado por literatura e dono de um estilo único de escrita, o autor sempre foi muito curioso e já interessava-se, na adolescência, por temas ligados ao autoconhecimento. Estudou e formou-se como terapeuta metafísico, quando se abriu totalmente à mediunidade.

Sempre inspirado por seus amigos espirituais, escreve com o intuito de levar às pessoas algo útil para ajudá-las a superar os obstáculos da vida ou para que simplesmente tenham um delicioso passatempo.

Casado e pai de dois filhos, é apaixonado pela boa gastronomia e pela corrida, que o auxilia a manter-se em forma e a inspirar-se com novas ideias para escrever os seus livros.

Para mais informações, acesse o site do autor: andrefilho.com.br

A Leila, pela fé; às crianças, pela leveza; e a Marcelo Cezar, pelo despertar.

© 2014 por André Ariel Filho
©iStockphoto.com/harmatoslabu

Coordenadora editorial: Tânia Lins
Assistente editorial: Mayara Silvestre Richard
Coordenador de comunicação: Marcio Lipari
Coordenadora de arte: Priscila Noberto
Capa: Regiane Stella Guzzon
Projeto gráfico: Regiane Stella Guzzon, Alexandre Santiago
Diagramadora: Letícia Nascimento
Preparadora: Mônica Rodrigues
Revisora: Janaína Calaça

1ª edição — 1ª impressão
5.000 exemplares — agosto 2014
Tiragem total: 5.000 exemplares

CIP-BRASIL. Catalogação na Publicação
Sindicato Nacional dos Editores de Livros, RJ

A746s
Ariel Filho, André,
Surpresas da vida / André Ariel Filho — 1. ed.
— São Paulo : Centro de Estudos Vida & Consciência
Editora, 2014 — 368 p. ; 23 cm.

ISBN 978-85-7722-301-5

1. Romance espírita. I. Título.

14-10724   CDU: 133.7   CDD-133.93

Índices para catálogo sistemático:
1. Romance espírita : I. Título. 133.93

Todos os direitos reservados. Nenhuma parte desta edição pode ser utilizada ou reproduzida, por qualquer forma ou meio, seja ele mecânico ou eletrônico, fotocópia, gravação etc., tampouco apropriada ou estocada em sistema de banco de dados, sem a expressa autorização da editora (Lei nº 5.988, de 14/12/1973).

Este livro adota as regras do novo acordo ortográfico (2009).

Editora Vida & Consciência
Rua Agostinho Gomes, 2.312 – São Paulo – SP – Brasil
CEP 04206-001
editora@vidaeconsciencia.com.br
www.vidaeconsciencia.com.br

Surpresas da vida

ANDRÉ ARIEL FILHO

capítulo 1

Berlim, Alemanha.

A Mercedes-Benz parou em um canto isolado do bosque. O motorista desceu do carro e abriu o porta-malas. Em sua mão direita havia uma pistola automática.

— Vamos, está na hora.

De dentro do porta-malas, um homem saiu com dificuldade e bastante machucado.

— Por favor, não faça isso! Não adianta me matar! Você não vai mudar nada, eu já deixei tudo pronto!

Ambos eram altos, bonitos e tinham olhos azuis, de uma profundidade ímpar.

— Você não pode nos impedir agora — alegou o que estava em pé, levantando a pistola e mirando contra o seu oponente. — Está na hora.

— Nós nos encontraremos em breve, meu amigo.

— Eu acho que não.

— Eu...

Não deu tempo de concluir a frase. Indefeso, tombou para trás com a força do impacto da bala em sua testa. Ele não terminou de falar. O que pretendia dizer?

O matador guardou a pistola no bolso de seu sobretudo, voltou ao carro e retirou um bilhete do porta-luvas.

Olhou para o corpo ensanguentado e inerte no chão. Pregou o bilhete na camisa do morto, em que estava escrito NAZISTA IMUNDO.

Faria o que tinha que fazer para terminar a sua tarefa. Nada mais o deteria...

———

— Eu... Eu o verei no inferno! — bradejou ele repentinamente.

Ao abrir os olhos, percebeu que estava deitado. Acordou muito confuso. Achava que tinha morrido, mas estava lá, vivo, no que parecia ser um hospital. Havia alguém ao seu lado, fitando-o. Sua visão estava embaçada e percebeu que se tratava de um homem vestido de branco.

— Você é médico? Acho que levei um tiro.

— Calma, irmão, relaxe.

Olhou e viu uma mulher bem atrás do homem ao seu lado. Começou a voltar a si e reconheceu a feição da mulher.

— Meu Deus, é você?

— Sou eu, meu amor — respondeu a mulher.

— Hora de descansar — o homem de branco acalmou-o, colocando a palma da mão direita sobre sua testa.

Imediatamente, ele caiu em um sono profundo, sob os olhares do homem de branco e da mulher.

———

Rio de Janeiro, cinco anos antes.

— Vou sentir saudades — queixou-se Rudolph em alemão, debruçado sobre o convés do transatlântico, que zarparia rumo à Europa.

— De quê, se estou indo com você? Ou vai sentir saudades de alguma brasileira? — indagou Gabriela com voz séria, também em alemão, fazendo uma careta de gozação.

— Ah, querida Gabi, vou sentir falta dessas terras quentes e desse povo gentil. E principalmente dos quinze dias no Copacabana Palace. Além do mais, fomos muito bem recebidos em todos os eventos e eu fechei ótimos negócios.

— É, mas o evento de gala não foi muito do seu gosto. Você abusou da bebida e no final mais parecia um pimentão com o rosto todo vermelho, lembra? — Gabriela zombava dele.

— Você é terrível! Deveria jogá-la ao mar agora mesmo! — Rudolph carregou-a no colo e colocou-a em cima da grade do deque. Gabriela deu um grito e ele riu muito. Os demais passageiros assustaram-se de início, entretanto, percebendo tratar-se de uma brincadeira, viraram o rosto, achando aquele casal vulgar demais para o padrão da primeira classe daquela caríssima viagem.

Era o início de 1936 e Rudolph achava que este seria o ano em que a Alemanha seria vista e respeitada por todo o mundo. Ele fazia parte de tudo aquilo. Não estava no Brasil apenas para aumentar a sua fortuna. Estava no país para fazer história.

Karl Rudolph Eichmann era um típico alemão de quarenta e um anos, alto, loiro, de olhos azuis e pele bem clara. Era casado com Gabriela, uma linda morena de Buenos Aires, de olhos castanhos, que foi estudar línguas e filosofia em Berlim quando tinha dezenove anos. Foi lá que conheceu Rud, por quem se apaixonou e com quem acabou se casando. Eichmann, como era conhecido por todos no meio social, era um industrial que fizera fortuna.

Visitava constantemente vários países e estava no Rio de Janeiro negociando com o governo brasileiro a importação de máquinas alemãs de tecelagem.

Foram doze dias de travessia até chegarem a Hamburgo.

Durante a viagem, o empresário conheceu um jovem judeu chamado Isaac Krupney, que se sentou à mesma mesa do casal no café da manhã. À noite, combinaram de jantarem juntos.

— Olá, Isaac!
— Senhor e senhora Eichmann, boa noite!

Sentaram-se e, após os primeiros cumprimentos e drinques, o clima descontraiu-se.

— É a primeira vez do senhor no Brasil?
— Ora Isaac, me chame por Rud.
— E eu por Gabi!
— Certo, Rud e Gabi. Vocês estão em lua de mel?

O casal riu, e Rudolph respondeu:

— Nós sempre estamos em lua de mel. Contudo, nesse caso, fui à América do Sul a negócios, para vender máquinas de tecelagem. E você? Aventurando-se pelo mundo? Afinal, parece ser muito jovem.

— Sou comerciante de joias e diamantes. Quanto à juventude, até que é verdade. Tenho vinte e cinco anos e há um ano cuido dos negócios da família, que já está na terceira geração.

— E onde você mora? — questionou Gabriela.
— Em Amsterdã, na Holanda.

E assim tiveram um animado jantar. Nos dias seguintes, o trio não se desgrudou mais.

Ao chegarem a Hamburgo, na Alemanha, os dois amigos trocaram cartões e despediram-se com um abraço. Isaac deu um beijo na mão de Gabriela, encarando-a profundamente. Ela sentiu um frio no estômago ao ver aqueles olhos azuis sedutores buscarem os seus. Rudolph estava atrás de Isaac e não percebeu nada.

Rudolph chegou em seu escritório, como fazia todas as manhãs, dirigindo sua Mercedes-Benz. Perto da hora do almoço, sua secretária chamou-lhe.

— Senhor Eichmann, uma ligação para o senhor. É do exército. O major Reinhard Gehlen.

Rud gelou por dentro. Estava demorando para ser chamado. Pediu, então, à secretária que transferisse a ligação.

— Olá, major Gehlen, o que posso fazer pelo senhor?

— Por mim não há nada a se fazer e sim pela pátria! — inflamou-se de forma ufanista. — Mas vamos deixar de formalidades! Venha ao prédio do staff do exército para conversarmos pessoalmente. Não gosto de falar sobre assuntos importantes ao telefone.

Combinaram que se veriam no dia seguinte, no final da tarde.

Rudolph almoçou na fábrica, visitou outro posto de trabalho em um bairro perto do complexo industrial e, no final do dia, estava de volta à sua casa.

O casal jantou e deitou-se.

Gabriela entrou em um sono profundo e desprendeu-se de seu corpo.

— Olá! — disse um homem de branco.

— Antônio! Há quanto tempo não nos víamos!

Gabriela abraçou-o com muito amor e carinho. Sempre que o encontrava, sentia uma espécie de segurança e um amor que não conseguia descrever em palavras. Ela tinha certeza de que o conhecia há muito tempo e, por mais que tentasse relembrar o passado, não encontrava Antônio em suas memórias. Ele, por sua vez, abriu um sorriso enorme, demonstrando o quanto nutria um carinho especial por ela. Ocultando a emoção sempre que a encontrava, Antônio disse:

— Lembro-me de que nos encontramos pela última vez em uma de suas visitas a Buenos Aires.

— Que bom vê-lo novamente. Vamos passear um pouco? — perguntou ela em meio a um lindo campo de flores.

— É impressão minha ou você quer me dizer algo? — perguntou Gabriela.

Antônio abriu um largo sorriso, muito encantador, e disse:

— Ah, Gabi, você me conhece mais do que eu mesmo! Sim, providenciei este encontro com um único propósito. Vim para avisá-la de que, em breve, você poderá se libertar do peso que carrega em seu peito. Terá a chance de se perdoar. Mas, para isso, será preciso fazer uma escolha.

— Me perdoar? De que culpa eu tenho que me perdoar?

— Culpa? O perdão não vem somente pela culpa e sim do ressentimento, do autoabandono, da falta de amor-próprio. Prepare-se, minha querida, que a vida lhe dará uma ótima oportunidade de amadurecimento.

— Antônio, não estou entendendo nada.

— Você vai entender, querida. Não se preocupe. A vida é muito inteligente. Mais do que tudo, confie nela totalmente. Agora eu tenho que ir.

— Mas... — Gabriela tentou protestar, porém Antônio pegou em suas mãos e a olhou com profundo amor. Tão profundo que Gabriela ficou muda de emoção. Não havia necessidade de palavras. O sentimento que emanava de seus corações era maior do que tudo. Ela sorriu agradecida e abraçou-o. Depois, respirou fundo e voltou ao seu corpo, acordando no dia seguinte mais alegre, bem disposta e cheia de confiança na vida.

No dia seguinte, Rudolph trabalhou normalmente e, à tardezinha, foi direto para a sede do staff do exército alemão.

Chegando lá, aguardou o major por cerca de vinte minutos. Ele sentiu-se humilhado e ameaçado ao mesmo tempo, com tantos homens uniformizados e armados passando à sua frente a todo o momento. Finalmente, ouviu a voz do major chamando-o.

— Senhor Eichmann, que prazer! — saudou o major Gehlen, cumprimentando-o com o gesto nazista e com um aperto de mão caloroso. — Desculpe-me pela demora, mas burocracia é a pior das inimigas, meu caro amigo!

Os dois homens dirigiram-se para uma sala pequena, com uma escrivaninha, duas cadeiras, um arquivo e uma foto de Hitler pendurada em uma das paredes.

— Rudolph, eu o chamei para lhe propor uma excelente oportunidade de negócio. Não farei rodeios e, diferente do que muitos pensam, negociar com o governo alemão é muito mais vantajoso do que com os governos latino-americanos.

— Estou ouvindo — Rudolph suspeitou que o major estivesse a par de seus negócios com o Brasil e a Argentina.

— Queremos fechar uma parceria com você para a fabricação de paraquedas.

— Você deve estar brincando, major! Eu fabrico máquinas de tecelagem e não paraquedas. Por quê eu? Temos na Alemanha gente muito mais capacitada para isso!

— Deixe-me contar o motivo. Você é um cidadão modelo. Um verdadeiro ariano, de raça pura. Além do mais, é muito bem relacionado com governantes e comerciantes de outros países e não lhe falta vontade para trabalhar. Você acha que não vemos isso? Acha que não acompanhamos as suas viagens e os seus negócios?

Rudolph sentiu-se espionado e vigiado em seu próprio país.

— Digamos que eu aceite. Nem sei por onde começar.

— Apenas aceite e deixe o resto por nossa conta. Temos técnicos e engenheiros que adaptarão seus equipamentos para costurarem os grandes paraquedas que precisamos.

— Mas não tenho como produzir o que vocês querem sem investir uma fortuna em novos equipamentos.

— Nós forneceremos os equipamentos, a logística, a mão de obra e o que for preciso. Em troca, queremos o material nas especificações, quantidades e prazos estimados, sem qualquer possibilidade de atraso ou falha. O próprio führer determinou esta tarefa e a acompanhará de perto.

— Então... o negócio é grande! — espantou-se Rudolph.

— Este é só o começo, meu amigo. Se você acha que tem dinheiro e poder, espere e verá como isso não é nada comparado ao que virá muito em breve.

Continuaram a conversa e acertaram mais detalhes. Ao término do encontro, o major sugeriu de surpresa:

— Vamos tomar uma cerveja?

— Agora?

— E há hora melhor? Ora, vamos, meu velho! Esqueça-se do uniforme que estou vestindo. Aqui dentro tem um ser humano com sangue nas veias. E sede por uma boa cerveja. Vamos comemorar esta parceria!

— E por quê não?

Ambos foram a uma famosa casa de cervejas no centro. Depois de várias canecas, tanto um como outro já afrouxaram suas gravatas e já riam sem motivo aparente.

— Me diga, major, o que você mais quer neste mundo?

— O mesmo que você e todos: poder.

— Eu não quero poder! Quero apenas ser feliz, ter uma família, só isso!

— Então me diga, Rudolph, como conseguirá isso sem poder? Poder significa conseguir comandar o seu destino, sua vida e suas finanças. Com poder você direciona os que o cercam para fazerem tudo de acordo com a sua vontade. Por isso, o poder é para poucos, que sabem como direcionar o povo para o melhor.

— E você é um desses poucos?

— Sou um deles, sim. E eu acho que você também é um desses poucos escolhidos! Um dia, homens como nós lideraremos nossa nação!

— Nunca havia pensado sob essa perspectiva — refletiu Rudolph.

Ficaram conversando por mais uma hora e depois foram embora.

capítulo 2

Assim que Rudolph chegou à porta do bar, ouviu um barulho de freada de carro muito forte. Quando olhou para a rua, viu uma mulher caída ao chão e um carro ao seu lado. Foi tudo muito rápido. O automóvel saiu em disparada, e a mulher permaneceu caída e aparentemente machucada.

— Você está bem?

— Aquele maluco não me viu! Tive que me jogar ao chão para não ser atropelada... Meu Deus, onde está a minha bolsa? — esbravejou a jovem.

— Está ali. Deixe-me ajudá-la, venha.

Rudolph ajudou-a a levantar-se e foi até o meio-fio para pegar a bolsa da moça.

— Ah, não... Meu equipamento... Deve estar todo quebrado!

Ela sentou-se na calçada e começou a choramingar.

— O que foi? O que está quebrado?

— Minha câmera fotográfica.

— Não se preocupe, você compra outra.

— Não como esta. Eu sou fotógrafa profissional e isto era tudo que me mantinha na profissão. Agora estou acabada! — e desandou a chorar.

— Vamos, venha. Vamos entrar.

Rudolph levou a moça para dentro do bar de onde acabara de sair. Pediu um copo d'água para ela e outra cerveja para ele.

— Eu me chamo Rudolph. E você?

— Renata. Desculpe-me, estou um pouco assustada, sei que não estou sendo nem um pouco gentil.

Rudolph riu. A jovem enxugou as lágrimas e acabou rindo também.

— E o que você fotografa?

— Muitas coisas. Hoje estou aqui para fotografar os preparativos para a Olimpíada. Depois, eu ficarei aqui até os jogos terminarem e então volto para Nova Iorque. Estas fotos são para a revista *Time*. Ou melhor, eram...

— Vamos lá! Ânimo! Nós, alemães, somos peritos em consertar equipamentos de precisão.

— Nós alemães? E quem lhe disse que eu não sou alemã? — protestou a bela e alta loira de olhos castanho-claros.

— Seu sotaque não me engana! Italiana, certo?

— Certo! Do norte, quase na fronteira com a Áustria, por isso cresci falando alemão e italiano.

— E você, Rudolph, o que faz além de salvar fotógrafas estendidas na rua?

— Sou empresário.

— Hum, isso soa importante.

— Só um pouco... Quer beber algo, além de água?

— Sim. Vodca. Pura.

— Você tem personalidade, garota!

Assim que o garçom serviu a bebida, Renata ergueu seu copo e fez um brinde:

— Ao acaso!

— Ao acaso! — Rudolph retribuiu.

Na tarde desse mesmo dia, na Universidade de Berlim, um grupo armado invadiu uma sala, pondo fim à aula.

— O que está havendo? Isso é um absurdo! — gritou a professora indignada.

— O que você está ensinando? — interrogou um oficial, enquanto três soldados acompanhavam os alunos com os olhos.

— Não é da sua conta! É a minha disciplina e minha classe.

— Agora é de minha conta. Responda!

Ao ver os soldados com metralhadoras em punho, resolveu não desafiar o grupo com receio de que algo acontecesse aos alunos.

— Estamos estudando filosofia. Debatíamos questões da Grécia antiga, Sócrates, Platão, coisas desse tipo. Algum problema?

— Quero ver os seus documentos! — ordenou o oficial.

— Não acha mesmo que eu daria aula com a minha carteira em mãos, não é? Está tudo na sala dos professores. Se quiser, vamos até lá.

O oficial fez sinal para que os soldados liberassem a porta e escoltassem a professora até a outra sala. Então, ele dirigiu-se aos alunos, que estavam assustados, fez a saudação nazista e disse que a classe estava dispensada.

Na sala dos professores, a professora abriu o cadeado de seu armário e entregou uma folha de papel timbrada pelo governo alemão confirmando a sua identidade.

— Está tudo aqui — resmungou ela.

— Gabriela González Eichmann. Que belo nome ariano! Suponho que você não seja berlinense, não é mesmo? — ironizou o oficial.

— Sou tão alemã quanto você! — desafiou-o, encarando fixamente os olhos verdes daquele jovem oficial.

— Sua maldita! — gritou ele.

— O que está acontecendo aqui? — a pergunta veio do reitor da universidade, que acabara de chegar à sala.

— Verificação de rotina.

O oficial jogou o documento de Gabriela no chão e, antes de sair, aconselhou ao reitor:

— Se quiser manter o seu cargo, cuidado com quem coloca aqui dentro.

Só então Gabriela percebeu que as suas pernas estavam tremendo. Precisou de ajuda para sentar-se e começou a chorar sem parar. Nunca havia passado por tamanha humilhação.

— Vá para casa e tire uma semana de folga para descansar, senhora Eichmann — determinou o reitor.

— Não, senhor reitor! Não vou me submeter a isso!

— Isto não é um pedido, é uma ordem.

O reitor cochichou em particular:

— Gabriela, não posso arriscar o meu pescoço nem o dos seus colegas e alunos até que essa situação passe. Vá, fique fora por uns tempos e, quando estiver tudo bem, você volta a lecionar.

— E se essa situação piorar?

— Então que Deus nos ajude.

Quando Gabriela saiu para pegar o ônibus, teve a certeza de que estava sendo seguida.

Ligou para Rudolph em seu escritório, porém ele não atendia.

Assim que Rudolph e Renata saíram do bar, ele quis deixá-la em casa, mas ela recusou a carona.

— Tome, fique com o meu cartão. Promete me ligar para tomarmos outro drinque? — flertou ele.

— Só se eu for atropelada novamente.

— Me dê seu telefone.

— Você perderia o interesse se eu fosse tão fácil assim.

Ela fez uma cara que o deixou maravilhado. Era de pura malícia.

— Vamos, por favor...

— Um dia nos veremos novamente. Por enquanto, eu preciso arrumar a minha câmera.

— É isso! Eu arranjo alguém para arrumá-la. Deixe-a comigo, assim você terá que ligar para mim — insistiu Rudolph.

Ela olhou para o lado, fez um suspense e acabou entregando seu equipamento para Rudolph.

— Semana que vem eu lhe telefonarei. Obrigada por tudo. Agora preciso ir. Adeus.

Renata apertou-lhe a mão e ele ficou observando a jovem afastar-se até que virasse a esquina. Então Rudolph foi para o seu carro e voltou para casa dirigindo, apesar da bebedeira.

— Rud, eu estava muito aflita! Achei que algo tinha lhe acontecido! — Gabriela estava chorando.

— O que é isso, querida? Está tudo bem. Eu tenho boas novas. Vou pegar uma bebida, você quer?

— Quero, estou precisando. Preciso lhe contar o que houve hoje na universidade. Você não vai acreditar.

— Aqui está. Um brinde ao seu marido e ao seu novo negócio! Estaremos no topo do poder!

— Você andou bebendo? O que é dessa vez?

— Vamos fabricar paraquedas!

— O quê? Para quem? Para o Brasil?

— Não! Para a Alemanha, é lógico! O próprio führer me solicitou as encomendas.

Gabriela começou a tremer. O copo, que estava em sua mão, caiu no chão e ela gritou:

— Você será cúmplice na morte de milhares de pessoas!
Depois disso, caiu desmaiada no chão.
— Gabriela! Gabriela! Pelo amor de Deus, acorde!
Ela abriu os olhos lentamente. Sem dizer nada, sentou-se no sofá, olhou para o marido e começou a chorar.
— Querida, o que foi? O que aconteceu?
— Me deixe em paz!
— Como assim? Não estou entendendo nada! Por favor, querida, me explique!
— Eles estão atrás de mim, Rud! Eles vão me pegar e me matar!
— Eles quem?
— A Gestapo!
— Que bobagem! De onde você tirou essa ideia? Era justamente isso que eu ia lhe contar! Estamos sob a proteção do partido agora e nossos temores acabaram — assegurou Rud.
— Não! Eles me pegaram na universidade hoje. Tiraram-me da aula, foram sarcásticos comigo e o reitor me afastou de licença até pensar no que fazer comigo! Isso é bobagem para você?
— Calma. Gabriela, olhe para mim. Conte-me o que está acontecendo com calma. Preciso entender tudo. Eu não sou seu inimigo. Eu te amo, querida.
Ela chorou, desabafando, e começou a falar. Depois de toda a conversa, o casal decidiu que Gabriela pediria licença à universidade e Rudolph continuaria a servir aos propósitos do exército.

———

Na tarde do dia seguinte, Rudolph passou o resto do dia divagando, quando recebeu um telefonema em seu escritório. Era Isaac Krupney.
— Que grande surpresa, Isaac!

— Você ainda se lembra de mim?

— É lógico que eu me lembro! Alegra-me ouvi-lo novamente!

E assim ficaram quase uma hora conversando sobre assuntos diversos. Quando Rudolph tentou falar sobre política, foi imediatamente interrompido por Isaac.

— É melhor não conversarmos sobre esse assunto. Não interessa a ninguém, não é mesmo?

Rudolph entendeu que ninguém mais se sentia livre, apesar das aparências. Muito provavelmente todas as ligações eram vigiadas pelo governo.

— Quando você vem para a Alemanha? Quero que fique em minha casa!

— Vou para Berlim em agosto, na época da Olimpíada. Será um prazer aceitar o seu convite. Eu lhe escreverei dando mais detalhes sobre as datas.

À noite, Gabriela sonhou com Antônio.

— Às vezes eu gostaria de nunca mais ter que reencarnar.

— E viver aqui no astral para sempre? — questionou Antônio.

— Sim. A vida aqui é perfeita, sem maldade ou falsidade. Estou encontrando tantos problemas e preconceitos na Terra, que gostaria de permanecer aqui.

— E por que não fica? Desista de tudo e permaneça aqui!

— Mas se eu desistir da vida e me matar, eu poderei vir para cá sem consequência alguma?

— Cada ação tem a sua reação. Gabi, você tem muito que viver ainda. Eu sei que hoje o medo de estar em um ambiente cheio de incertezas a perturba, mas qual a certeza que quer na vida para que possa se sentir segura?

— Eu só quero paz! E sei que aqui, no astral, posso viver em paz.

— Infelizmente, isso não é possível. Não dessa forma. Quando alguém nega o maior presente que Deus nos deu, que é a vida, traz para o astral todo o medo, a raiva, o preconceito, a depressão ou qualquer outro sentimento que o atormentava em vida, pois a existência é eterna! A vida não termina com a morte do corpo físico, e é isso que você precisa entender. Se fugir para outro lugar, não tem como não levar os seus problemas consigo, afinal de contas, querida, não importa onde você esteja, seja no astral ou na Terra, seu espírito sempre estará com você! Só existe uma saída: pare de fugir de si mesma. Aceite-se da forma como é e acredite que, quando você estiver bem consigo mesma, estará em paz.

Gabriela ficou constrangida e abaixou a cabeça, como se estivesse com vergonha de ter sido tão inocente. Antônio, por sua vez, sorriu docemente para ela e disse:

— Agora é hora de nos despedirmos. Até mais, minha querida.

— Obrigada, meu querido amigo.

E Gabriela voltou ao seu sono profundo.

capítulo 3

Na reunião seguinte que teve com o major Gehlen, no comando do exército, Rudolph relatou o ocorrido com Gabriela e deixou bem claro que queria imunidade total para a sua esposa. Ela deveria ser tratada como uma ariana pura, já que era uma Eichmann.

— Lamento pelo ocorrido, Rudolph. Tenha a certeza de que farei tudo o que estiver ao meu alcance para que isso nunca mais aconteça. Fique tranquilo. Cumpra o seu lado no acordo que eu cumpro o meu — alertou o major.

— Estamos combinados. Em breve, faremos um tanque de guerra cair de paraquedas! — gabou-se Rudolph.

O major riu e orgulhou-se:

— Esse é o espírito! Você não poupa esforços em ajudar a pátria. Em retribuição, quero lhe dar isto.

Entregou-lhe um envelope fechado. Dentro dele, havia um luxuoso convite para um jantar de gala com a mais alta sociedade alemã, além dos militares do alto escalão.

— É muita gentileza! Estou honrado. Estaremos lá.

— Que bom! Será um prazer conhecer a sua esposa! E tenho certeza de que ela adorará o führer.

— Ele estará presente?

— Mas é lógico! Meu caro Rudolph, esqueça das migalhas do passado. Você agora é um dos nossos!

Rudolph sorriu como um garoto ao ganhar um presente de Natal e podia sentir o brilho da glória em seus olhos. Apertou a mão do major e saiu rindo com o convite na mão.

Agora estava quase no topo. Faltava pouco.

O dia do jantar chegou. Era um sábado. Gabriela passou boa parte da tarde arrumando seu cabelo a contragosto, ao passo que Rudolph se encontrava animadíssimo.

— Estou ansioso para conhecer Adolf.

— Já está íntimo dele? Pois não vou fazer questão de agradar a ninguém, muito menos a ele.

Rudolph, que estava se barbeando, parou imediatamente, quase se cortando com a navalha. Dirigiu-se a ela, e ficou frente a frente para dizer:

— Querida, faça o que fizer de sua vida, só não arrume confusão hoje. Você não sabe do que os nazistas são capazes. Falo de perseguições, de perdermos tudo ou mesmo de irmos à falência. Isso se não perdermos as nossas vidas.

— Rudolph, o que é isso? Da forma como fala, parece que Hitler é o próprio demônio!

— Gabriela, apenas acredite em mim. Se nunca lhe pedi alguma coisa na vida, agora é a hora! Finja. Apenas finja, por amor às nossas vidas. Em compensação, se ficarmos do lado certo, nunca mais seremos cordeiros. Nós nos transformaremos em leões para sempre!

Ela não disse nada, mas viu que o marido estava admirado e com medo de um governo de um homem só.

Ao chegarem à festa, o major recebeu-os e conduziu-os até as mesas onde se encontravam os altos oficiais e os empresários de maior porte de cada setor. Gabriela fez o possível para permanecer naquele ambiente sem demonstrar mal-estar. Pediu para todos os guardiões espirituais, que a acompanhavam, que a mantivessem em pé.

— Vamos sair daqui, Rudolph.
— Você está louca? Calma, Gabi, acabamos de chegar!
— Já o cumprimentamos. Estou com tontura e falta de ar.
— Gabriela, você me prometeu!

O casal falava baixinho, bem pertinho um do outro, como se estivessem apaixonados, entretanto estavam discutindo.

— Senhor Eichmann?

Rudolph olhou para trás e viu nada menos que o todo-poderoso Goering. Ele ficou extasiado e disse apressadamente para a esposa:

— Gabi, sente-se que já volto. Tome um copo de água e guarde meu lugar ao seu lado. Não posso deixar de conversar com Goering.

Ela fez uma força tremenda para caminhar até a mesa onde estava marcado o seu nome para sentar-se. Sentia-se rodeada por espíritos perdidos na cobiça e na vingança. Rudolph voltou para a mesa e sentou-se.

— Querida, você está bem?
— Agora estou melhor.
— Depois que servirem o jantar, nós damos um jeito e escapamos. Eu também não quero mais ficar aqui.

Foi então que Rudolph viu Renata. Ela estava do outro lado da sala, postada discretamente em um canto, fotografando.

— Gabi, só um minuto, preciso ir ao banheiro.
— Não demore, Rud!

Ele atravessou o salão até chegar bem perto de Renata.

— Brindaremos ao acaso novamente?
— Ora, ora, se não é o senhor atrevido. Dessa vez não pretendo ser atropelada.
— O que faz aqui, Renata?

27

— O que lhe parece? Vim assassinar seu führer — cochichou, olhando diretamente para ele, com ar muito sério.

Rudolph ficou sem palavras.

— Seu bobo, estou trabalhando! Lembra? Fotografias... Isso lhe diz algo?

— Ah, você me assustou! E onde conseguiu essa câmera?

— É de um oficial. Disse que minha câmera está em manutenção e ele me arrumou esta apenas para registrar o momento de hoje. Quanto à manutenção, como anda meu técnico alemão? Algum problema com a precisão das peças?

— Você é mesmo endiabrada — retrucou, quase que encostando seu rosto ao dela.

Renata encostou seu rosto sutilmente no dele, como se fosse dizer algo e deu um leve suspiro em sua orelha.

— Aquela deve ser a senhora Rudolph.

Ele, instantaneamente, afastou-se dela.

— É... É a senhora Eichmann.

— Ah, Eichmann... Preciso trabalhar e sua esposa precisa de companhia. Então, temos uma peça fora do lugar aqui, certo? Você.

Rudolph ficou totalmente sem graça.

— Bem, até logo. Ligue para mim na semana que vem que eu terei uma posição sobre a sua câmera.

— Até logo, Rudolph — Renata mandou-lhe um beijo.

Ele voltou à mesa com o estômago embrulhado. Afinal, o que tinha sido aquilo?

— Que demora, Rud!

— Me desculpe, querida.

O jantar demorou a ser servido. Vieram discursos e mais discursos. Até que finalmente o anfitrião levantou-se e ficou mais de uma hora falando. Ninguém se atrevia a mexer-se na cadeira até que ele terminasse de falar.

— Vamos, Rud. Agora chega.

— Muito bem, vamos.

Ao levantarem-se, o major Gehlen aproximou-se do casal e disse:

— Já vão? Não estão gostando?

— Não é isso, é que Gabriela está indisposta. Coisas de mulheres!

— Eu sei, eu sei! Por isso, nós homens temos que proteger a pátria enquanto elas cuidam de nós! Quero fazer o primeiro teste na terça-feira pela manhã. Voaremos juntos para checarmos os resultados dos protótipos.

— Combinado, major. Boa noite.

Despediram-se, pegaram seus pertences e entregaram o tíquete do carro ao manobrista, quando Rudolph disse de repente:

— Esqueci meus cigarros, só um minuto. Espere pelo carro. Já volto.

Ao entrar, correu os olhos pelo salão e não viu Renata. Foi para a sala ao lado e a viu com uma taça de champanhe na mão.

— Não sabia que era permitido beber em serviço — ironizou ele.

— E quem disse que estou trabalhando agora, meu querido Rudolph. Sou apenas uma senhorita indefesa no meio destes leões, à espera de um convite para outra taça. Você se atreve?

— É lógico que me atrevo! Vamos beber muito, assim que você pegar a sua câmera.

— O convite é irrevogável, garoto. É agora ou nunca.

— Preciso ir, porém prometo recompensá-la.

— Vá, senhor Eichmann, não quero atrapalhar a sua vida. Semana que vem ligo para você e faço questão de acertar o que lhe devo. Até logo.

Disse isso e virou-se, indo em direção a um pequeno grupo de oficiais. Rudolph saiu arrasado e humilhado e entrou no carro.

— Rud, que demora! O que está acontecendo com você? Achou?

— Achei o quê?

— Como assim? Você levou uns dez minutos para pegar os seus cigarros!

— Ah, achei...

No caminho para a casa, Gabriela quebrou o silêncio e perguntou em tom aflito:

— Você viu, Rud? Todo o governo está envolvido nesse negócio de paraquedas. Não vai me dizer que você acredita que o que está fazendo é algo para o bem da humanidade, não é?

— Agora não — interrompeu-a. — Estou cansado e tonto com tanta coisa em minha cabeça. Vamos para casa dormir, é tudo o que quero.

A noite foi terrível. Nenhum dos dois conseguiu dormir direito. Pesadelos e vozes intermitentes dos discursos não saíam da cabeça de Gabriela, assim como Renata não saía da mente de Rudolph.

capítulo 4

A semana passou e Renata não ligou. Os primeiros testes com os paraquedas começaram, e Rudolph, o major Gehlen e dois técnicos voaram em um avião da Luftwaffe, a Força Aérea Alemã. Com a porta lateral aberta, iniciaram os testes, jogando caixas de diversos tamanhos e pesos. Outros voos seguiram-se até que chegou a sexta-feira.

— Prometa que virá cedo para casa, querido.

— Prometo, Gabi.

Deu um beijo na esposa e seguiu para o campo de aviação. Durante o último voo do dia, o major deu-lhe um tapa no ombro, falando bem alto para que ele escutasse:

— Rudolph, me ajude com o lançamento!

— Certo, major.

Empurraram a última caixa até a porta e um soldado jogou-a para fora da aeronave, porém sua bota ficou entrelaçada no cabo que prendia a caixa ao paraquedas. Assim que ela foi atirada pela porta do avião, o soldado escorregou e agarrou-se à lateral da porta. O major e Rudolph conseguiram segurar seus braços, porém a força que o peso da caixa exercia era enorme.

— Vamos, puxe-o! — Rudolph gritava desesperadamente.

A caixa girava descontroladamente atrás da cauda do avião e começou a bater na aeronave, danificando-a seriamente.

— Vamos ter que soltá-lo, Rudolph! O paraquedas amortecerá a sua queda.

— Não! Puxe-o com força!

— O que está havendo aí atrás? — gritou o piloto desesperado. — Não consigo manter a estabilidade! Estamos caindo!

— Chega! — o major soltou a mão do soldado e empurrou Rudolph para trás com violência.

O soldado foi projetado para fora do avião, preso ainda à caixa e ao paraquedas. Nesse momento, a aeronave entrou em parafuso e Rudolph apenas teve tempo de ver a luz do sol entrar pela porta aberta.

— Vamos, belezinha, eu confio em você! Vamos, estabilize! Vamos! — murmurava o piloto. — Segurem-se, vamos pousar! — gritou ele.

Cada um segurou-se como pôde. O avião tocou o solo e tudo chacoalhou. O trem de pouso arrebentou e o nariz da aeronave afundou na terra, fazendo com que o avião desse meia-volta e parasse quase que instantaneamente.

Silêncio total e muita poeira. O campo em que pousaram era de mato e flores silvestres. Estranhamente, o interior da aeronave ficou cheio de florzinhas. Depois de alguns minutos, o major Gehlen acordou com dores no braço e no ombro direitos. Dirigiu-se lentamente até Rudolph e viu que ele estava respirando com dificuldade. Um dos técnicos levantou-se sem fazer muito esforço, parecendo não entender a situação. O outro estava morto, assim como o piloto.

— Vamos sair daqui. Ajude-me a tirá-lo daqui — ordenou o major.

O resgate demorou cerca de uma hora. Quando chegaram ao hospital, o major foi imediatamente atendido.

Com pequenos cortes e usando uma tipoia, ele foi falar com o médico a respeito de Rudolph.

— Como ele está, doutor?

— Levou uma forte pancada na cabeça e quebrou duas costelas. Está em coma. Seu estado é gravíssimo. Vou ser muito sincero... Não há nada a fazer por ele a não ser esperar, mas receio que não passe desta noite. Rudolph tem família, parentes?

— Sim, eu mesmo telefonarei para a esposa dele.

Gabriela recebeu a ligação que temia. O major disponibilizou um carro para que fosse buscá-la e levá-la para o hospital. Ela esperou ansiosa pelo carro oficial e, ao chegar no local, entrou direto no quarto de Rudolph, contra a vontade do médico. Nada a impediria de vê-lo.

— Meu querido, estou aqui... — e colocou a sua mão direita sobre a testa do marido.

Rudolph acordou e teve consciência de tudo o que acontecia à sua volta. Ele viu médicos e enfermeiras tentando reanimá-lo, aplicando-lhe diversas injeções.

Quando se deu conta de que podia ver a si mesmo do alto, sentiu um calafrio. Assim que os médicos aplicaram uma injeção diretamente em sua veia, sentiu uma forte contração no peito e tudo se apagou.

Ficou inconsciente; e, quando abriu os olhos, estava em um belíssimo jardim, sentado em um banco.

Um homem aproximou-se dele.

— Bom dia!

— Bom dia! Onde estou?

— Ora, Rud! Onde pensa que está?

— Eu estava no hospital! Sofri um acidente! Depois eu vi a mim mesmo e acordei aqui. Mas isto é impossível! Este é o céu?

O homem riu.

— Céu? E quem lhe disse que você merece ir para o céu?

— Tudo aqui é tão lindo! Jardins, flores, pássaros... Olhe para lá, há pessoas caminhando! — espantou-se Rudolph.

— Vamos passear um pouco.

— Sou Rudolph. Karl Rudolph Eichmann.

— Eu sei. Me chamo Antônio. O que você acha que lhe aconteceu?

— Eu acho que morri e estou no céu. Acredito que esta seja a única explicação. Ou estou sonhando, só que há algo diferente, não sei explicar. Parece real demais para ser um sonho.

— Será que não é assim quando você está vivenciando um sonho? Aposto que durante o sonho, cada sonhador acha que é real, não é? Então, o que faz você ter tanta certeza de que isto é mais do que um sonho? — Antônio parecia instigá-lo a perceber por si só o que era real e o que era apenas imaginação, fantasia ou projeções da mente.

— Sinceramente, não sei.

— Bem, Rudolph, essa conclusão só você mesmo poderá fazer, mas tenho a missão de auxiliá-lo a enxergar um pouco mais da verdade. E a verdade é a luz. Você só chegará à luz expendindo a sua consciência. Por isso aqui está tão iluminado. Vamos então enxergar um pouco das ilusões.

Imediatamente o céu ficou escuro e nuvens passavam rápido como em um temporal. O sol aparecia e desaparecia em questão de segundos. Dias, meses e anos passavam diante dos dois homens.

Viram à sua frente pirâmides surgirem e ruírem, prédios aparecerem e virarem pó. Homens nascerem, crescerem e morrerem.

— Isto é a ilusão, Rudolph. Ilusão de finitude, de vida e morte, de começo, meio e fim. Tudo na vida tem consequências que perduram. Nada é mortal e nada acaba, a não ser que se enxergue esta verdade. Libertando-se das ilusões em que a mente acredita, as desavenças acabam. Vamos voltar à verdade? À luz? À iluminação? — imediatamente voltaram ao jardim em que estavam.

— Eu não entendo. O que acaba? Não tenho desavenças com ninguém. Sou muito bem conceituado. Sempre segui as regras da Igreja, nunca matei ninguém, nunca roubei. E agora estou próspero, dou emprego a muita gente. Não faz sentido.

— Rudolph, não posso segurá-lo aqui por mais tempo. Você viu o que tem condições de ver. Agora é hora de voltar. Mas em algum lugar, dentro de você, entenderá que a única forma de salvação da humanidade é por meio do amor e do perdão. Partindo de você mesmo. Não tente resolver os problemas mundiais antes de resolver as suas próprias questões.

Antônio encostou sua mão na testa de Rudolph, e ele dormiu.

Aos poucos, no hospital, Rudolph foi abrindo os olhos. Estava com a boca ressecada e queria dizer algo, só que não conseguia. Sentia-se fraco. Olhou, então, para o lado esquerdo e viu Gabriela. Ela estava diferente. Pálida, mais magra.

— Meu Deus! Doutor, doutor! — gritou ela.

O médico veio imediatamente ao seu encontro e olhou para o seu paciente.

— Eichmann! É um milagre! — assombrou-se o médico.

— Meu querido! — a esposa estava comovida, com lágrimas nos olhos.

— Querida... — balbuciou Rudolph.

Depois de seu inesperado despertar, os médicos submeteram Rudolph a vários exames e o seu caso foi levado para uma junta médica. Ele foi transferido para outra ala do hospital. Em poucos dias, estava muito melhor. Se não fosse pela fraqueza, Rud sentia que poderia sair caminhando pela porta do hospital.

Já no outro quarto, sentou-se para tomar uma sopa.

— Querida, chame o médico. Tenho que sair até amanhã. Na segunda-feira, temos mais alguns testes e preciso entender o que houve durante o último voo.

— Querido, você tem noção do que está dizendo? Você quase morreu!

— Nada é finito ou mortal.

Quando proferiu tais palavras, sentiu uma vaga lembrança invadir-lhe, como a de um sonho. Olhou para baixo e tentou lembrar-se do que se tratava, mas tudo desapareceu de sua mente.

— Rud, você passou vinte dias em coma!

— O quê? — ele estava incrédulo.

Gabriela contou exatamente o que ocorrera. A morte do piloto, de um dos técnicos e também do soldado que caiu do avião com a caixa com areia. Mesmo com o paraquedas aberto, as cordas não aguentaram o peso extra e romperam-se no meio da queda.

— Meu Deus... Ele era um garoto...

Rudolph ficou arrasado e transtornado. Sentiu uma culpa muito grande pela morte do jovem, mesmo não sendo o responsável pelo ocorrido.

— Você tem que se perdoar por isso, não foi culpa sua.

— Como Gabi? Como?

Nesse momento, as palavras amor e perdão passaram pela sua cabeça.

De súbito, lembrou-se de estar flutuando e vendo seu corpo na maca. Isso o assustou e o impressionou profundamente, entretanto achou melhor não comentar nada, nem mesmo com a esposa.

Recebeu alta uma semana depois de acordar, após uma melhora sem explicações científicas. Retomou as suas atividades rotineiras e reencontrou-se com o major no gabinete do exército.

— Que bom vê-lo inteiro! — saudou o major.

— O mesmo digo eu. Quais são os seus planos para retomarmos os trabalhos?

— Temos urgência depois dessa parada forçada. Nossos técnicos continuaram trabalhando e já acertaram muitos pontos falhos, até o nosso pequeno contratempo. Mas não vejo motivos para nos desesperarmos. Felizmente o führer está nos preparativos para a Olimpíada e não está nos pressionando tanto. Temos tempo para nos reorganizarmos.

— Vamos recomeçar então!

Ambos foram à sala de projetos.

capítulo 5

O mês de agosto estava chegando, assim como a Olimpíada de 1936. Gabriela não parava de falar sobre isso com o seu marido.

Na manhã de abertura dos jogos, ela acordou Rudolph com beijinhos no rosto.

— Acorde, dorminhoco! — exclamou com uma voz muito carinhosa e meiga.

Ele resmungou qualquer coisa e virou-se para o outro lado. Gabriela abriu a janela e deu-lhe mais beijos.

— Acorde, querido! Eu te amo! Fiz seu café! Tudo isso só para você, meu amor.

Rudolph abriu os olhos e encarou-a com um ar sério.

— Você está muito boazinha hoje. O que quer?

Ela riu. Colocou a bandeja com o desjejum no colo dele e sentou-se a seu lado.

— Sabe aonde vamos hoje?

— Eu sei aonde eu vou — afirmou. — Vou trabalhar, como todos os dias, para entregar de vez o projeto ao major.

— Não... — ela encostou seus lábios na orelha do marido e isso o arrepiou todo.

— Vamos ver a abertura dos Jogos Olímpicos.

— Gabi, isso é impossível! Mesmo que eu não tivesse que trabalhar, os ingressos estão esgotados há meses. Além disso, teríamos que chegar lá cedo para ficarmos na fila e eu não posso ficar muito tempo em pé, lembra-se? Algo como acidente aéreo e todo machucado lhe dizem algo?

— Senhor Eichmann, mas agora você é da alta cúpula do governo. Um herói da pátria. Por que não experimenta para ver se tudo isso que lhe dizem é ou não é verdade? — desafiou.

Rudolph sentiu uma estranha mistura de êxtase com raiva. Seu discurso de liberalismo agora estava ficando só no papel. O acesso ao poder e o dinheiro era muito bom e ele era lúcido o suficiente para fazer bom uso dos dois.

— Muito bem, Gabi. Eu só faço isso pelo fato de você ter me provocado!

Ela deu um gritinho e pulou em seu pescoço, derrubando a bandeja, o café, pão e frutas sobre os lençóis. Ele gemeu de dor. Mesmo assim, ela o acariciou e sentou-se sobre ele, mas Rudolph colocou-a de lado, alegando dor.

Gabriela sentiu-se rejeitada, mesmo sabendo da condição física do marido. De qualquer forma, foram ao recém-inaugurado Estádio de Berlim. Era um exemplo da ostentação e da grandiosidade que Hitler queria mostrar ao mundo. Havia muito movimento em volta do estádio e a Mercedes de Rudolph ia rompendo caminho lentamente pela multidão. A cada guarita, Rud mostrava os seus documentos.

Na última, que dava acesso apenas aos altos oficiais da SS e da Gestapo, o carro foi parado.

— Sinto muito, senhor, essa carta de apresentação não lhe dá autorização para entrar nesta área.

Rudolph olhou rapidamente para Gabriela e voltou-se ao soldado.

— Qual é o seu nome, soldado?
— Hellmut.

39

— Hellmut de quê? — esbravejou Rudolph.

— Hellmut Bauer.

— Hellmut Bauer, exijo que abra imediatamente esta cancela ou chame Goering agora! O führer não vai gostar se não me vir hoje durante as cerimônias de abertura!

O soldado ficou indeciso. Rudolph desceu do carro e chamou outro soldado que estava por perto.

— Você, venha aqui! Chame Goering imediatamente. Apenas diga a ele que Eichmann está aqui e o soldado Bauer não autoriza a entrada. Vá agora!

O soldado deu meia-volta para entrar no estádio quando Hellmut o chamou de lado por uns instantes e os dois soldados retornaram.

— Peço desculpas pelo mal-entendido, senhor Eichmann. O senhor pode passar. Heil Hitler!

Rudolph entrou no carro e dirigiu até o estacionamento privativo. Ele suspirou fundo, assim como Gabriela, que abriu um sorriso enorme.

— Não é que funcionou? — espantou-se.

No final do dia, o telefone tocou e Rudolph atendeu.

— É da residência dos Eichmann?

— Sim, é ele.

— Olá! É Isaac Krupney.

— Isaac! Que prazer em falar com você! Onde está?

— Em Berlim, em um hotel perto do centro.

— O quê? Prepare já as suas malas, feche a conta do hotel, que estou indo buscá-lo agora. Nós não combinamos que você ficaria conosco?

— Calma, meu amigo! Eu tentei falar com você antes, mas os negócios não me permitiram. Já estou instalado por hoje. Ficarei duas semanas por aqui. Caso realmente não haja incômodo, aceitarei o seu convite.

— De forma alguma. Faço questão de recebê-lo. Minha casa é enorme e somos apenas eu e Gabriela. Lembra-se dela, não é?

— Lógico que sim. Muito bem, amanhã eu fecho a conta com calma e descanso por hoje. Então teremos um domingo agradável.

— Combinado! — animou-se Rudolph.

Isaac passou o endereço do hotel e combinaram que se encontrariam às nove horas do dia seguinte.

Naquela noite, o casal deitou-se mais cedo.

— Em relação aos meus encontros espirituais, acredita agora?

— Não sei, Gabi. Realmente não sei em que acreditar.

Os dois estavam no breu, com os olhos voltados para o teto escuro.

— Eu tive um sonho enquanto estava em coma, mas não me lembro do que aconteceu. Às vezes aparecem fragmentos, imagens vagas, sem sentido algum ou poucas palavras em minha cabeça. Parece que foram vinte minutos e não duas semanas.

— Não sei de que provas mais você precisa para acreditar, querido. Você voltou do mundo dos mortos. Quer mais?

Ele não respondeu. Gabriela virou-se de lado, aborrecida, sentindo-se sozinha e finalmente dormiu.

Os dois homens encontraram-se pontualmente às nove horas da manhã do dia seguinte.

Chegando à casa dos Eichmann, Rudolph chamou Gabriela, que chegou prontamente num belo vestido amarelo, com flores nas mãos.

— Olá, Isaac. São para você. Seja bem-vindo.

— Obrigado! Quanta honra!

— Querida, assim você o acostuma mal! Além do mais, você não costuma fazer isso para mim — debochou Rudolph.

— Isaac, isso é verdade, mas sabe a razão? Eu raramente o vejo. Só fiquei com ele um pouco mais depois do acidente.

— Que acidente, Rudolph?

— Vamos ao jardim. Gabriela, você pode levar os nossos drinques para lá?

— Lógico que sim.

Sentaram-se e Rudolph contou toda a história do acidente. O dia passou e a conversa não parou nem por um minuto. Pareciam irmãos, tamanha era a afinidade entre eles.

Na manhã seguinte, Rudolph despediu-se de Gabriela e de seu amigo e foi para a fábrica. Ele pediu para que a esposa esperasse uma resposta sobre a aquisição das duas entradas para levar Isaac aos Jogos Olímpicos.

Uma hora depois, um carro oficial do Partido Nazista parou na frente da casa dos Eichmann, escoltado por dois soldados em motos.

Gabriela gelou por dentro.

— O que foi? — questionou Isaac.

— Meu Deus, é a Gestapo.

A campainha tocou e a empregada abriu a porta. Gabriela não sabia se corria ou se procurava um lugar para esconder-se. Ficou parada no meio da sala, tremendo. Apesar do receio, Isaac manteve uma postura de enfrentamento, com o queixo erguido e o peito para a frente.

— Senhora Eichmann? — perguntou o soldado na entrada da sala.

— Sim... — hesitou ela.

— Estamos aqui para escoltá-los aos Jogos Olímpicos a pedido do senhor Eichmann.

Gabriela olhou para Isaac, e os dois caíram na gargalhada. Deram um suspiro, e um deu a mão ao outro. O soldado não entendeu nada e ficou em pé, sem se mexer.

— Obrigada, nós já vamos.

— Sim, senhora — o jovem soldado virou-se e foi para o carro.

— Gabi, achei que era o nosso fim.

— Eu também. Mas por que você se preocupou? É um comerciante, está aqui a passeio e a negócios. Eu não, eu sou uma mancha na reputação desta pátria.

— Eu sou judeu. Você tem ouvido os rumores? Estou começando a achar que eles são verdadeiros.

Gabriela pegou Isaac pelo braço, e os dois saíram aliviados em direção ao carro. Assim que o automóvel chegou ao estádio, um soldado entregou-lhes dois papéis.

— Ficaremos aqui à disposição, senhora Eichmann. É só seguir em frente e mostrar estas permissões especiais para entrar na área reservada.

— Obrigada. Vamos, Isaac.

Os dois assistiram a vários jogos com muita mordomia. Havia caviar e champanhe servidos por garçons uniformizados.

À noite, em casa, havia um delicioso jantar esperando por Rudolph.

— Gostaram da surpresa?

— E como, meu amigo! Só não sabia se íamos para o estádio ou para alguma mina abandonada para servirmos como trabalhadores escravos!

— Como assim? Gabriela assustou-lhe tanto assim com suas paranoias?

— Só um pouquinho, não é mesmo, Gabi?

— Não tem graça! Nenhum de vocês — Gabriela respondeu rindo.

O trio ficou até quase uma hora da manhã embriagado com o vinho e com o que o poder podia oferecer. Até mesmo Gabriela gostou de estar do lado dos nazistas dessa vez.

— Bem, vamos dormir senão amanhã ninguém levanta. Ou melhor, hoje — Rudolph falou olhando para o seu relógio.

— Boa noite a vocês — despediu-se Isaac, bocejando.

— Boa noite.

Seguindo o mesmo ritual do dia anterior, no mesmo horário, um carro oficial esperava-os. Gabriela não pretendia ir aos jogos, mas ficou constrangida em recusar a oferta.

— Vamos repetir a dose, Gabi?

— Bem, Isaac, eu não sabia que eles viriam. Mas o que temos a perder?

— É assim que eu gosto! Vamos!

No caminho, o soldado que estava ao volante perguntou:

— Senhor Eichmann mandou perguntar à senhora se deseja ir a algum ponto turístico, além do estádio, para mostrá-lo ao senhor que a acompanha.

Gabriela olhou para Isaac, e ele fez uma cara de que não sabia o que dizer.

— Então está bem. Não vá para o estádio ainda, vamos passear pela cidade.

— Para onde, senhora?

— Entre aqui! Aqui, aqui!

O carro fez uma curva muito fechada à direita para pegar o acesso à via expressa, que os levaria a um bosque muito bonito nos arredores de Berlim. Isaac caiu em cima de Gabriela, e ela começou a rir descontroladamente.

— Tudo bem aí atrás? — preocupou-se o soldado. — A senhora me avisou em cima da hora. Perdemos os nossos batedores, eles seguiram reto.

— Tudo bem, soldado! A culpa foi minha. Leve-nos ao bosque.

Gabriela perdeu-se nos olhos azuis de Isaac, que pareciam hipnotizá-la de uma forma que ela nunca experimentara antes. Ele desencostou-se dela, porém, aos poucos, foi acariciando sutilmente a sua mão. Ela retribuiu o toque e ficaram assim, de mãos dadas, afagando-se até chegarem ao bosque.

— Soldado, nós vamos dar uma volta.

— Sim, senhora.

Caminharam por uns quinze minutos sem dizer em nada. Em determinado ponto, Isaac pegou a mão de Gabriela e continuaram caminhando com os dedos entrelaçados.

Mais à frente, ele parou, colocando-se diante da amiga, aproximou seu rosto do dela e beijou-lhe a boca.

O que começou com um beijo leve acabou virando uma tórrida explosão de prazeres. Ao notar algumas pessoas nas redondezas, levantaram-se.

Isaac puxou Gabriela para um canto afastado, atrás de uma grande árvore e começou a beijá-la novamente. Dessa vez, não resistiram à tentação e entregaram-se ao amor. Ela sentiu-se como uma adolescente.

— Nossa, o que fizemos? — perguntou Gabriela.

— O que já devíamos ter feito há muito tempo — manifestou Isaac.

— Eu não deveria dizer isto, mas adorei ver você assim, tão selvagem. Fazia tempo que eu não tinha um momento tão intenso. No início era assim com Rudolph, porém, com o passar do tempo, a rotina nos levou para outro caminho.

— Eu gosto muito de você, Gabi.

— Eu também gosto de você...

— Vamos sair daqui. Arrume-se.

45

O casal saiu do meio do mato com as roupas sujas e amarrotadas.

— E agora? Minha blusa e meu vestido estão sujos. E eu estou toda suada!

— Eu também, só que aprendi uma lição com você.

— Qual?

— Não importa o que você faça, não dê espaço para intimidades. Apenas dê a ordem e ninguém terá a ousadia de lhe questionar nada.

— Você tem razão. Vamos voltar ao carro.

Depois da caminhada de volta, os dois estavam mais suados ainda. A manhã estava muito quente.

— Soldado, leve-nos para minha casa.

— Sim, senhora.

O casal trocou um olhar de cumplicidade e uma leve risada nos lábios.

capítulo 6

À noite, Gabriela estava entregue ao sono profundo e, mais uma vez, sonhou com Antônio.

— Você sabe aonde esse caminho vai levá-la, não sabe?

— Como assim, Antônio? Estou sendo abandonada por Rudolph! Isaac me ama! Estou agindo errado?

— Você não precisa passar por isso se for sincera com você mesma e com Rudolph. A cada passo que der, ficará mais difícil de perdoar-se.

— Chega dessa história! Eu queria muito mudar, mas parece que tudo se repete em minha vida.

— O que você quer provar, minha querida? Até quando precisa persistir para que a sua consciência fique tranquila? Você já viveu essa situação inúmeras vezes antes e para quê? Para continuar num purgatório por toda a eternidade?

— Eu não quero mais falar sobre esse assunto — protestou ela.

— O purgatório tem uma chave — continuou Antônio. — A chave que é usada para entrar é a mesma para sair. E essa chave está em seu coração.

— Então por que não consigo ser feliz? Sempre há algo para me assombrar, para me desviar do caminho que eu deveria seguir.

— Ah, querida, então você ainda não aprendeu. Tenha paciência. A chave está em você, eu não tenho como pegá-la. Por mais que eu lhe mostre, você ainda não tem olhos para vê-la. Agora é hora de nos despedirmos. Vá em paz, querida.

— Não, por favor, ainda não...

E Gabriela acordou sem entender aquele aviso. Ainda estava escuro. Ela virou-se para o outro lado e em pouco tempo estava dormindo novamente.

Pela manhã, foi Rudolph quem acordou a esposa.

— Bom dia, bela adormecida!

— Bom dia. Não estou bem, querido. Você se vira com o café? Se puder servir o de Isaac também...

— Já estou de saída, não se preocupe. E Isaac saiu bem cedo. Eu chamei um táxi para ele.

Gabriela permaneceu na cama com uma sensação de angústia no peito. Um vazio. E muita culpa.

Quando chegou ao seu escritório, Rudolph estranhou a ausência de Herta, sua secretária. Abriu a porta de sua sala e o seu coração disparou.

— Olá, senhor atrevido.

Renata estava sentada na cadeira de Rudolph, com os pés na mesa, sem os sapatos, usando finas meias pretas.

— Bom dia.

— E então, conseguiu?

— O quê? — ele estava hipnotizado pela loira.

— Minha câmera! Conseguiu arrumá-la?

— Ah, é lógico que sim! Ela está aqui já faz um bom tempo.

Rudolph se recompôs e foi para o lado dela, sentando-se na lateral da mesa.

— O que houve? Você sumiu!

— Não do meu ponto de vista, seu danadinho. Não costumo ter amigos casados. Isso pode causar danos à minha reputação.

Ela disse isso esfregando levemente seu pé no braço de Rudolph. Assim que ele foi acariciá-la, Renata levantou-se.

— Vim apenas pegar a minha câmera. E pagar, é lógico.

— Bem, ela está aqui. A propósito, você viu a minha secretária?

— Vi sim, eu disse a ela que você a estava chamando lá do outro lado da fábrica. Esperar aqui dentro é muito melhor do que na recepção.

— Aqui está a máquina. Quando verei você novamente?

— Quando o acaso permitir. Quanto lhe devo?

— Você me deve apenas uma chance. Só isso. Por favor! Uma chance de provar que não sou o que você está pensando.

— Não mesmo?

— Não! Eu juro!

— Que pena...

Renata pegou a câmera, calçou seus sapatos, foi até a porta e virou-se para ele, dizendo:

— Amanhã, às sete horas da noite. No mesmo bar.

E foi embora.

Rudolph fechou os punhos vitorioso. Estava rindo quando Herta entrou desesperada em seu escritório.

— O senhor está bem?

— Sim, por quê?

— Uma moça me disse que o senhor me chamava com urgência. Achei estranho, porém ela lhe descreveu com tantos detalhes que pensei que estivesse com problemas. Fui direto à expedição e me disseram que o senhor não apareceu por lá.

— Eu sei, Herta. Desculpe-me, foi um terrível mal-entendido. Está tudo bem agora. Pode ficar tranquila.

À noite, na casa dos Eichmann, não houve muita conversa durante o jantar. Somente um pouco antes de irem para o quarto é que Isaac fez um pedido estranho.

— Rud, você se importaria em me emprestar o seu carro amanhã?

— O carro? Não me importo, só não gostaria de ir de táxi à fábrica.

— Posso deixá-lo na fábrica e depois buscá-lo à tardinha. Que horas você sairá? Seis, sete?

— Tenho alguns projetos para analisar... Hum... Nossa, já ia me esquecendo! Tenho um encontro no final do dia com o major. Realmente vou precisar do carro. Mas deixo o automóvel oficial à disposição.

— Sem problemas, Rud. Não quero abusar.

— Não é abuso algum! Chego cedinho e peço para o carro vir para cá. Resolvido.

— Não é preciso! De verdade. Pensando bem, tenho uma papelada para arrumar e vou passar a manhã por aqui.

Gabriela ouviu os dois homens e percebeu que ambos mentiam. Quanto a Isaac, não era novidade que ele queria distância dos nazistas e agora até mesmo de Rud, mas e quanto ao marido? O que havia por trás da história inventada por ele?

— Bem, querida, vamos nos deitar? Boa noite, amigo.

E todos foram se deitar.

Rudolph saiu pela manhã no horário de costume. Assim que ele partiu, Gabriela irritou-se com Isaac:

— Agora você pode me dizer o que está escondendo?

— Como assim?

— Não se faça de inocente! Que história era aquela de usar o carro de Rudolph?

— Eu queria sair com você, sua tola! Sem soldados para nos observar. Ou você não quer mais isso?

— Quero! Quer dizer, não sei... Não, eu quero sim... Ah, estou tão confusa!

— Venha aqui!

— Não. A empregada pode aparecer. E não quero fazer nada aqui em casa. Quero conversar com você, mas fora daqui.

— E como faremos isso sem carro?

— Não sei... Ou melhor, já sei! Espere um minuto enquanto eu ligo para o Rud.

Isaac ficou intrigado. Enquanto isso, Gabriela telefonava ao marido.

— Rud, sou eu. Descobri o motivo de Isaac precisar do carro. Ele vai a um negociante de diamantes, que não tem registro para trabalhar no país. E você sabe muito bem que Isaac é judeu. Se arriscar que um soldado o leve, suspeitas poderão ser levantadas a seu respeito, querido. Isaac jamais permitiria colocá-lo em uma situação de risco. Então, se puder emprestar o carro a ele, no final da tarde você o terá de volta para a sua reunião no departamento do exército e ele voltará para casa de táxi.

Rudolph ficou pensando por alguns segundos em silêncio.

— Rud?

— Sim, querida, estou aqui. Mas ele precisa do carro justo hoje? Que droga! Mande-o pegar o carro então. Que venha de táxi e eu me viro para ir à reunião. Não preciso que ele me pegue.

— Por quê não?

— O major pode me pegar aqui.

— Mas Rud, se é tão fácil assim, por que não emprestou o carro a ele ontem à noite?

— Gabriela, por favor, não me incomode agora, certo? É só isso? — Rudolph estava irritado.

— Sim, Rudolph — terminou batendo o telefone com muita força.

— Vá pegar o maldito carro. Eu espero aqui — Gabriela estava bufando de raiva, mas Isaac estava muito contente.

51

Em menos de meia hora, Herta anunciou que Isaac estava à sua espera.

— Entre, amigo!

— Que bela sala! Espaçosa. Tem certeza de que não é um inconveniente para você que eu fique com o carro? Eu posso vir aqui quando você quiser. É só marcar a hora e...

— Não, sem problemas. Já agendei um táxi — interrompeu Rudolph, sem dar espaço para que o amigo terminasse de falar.

— Muito bem. Obrigado. Tomarei muito cuidado.

— Tenho certeza disso. Aqui estão as chaves e o documento.

A Mercedes saiu da fábrica pela manhã, porém só chegou à casa dos Eichmann após o almoço.

Gabriela estava aflitíssima. Ligara para Rudolph para perguntar se Isaac aparecera por lá, e ele apenas disse que sim. Não poderia perguntar mais nada.

— Onde você esteve? — Gabriela indagou a Isaac.

— Tive que resolver negócios.

— Estava preocupadíssima! Você não me disse nada!

— Calma, estou aqui. Vamos sair. Já almoçou?

— Ainda não.

— Vou levar você para um lugar muito especial.

Saíram e foram a um restaurante no campo, a cerca de uma hora da cidade. Só havia um casal almoçando e o local era tipicamente alemão. Muito agradável. Pediram a comida e duas cervejas.

— Agora estamos seguros.

— Como você conheceu este lugar?

— Eu conheço muita coisa que você nem imagina — gabou-se o rapaz.

Ele estendeu as mãos sobre a mesa e ela as enlaçou. Ficaram de mãos dadas, olhando-se. Cada vez que Gabriela encarava aqueles olhos mais jovens, perdia-se em seu azul como se fosse a única pessoa do mundo, flutuando em um oceano de sonhos.

Almoçaram e finalmente Gabriela decidiu enfrentar os seus medos e explicou que não sabia o que fazer e que estava infeliz com aquela situação.

— Gabi, estou apaixonado por você. Sou jovem, não tenho medo. Estou disposto a correr qualquer risco por você, mas, pensando em seu bem, é melhor que continue casada e mantenha as aparências. Nós seguimos com nosso caso em paralelo.

— Mas daqui a uma semana você parte e daí o quê? Que caso de amor sobrevive quando os amantes não estão presentes?

— Calma, querida. Quanto a isso, dou um jeito.

Após saírem do restaurante, entraram no carro e Isaac dirigiu para um hotel ali perto. Entraram, e ele pediu para que Gabriela esperasse perto das escadas. Assim que voltou, estava com a chave de um quarto.

— É melhor eu não perguntar como você conheceu este hotel, certo? — indagou Gabriela.

Isaac sorriu. Subiram para o primeiro andar e, para surpresa dela, ele pegou-a no colo, conduzindo-a para o quarto.

Permaneceram no quarto por uma hora. Tomaram uma ducha e saíram abraçados, como recém-casados, indo em direção ao carro de Rudolph. Gabriela estava vivendo o momento, sentindo-se plena, dona de si mesma e muito feliz. Depois de muito tempo, sentia-se importante novamente.

Perto dali, atrás de uma árvore, uma câmera registrava a cena por meio de uma potente lente.

A Mercedes iniciou o seu caminho de volta sob o olhar constante da lente daquela câmera. Chegaram à casa de Gabriela às seis e vinte da tarde. O sol ainda brilhava sob o forte verão do início de agosto.

capítulo 7

Em outro ponto da cidade, Rudolph pegava um táxi até o bar, onde havia combinado de encontrar-se com Renata. O bar estava relativamente cheio. Ele ficou em uma pequena mesa em um dos cantos. A garota chegou por volta das oito horas da noite.

— Desculpe o atraso. Tive uns problemas.
— Nada sério, espero.
— Não, apenas trabalho.
— O que bebe?
— Vodca.
— Garçom, uma vodca e outro uísque — Rudolph fez o pedido e, em seguida, dirigiu-se a Renata. — Achei que você não viria.
— E deixar minha dívida em aberto? Não gosto de deixar pendências.
— O que houve com você? Por que sumiu?

Houve um pequeno intervalo, enquanto Renata pegava um cigarro em sua bolsa e o acendia.

— Realmente não pude aparecer. Não que eu não quisesse. Precisei viajar às pressas. Quando voltei, procurei por você e soube do terrível acidente. Fiquei preocupadíssima e fui visitá-lo no hospital, mas me disseram que sua esposa estava lá. Assim, fui embora.

— Então você já sabia de tudo quando foi ao meu escritório? E me procurou antes? Que alívio!

— Por quê?

— Achei que você não tinha gostado de mim.

— Não se vanglorie antes da hora, garoto — deu uma baforada de fumaça em seu rosto, depois riu como uma garota sapeca.

— Vou lhe dar umas palmadas para você aprender a ser boazinha.

— Duvido, garoto.

— Conte-me sobre você. Pelo visto, já sabe muito de mim.

— Não há muito o que contar. Sou da Itália. Minha mãe era austríaca e meu pai, italiano. Aprendi inglês, fui para Nova Iorque com dezoito anos e trabalho como freelancer para alguns jornais e revistas. E aqui estou eu, cobrindo os Jogos Olímpicos. Essa é a minha vida.

Depois, os dois ficaram conversando sobre outros assuntos. Renata parecia outra pessoa. Mais aberta, sem jogos de sedução, muito mais natural. Bem mais tarde, Rudolph olhou para o seu relógio e espantou-se.

— Nossa, já são onze e meia da noite! Tenho que ir.

— Que pena, Rudolph. A noite mal começou.

— Podemos retomá-la outro dia.

— Não, não podemos. Uma noite não se retoma com o dia. Ou ela continua, ou termina. Simples assim.

Ele ficava incomodado com a franqueza da garota e, ao mesmo tempo, fascinado com o mistério que ela guardava só para si.

— Bem, tenho mesmo que ir. Agora o problema será achar um táxi.

— Eu posso levá-lo.

— Você?

— Por que o espanto? Uma mulher não pode dirigir? Meu carro está aqui perto. É pegar ou largar.

— Eu pego — rebateu de imediato.

Rudolph pagou a conta e saíram em direção a um Citroën bege.

— É um belo carro. É seu?

— Não. Eu o roubei um pouco antes de vir para cá — debochou ela. — Onde você mora?

— Vamos indo que eu indico o caminho.

Assim que chegaram à casa de Rud, ele pediu para que ela parasse um pouco distante da entrada.

— Aqui está ótimo.

— Não quer que a sua querida esposinha nos veja, hein? Que culpa é essa que você carrega já que não fizemos nada? Ou fizemos?

— Não tenho culpa alguma!

— Não mesmo?

Renata lançou-se sobre Rudolph e deu-lhe um beijo demorado. Depois afastou-se e olhou-o provocante.

— E agora, tem culpa?

Ele tentou beijá-la novamente, mas Renata virou o rosto e buzinou brevemente.

— Adeusinho, Rudolph!

— Você é o demônio!

Ele saiu correndo do carro e entrou em casa.

— Rud, é você? Onde estava? — perguntou Gabriela.

— Com o major. Onde mais estaria?

— Ofegante assim? Que cheiro é esse? Cigarro... perfume... Você bebeu?

— Gabriela, estamos na Inquisição Espanhola? Nossas reuniões são em salas fechadas, com todo mundo fumando. É lógico que todos tomam uísque. Qual o problema?

— Nada... Vou me deitar, estava apenas preocupada.

— Desculpe-me, querida, venha aqui.

— Não. Estou indisposta. Até amanhã.

Rudolph nem se lembrou de Isaac e nem se importou da esposa ir se deitar. Sentou-se no sofá e ficou pensando em Renata. Estava apaixonando-se por ela.

Depois do café da manhã, assim que Rudolph saiu de casa, Gabriela levou Isaac para o quarto do casal e trancou a porta. Tirou a roupa e deitou-se.

— Você está louca?

— Totalmente! Venha!

— Gabi, não podemos nos descuidar.

— Eu não me importo com nada, apenas com este momento...

No escritório da fábrica, Rudolph não tinha mais cabeça para nada. Só queria saber de Renata. A angústia de não poder se comunicar com ela era enorme.

— Senhor Eichmann, tem uma pessoa que quer vê-lo.

— Quem é, Herta?

— Senhorita Renata Biotto.

— Deixe-a entrar.

Seu coração disparou e imediatamente levantou-se para recebê-la.

— Que surpresa!

— Não esperava mais me ver? — insinuou a garota.

— Não sei. Venha, sente-se. Tire o seu casaco.

Renata deu dois passos para trás e abriu o casaco, deixando-o cair ao chão. Estava nua, apenas com meias pretas e sapatos de salto alto.

— O que... — e suspirou profundamente com a boca entreaberta.

— Você só tem isto a me dizer?

Ele correu para trancar a porta. Fechou as janelas e disse a Herta pelo telefone que não poderia ser interrompido, mesmo que fosse o próprio führer a procurá-lo.

— Então eu sou mais importante que o führer? Isso é bom.

— Isso é ótimo.

Ambos entregaram-se ao desejo naquele momento. Depois, o casal ficou abraçado por um tempo. Renata acariciava levemente os cabelos de Rudolph.

— Vamos sair daqui — disse ele, enquanto se vestia.

Renata apenas recobriu seu belo corpo com o sobretudo novamente.

— Aonde vamos?

— Não sei, apenas quero sair daqui. Vamos — pegou-a pelo braço e saíram pela porta.

— Senhorita Herta, tenho que sair. Anote os recados. Se Gabriela ligar, diga que estou no comando do exército.

— Sim, senhor.

Renata deu um leve sorriso para Herta, que encarou a atitude como uma provocação.

Pegaram o carro e rodaram a esmo.

— Vamos para o bosque — comentou Renata repentinamente.

— Está bem.

Na casa dos Eichmann, Isaac disse a Gabriela que precisava sair a negócios.

— Posso ir junto? Prometo não atrapalhar — choramingou, fazendo um biquinho.

— Princesa, hoje não. Mas prometo que um dia você até me ajudará, está bem?

— Certo, meu príncipe encantado!

— Espero não me transformar em um sapo.

— Se você virar um sapo, vou para o pântano contigo.

— Vai mesmo?

O olhar de Isaac ficou sério. Ele colocou suas mãos nos braços de Gabriela e perguntou:

— Jura que vai mesmo?

Ela estava apaixonada naquele momento. Queria muito ficar com ele.

— Sim, eu juro.

— Muito bem. Eu prometo então que chegará o dia em que não nos separaremos mais.

Isaac chamou um táxi e saiu. Gabriela sentiu-se muito só e pensamentos sobre o futuro começaram a torturar a sua cabeça.

Enquanto isso, no bosque, Renata levava Rudolph para um canto muito isolado e deitava-se no chão, abrindo novamente seu sobretudo.

— Você é louca mesmo!

Após se amarem, ficaram deitados embaixo de uma grande árvore, embalados pelo canto dos pássaros, olhando para o céu, sem dizerem nada. E uma poderosa lente de uma câmera fotográfica registrava os momentos furtivos do casal.

Os Jogos Olímpicos terminaram e Isaac precisava partir. Gabriela teve uma crise de choro, mas precisava esconder a sua tristeza a todo custo do marido.

Renata também estava de partida para Nova Iorque, e Rudolph estava angustiado e irritado com a sua partida. Tinha também que esconder o fato da esposa.

A casa dos Eichmann virou um local de mentiras e falsas aparências.

Na última noite de Isaac, após Rudolph dormir, Gabriela saiu escondida do quarto e entrou nos aposentos do amante.

— Vá embora — sussurrou ele.

— Não! Preciso ficar com você mais vez. A última, eu prometo!

— Gabi, você vai colocar todo o nosso plano em risco. Vá! Depois, com o tempo, se o nosso amor realmente for sólido, prometo que ficaremos juntos.

— Ele é sólido sim, querido! Mas fique comigo, só um pouco... Por favor...

— Venha cá.

Fizeram amor em total silêncio. Depois voltou ao quarto devagarzinho e encontrou o marido roncando levemente. Estava aliviada, porém muito triste pela partida do amado.

Pela manhã, Rudolph ajudou Isaac a levar as malas para o carro. Ele o levaria à estação de trem e depois iria trabalhar. Gabriela ficaria em casa.

Na despedida, ela fez todo o esforço do mundo para parecer natural e dar-lhe um rápido beijo no rosto. Mas aqueles olhos azuis penetraram em sua alma, muito mais intensamente que os de Rud.

— Engraçado, Isaac, você e Rud têm exatamente o mesmo tom de olhos.

— É mesmo? Então isso é um elogio! — envaideceu-se.

— Puxa, realmente tenho belos olhos! — caçoou Rudolph.

— Vá, meu amor — declarou-se ao se despedir.

— Até à noite, querida — respondeu Rudolph.

Rudolph pensou que Gabriela havia dito isso a ele, só que Isaac sabia que a despedida não era para o marido dela. O carro partiu, e ela se trancou em seu quarto onde chorou copiosamente.

Dois dias depois, foi a vez de Renata partir.

— Promete que me procura novamente?

— Sim, Rud, prometo. Sempre tive medo de envolvimentos. Já passei por decepções antes, mas agora sinto que é diferente. E quanto a seu casamento? Não quero ser a outra, a amante. Não quero ter que me esconder em quartos de hotéis por aí. Quero ter uma família, filhos.

— Eu prometo, Renata. Meu casamento acabou. Eu dou um jeito, não se preocupe.

Rudolph abraçou-a e lágrimas saíram dos olhos daquele homem poderoso e rico.

— Vamos, eu levo você para a estação.

— Não! Eu não gosto de despedidas. Nós nos falaremos sempre pelo telefone do seu escritório. Preciso ir agora. Adeus, Rud.

— Até mais, querida.

Renata partiu em um táxi. Rudolph ficou arrasado e, ao chegar em casa, tomou quatro doses de uísque. Gabriela nem chegou perto do marido, não pela bebedeira e sim pela falta de vontade de ficar em sua companhia.

A separação era inevitável.

E o verão chegou ao fim, dando lugar ao outono.

capítulo 8

Gabriela descobriu que estava grávida. Ficou apavorada com a ideia, mas resolveu contar a novidade para Rudolph.

Tudo indicava que o bebê nasceria em meados de 1937. Havia sido concebido na mesma época em que ela esteve com Isaac. À noite, antes da chegada do marido, ela olhou-se no espelho, e disse para si mesma:

— Muito bem, Gabriela. Isso não vai derrubá-la. Saiba jogar o jogo da vida. Não coloque tudo a perder. Lembre-se do que aprendeu com os malditos nazistas. Levante o queixo e se banque.

Ela preparou um delicioso jantar para o marido, tirou o melhor vinho da adega e usou a melhor prataria. Tomou banho, perfumou-se e colocou um lindo vestido amarelo. Assim que ele chegou, foi recebido na porta com uma dose de uísque.

— Eu devo estar no céu! Para que tudo isso?

— Por quê não? Não podemos ter uma noite agradável?

Rudolph gostou da surpresa. Então Gabriela disse de supetão:

— Rud, estou grávida.

— O quê? Vai ter um filho?

— É isso que as grávidas fazem!
— Nossa! Mas como?
— Você não sabe como? — zombou e riu.
— Não é isso, quer dizer... Está de quanto tempo?
— Dois meses.

Rudolph sentou-se no sofá. Ele ficou muito feliz, porém contrariado ao mesmo tempo. Ter um filho é algo que ele sempre quis. E agora ele o teria. Mas esse fato certamente atrapalharia a separação. Se tivesse que escolher entre o filho e Renata, ele ficaria com o filho.

— Querida! Ah, minha querida! — ele abraçou-a demoradamente e depois beijou-a, mantendo-se enlaçado a ela.

Jantaram, aparentando muita felicidade, mas ambos traziam um desconforto enorme dentro do peito. Mesmo apaixonado por Renata, os dois meses sem contato com ela fizeram com que a angústia de Rudolph diminuísse.

A angústia de Gabriela não diminuía. Ela fazia tudo aquilo para um dia poder ficar com Isaac. Conversava com ele por telefone quando era possível, sempre ligando de postos e cabines telefônicas, e o amante a instruía que, sob hipótese alguma, dissesse algo a Rudolph ou se separasse do marido por enquanto. Gabriela não contou nada sobre sua gravidez, com medo de que ele não quisesse mais vê-la.

No Natal, Rudolph sugeriu a Gabriela que fossem para a região dos Alpes na semana entre o Natal e o Ano-Novo. Ela adorou a ideia e escolheu o hotel.

Só que, secretamente, passou o endereço a Isaac. Não sabia como iria vê-lo, mas precisava encontrar-se com ele, caso contrário, enlouqueceria.

Partiram de Berlim e foram de trem até Munique, onde um carro os levou até um luxuosíssimo hotel, localizado próximo aos Alpes.

— Agora sim podemos descansar — comentou Rudolph ao chegarem.

— É... — consentiu desanimadamente Gabriela.

Nos dois dias seguintes, passearam por alguns castelos da região e à noite Gabriela não aguentava mais ficar em pé.

— Rud, estou exausta. Preciso ficar deitada amanhã e depois.

— Está tão mal assim?

— Estou grávida, lembra-se? Quatro meses. É hora de começar a me resguardar um pouco mais. Além do cansaço, tem esse frio infernal.

— Frio infernal? O inferno congelou agora? — brincou. Ela mostrou-lhe a língua, brincando também.

— Tudo bem, ficaremos aqui no hotel.

— Não, Rud! Estou bem, só quero ficar no hotel, no quarto quentinho. Mas faço questão que você se divirta. Vá esquiar. Há quanto tempo você não esquia?

— Puxa, nem me lembro mais! É uma ótima ideia. Esquiar é tudo o que eu preciso agora.

Rudolph sempre esquiou, desde muito cedo. Sempre fora a sua válvula de escape, além da natação.

— Você realmente não se importa, querida?

— Não, lógico que não. Vá. Amanhã cedinho, alugue os equipamentos e saia com o ônibus, que vai para a estação de esqui.

— Está bem. Vou até a recepção para reservar o meu lugar.

Na manhã seguinte, Rudolph saiu bem cedo com uma turma de esquiadores. Gabriela acompanhou-o até a porta do ônibus, mesmo sob a relutância dele. Ela queria ter certeza absoluta de que o marido estaria a bordo do veículo.

Logo em seguida, telefonou para o número que Isaac havia lhe dado um dia antes dela viajar. Era de um chalé que ele havia alugado lá perto. O telefone tocou, e ele atendeu.

— Graças a Deus você está aí. Estava com medo de que não tivesse conseguido vir ou de que o telefone estivesse sem linha.

— Calma, querida, estou perto de você. Vou até o seu hotel e paro no estacionamento de trás, como se eu fosse um hóspede. Entro pela porta dos fundos até a recepção. Assim que você me ver, acompanhe-me discretamente e vamos para meu carro.

— Está bem. Estou lhe esperando.

Finalmente, depois do que pareceu ser uma eternidade, ela estava perto de Isaac novamente. Assim que ele a viu, deu meia-volta e dirigiu-se para o estacionamento, caminhando lentamente. Ela o seguiu e entrou no carro.

— Querido, nem acredito! — Gabriela abraçou-o e beijou-o demoradamente.

— Vamos sair daqui, Gabi.

Foram direto para o chalé. Assim que entraram, ela virou-se para Isaac e anunciou:

— Você vai ter um filho.

— O quê?

— Estou grávida de você.

— Gabriela, não brinque com isso!

— Juro! Veja! — tirou o seu grosso sobretudo e levantou as blusas de lã para, finalmente, deixar à mostra sua barriga, que já despontava.

— Não acredito! Você acabou com tudo.

— Como assim? Nós fizemos um filho, lembra-se?

— Por que não me contou antes?

— Se você está agindo assim comigo ao seu lado, imagine se eu lhe contasse por telefone. Nunca mais veria você.

— Não diga isso! Eu te amo.

— Ah, meu querido. Eu te amo tanto!

— Bem, podemos arrumar uma forma de tirarmos o bebê.

— De jeito nenhum! Além do mais, Rudolph já sabe.

— Como assim? O que ele sabe?

65

— Calma, ele acha que é dele.
— E não é?
— Eu sei que é seu.
— Como?
— Apenas sei. Pare com isso agora, por favor.
— Me desculpe, Gabi, me desculpe — proferiu essas palavras, abraçando Gabriela.

Isaac acendeu a lareira e os dois sentaram-se no chão, num grosso tapete de pele, e começaram a tomar vinho tinto. Gabriela começou a beijá-lo e ali mesmo se amaram. O som da lenha queimando abafou o barulho dos disparos da máquina fotográfica, que registrava tudo na porta do quarto ao lado da sala onde eles estavam. De lá, via-se tudo o que acontecia. Do cômodo, só se via uma porta entreaberta, com um quarto todo fechado e escuro.

Passaram boa parte do dia ali, juntinhos, naquela sala aquecida e romântica.

— Preciso levá-la agora. Não podemos levantar suspeitas. Se o seu marido chegar antes de você, será difícil achar uma explicação para a sua ausência.

— Não, não quero ir — relutou.

— Pare com isso. Se você realmente quer ficar comigo, tem que confiar em mim. Vamos!

Voltaram ao hotel. Isaac parou no estacionamento da parte de trás.

— Querida, pense bem sobre esse bebê. Podemos ir a um médico e forjar um acidente para justificar a perda. Essa criança só vai complicar a nossa vida.

— Não. Você pode pensar assim hoje, mas mudará de ideia logo que o vir. Fique tranquilo.

Despediram-se com um beijo na boca, e Gabriela voltou ao hotel. Isaac saiu apressado para não encontrar com Rudolph.

Gabriela, faminta, foi direto ao restaurante que ainda estava aberto. Em menos de meia hora, Rudolph estava de volta.

"Essa foi por pouco", pensou ela.

De volta da viagem, Gabriela levava a sua gestação de forma conturbada, sempre ansiosa e com medo. Não sabia o que faria depois de ter o bebê. Receava perder contato com Isaac, e, por isso, continuava falando regularmente com ele por telefone.

Rudolph estava aflitíssimo em retomar contato com Renata. Finalmente, no final de janeiro, ela ligou:

— Olá, querido!

— Minha querida! Estou morrendo sem você! Quando vem?

— Já estou aqui!

— Onde?

— Em nosso bar.

— Estou indo! — bateu o telefone e deixou a sala.

— Senhorita Herta, tenho que sair.

— Espere! O senhor tem uma reunião com o comando do exército e...

A secretária ficou falando sozinha. Rudolph pegou o seu carro e correu o máximo que pôde até chegar ao bar.

— Renata! Você está mais linda do que nunca.

— Ora, marujo. Não minta para mim.

Antes que pudesse dizer algo mais, Rudolph avançou sobre ela e beijou-a ardentemente. Ela espantou-se, mas retribuiu.

— Quero tanto ficar com você.

— E o que lhe impede? — questionou com muita tranquilidade.

Rudolph baixou os olhos e disse:

— Gabriela está grávida.

— O quê? — gritou Renata.

— Você me ouviu.

— Seu desgraçado! Este é o amor que tem por mim? Engravidar sua esposa e me deixar?

— Não foi por querer!

— Ah, entendo! Foi uma relação íntima sem querer! Assim como a nossa? Chega! Perdi o meu tempo alimentando esperanças e vindo até aqui — Renata esbravejou e levantou-se.

— Não! Por favor, me escute! Por favor! Para mim não significou nada. Na verdade eu nem me lembro de ter ficado com ela, mas Gabriela é minha esposa e na época ainda estávamos bem, ou melhor, eu não estava apaixonado por você. Mas acredite, hoje eu quero você! Assim que for possível, separo-me dela e fico só com você.

Aquele homenzarrão estava quase chorando. Suas palavras soavam como se fossem as de um menino.

— Muito bem, o que quer fazer?

— Quero ficar com você. Eu vou ficar com você! Só preciso de um tempo, só isso. Assim que meu filho nascer, separo-me de Gabriela e viveremos juntos.

— Onde? Você continuará sempre tendo contato com ela. Eu não quero isso.

— Moraremos em outra casa. Vou comprar uma melhor. Deixo a casa, o carro e uma ótima pensão para ela e formaremos uma família.

— Por que você tinha que fazer isso?

Ele ficou sem resposta.

— Apesar de tudo, te amo muito — acrescentou Renata, para surpresa de Rudolph.

— Querida, olhe bem para mim. Eu prometo! Seremos muito felizes juntos.

Depois que saíram do bar, Rudolph ligou para casa dizendo que tinha que ir a uma instalação militar em uma cidade vizinha e dormiria por lá.

— Rud, mas e a roupa? Como fará amanhã? Não vai levar nada? — perguntou Gabriela pelo telefone.

— Gabi, não se preocupe. Agora tenho que ir, o coronel está me chamando. Até amanhã — e desligou rapidamente.

— Para onde, soldado? — perguntou Renata.

— Para as estrelas! — respondeu Rudolph.

O casal saiu rindo, pegaram o carro e foram para um quarto de hotel ali perto. No dia seguinte, Rudolph ligou para Herta e disse que estava fora, fazendo testes. Só voltaria à noite, direto para casa. Passou o dia todo dentro do quarto com Renata.

À noite, chegou em casa esgotado, com a roupa amarrotada e cheirando à bebida.

— Parece que sua reunião foi boa, Rud! — ironizou Gabriela.

— Agora não, Gabi. Vou me deitar.

Renata ficou mais dois dias em Berlim e Rudolph passou duas tardes inteiras com ela.

Antes de partir, ela confessou:

— Rud, espero o tempo que for preciso. Eu te amo.

— Eu também te amo — respondeu Rudolph.

Seu coração estava apertado pela despedida.

capítulo

Gabriela estava na trigésima oitava semana de gravidez, quando a bolsa estourou. Foi com Rudolph para o hospital e deu à luz um menino.

Rud deu a boa-nova para o seu único irmão, Wagner, que morava em Salzburg, na Áustria. Seus pais haviam morrido há mais de dez anos em um acidente de carro.

Assim que viu o bebê no colo da mãe, ele disse:

— Karl... Quero que ele tenha o meu nome.

— Não, Rud. Vamos colocar outro nome. Que tal Klaus? Ou Hellmut?

— Já me decidi. Será Karl.

Gabriela estava cansada, amamentando o recém-nascido e ainda tinha que discutir o nome dele com o marido.

— Querida, vou cuidar da papelada. Volto mais tarde.

Ele registrou o bebê com o nome de Karl. Voltou ao quarto e disse que sairia um pouco.

— Vá, Rud, vá comemorar. Só me deixe descansar, por favor!

◆

Um mês depois da chegada do pequeno Karl à sua nova casa, Renata ligou para Rudolph.

— Liguei porque estava com saudades. Faz um calor enorme aqui em Nova Iorque.

— Venha para cá!

— E viver de quê?

— Dinheiro para mim não é problema! Por favor, deixe de ser egoísta!

— Egoísta? Eu? Por que diz isso?

— Por pensar só em você! Se pensasse em mim, viria.

— Não é por isso, você sabe!

— Então vou mudar o meu pedido. Deixe de ser orgulhosa!

Renata riu ao telefone.

— Não sou egoísta nem orgulhosa. Supondo que eu aceite e deixe tudo, meu emprego, apartamento, amigos e vá para Berlim, e, depois de um tempo, você enjoa de mim e eu fico aí, sem dinheiro, sem amigos, sem nada... Eu seria seu bichinho de estimação, uma meretriz de luxo em um bordel particular.

— Pare! Não é nada disso! Como posso lhe provar? Vamos fazer o seguinte: eu lhe dou dinheiro suficiente para a passagem de volta, para um ano de aluguel aí em Nova Iorque e mais um bônus por ter que me aturar. Se não der certo, você pega esse dinheiro, volta e retoma a sua vida de onde parou. E mesmo assim, se você se sentir mal, pode me pagar tudo de volta quando puder.

Renata ficou muda.

— E então, querida?

— Está certo, por quê não?

Rudolph exultou e perguntou:

— Posso comprar a sua passagem?

— Eu mesma compro. Com o meu dinheiro!

— Sua orgulhosa! — ele estava explodindo de alegria por dentro.

◆

Renata chegou uma semana depois. Rudolph já havia alugado um apartamento decorado perto de seu escritório.

— Querido! — exclamou ela logo ao avistá-lo, assim que saiu do trem.

— Ah, agora você não vai mais se afastar de mim — ele abraçou-a e beijou-a. — Vamos, quero lhe mostrar seu novo apartamento.

Mal entraram no apartamento e já foram para o quarto. Uma hora mais tarde, Rudolph já estava vestido e Renata tomava um banho de banheira. Ele estava à porta do banheiro olhando para a amante, quando disse:

— Preciso lhe contar algo. Eu lhe comprei um carro.

— O quê? Venha cá! — assim que Rudolph chegou perto da banheira onde Renata estava, ela o puxou para dentro, deixando-o todo molhado.

Rudolph chegou em casa com a roupa molhada. Tentou ir direto para o banheiro sem ser visto, mas Gabriela o encontrou.

— O que houve?

— Foi um vazamento de água na fábrica. Coisa simples, mas fiquei molhado.

Gabriela não desconfiou da desculpa do marido, e Rudolph foi tomar um banho para trocar-se. Ele já estava se cansando de ter que inventar tantas desculpas. A hora do divórcio estava chegando.

No final de dezembro, Rudolph estava completamente estressado com a sua vida repartida entre trabalho, amante, esposa e filho.

— Gabi, tenho que ir à América do Sul em fevereiro. O governo alemão não se importa com meus negócios particulares, desde que eu entregue a demanda de paraquedas dentro do prazo acordado. Então é inevitável que eu vá ao Rio de Janeiro e a Buenos Aires para fechar alguns negócios que estão se estendendo de longa data. São contratos milionários. Mas, dessa vez, terei que ir só.

— Não! Eu tenho que ir com você! Sempre lhe acompanhei!

— Você está louca? E deixar o pequeno Karl aqui? Em fevereiro ele só terá nove meses.

— Lógico que não vou deixá-lo! Ele vai junto.

— Você perdeu o juízo? Levar um bebê de nove meses numa viagem transatlântica para o meio do nada por um mês?

— Meio do nada? Meio do nada? — esbravejou. — Pois foi nesse meio do nada em que eu nasci! Além do mais, quero mostrar o meu filho para a minha tia de criação em Buenos Aires.

— Já me decidi. Vocês ficam.

— Prometo que se você não me levar, não vai nos encontrar na volta.

— Pois então acho bom você preparar as suas malas, pois vou sozinho — e foi para o quarto, batendo fortemente a porta.

Gabriela caiu no choro. O bebê acordou com a gritaria e começou a chorar também. Ela pegou-o no colo e olhou com ternura para o filho. Isso acalmou os dois.

O mês de janeiro passou e o casal mal conversava. Quando chegou a hora de Rudolph embarcar, Gabriela apenas lhe desejou boa viagem. Nada mais. Ele limitou-se a um breve adeus e embarcou no táxi rumo à estação de trem.

Assim que chegou à estação, encontrou-se com Renata, que seria a sua companheira de viagem. Um mês só com a amante.

Mas Gabriela não deixou por menos. Isaac veio a Berlim para ficar com ela em um apartamento alugado por ele. A mãe fazia questão de levar o menino em seus encontros. Assim que viu o garoto, Isaac não teve certeza de que era mesmo o seu filho.

— Os bebês são todos iguais. Não dá para ter certeza de que ele é meu.

— Meu querido, eu sei. Vamos criá-lo juntos, logo mais. Não estarei em casa quando Rudolph voltar.

— Não diga isso, Gabi! Ainda é muito cedo para ficarmos juntos. Deixe-me ajeitar as coisas na Holanda. Além disso, você tem que regularizar a documentação para ficar lá legalmente.

— Isso é fácil. Nós nos casamos e pronto.

— Como se você já está casada? Tem que pedir o divórcio antes.

— Rudolph vai concordar. Ele não me quer mais e, aliás, acho que está mais distante de mim do que eu dele — entristeceu-se Gabriela.

Depois, refletiu um pouco e resolveu esperar para separar-se.

— Está bem, fico e espero até o final do ano que ele mesmo peça o divórcio. Caso contrário, eu pedirei.

— Combinado, minha querida.

Rudolph aproveitou muito a sua ida ao Rio de Janeiro e a Buenos Aires. Estava cada vez mais apaixonado pela bela garota de vinte e três anos. Ela era jovem, mas muito madura. Ao retornarem à Europa, voltaram para Berlim, e Rud deixou-a no apartamento alugado por ele.

— Querida, sentirei a sua falta, mas lhe prometo que é por pouco tempo. Assim que for possível, eu me divorciarei.

Quando voltou para sua casa, encontrou Gabriela com um ar de angústia. Foi formal com ela e entregou-lhe algumas roupas que trouxe de presente.

— Obrigada, não precisava se incomodar.

— Gabriela, acho que precisamos conversar.

Ela sentiu um frio na barriga. Sabia que a hora era essa.

— Não estou feliz. Algo aconteceu e não estamos mais tão unidos.

— Concordo, Rud. Eu também percebi. Não lhe quero mal, muito pelo contrário.

— Só que temos o pequeno Karl, que não tem culpa de nada. Não sei o que podemos fazer.

Nesse momento, Gabriela ficou muda. Ela tinha que jogar muito bem para sair desse casamento como a vítima da história.

— Eu também não sei. Também não sei...

Rudolph respirou fundo e concluiu:

— Vamos achar uma solução. O importante é continuarmos amigos, certo?

— Sim, querido.

E somente abraçaram-se.

No dia seguinte, Rudolph retomou as atividades no escritório.

— Senhor Eichmann?

— Sim, Herta.

— Chegou uma encomenda para o senhor. Trata-se de um pacote.

— Deixe-o comigo, obrigado.

O empresário estava sorridente naquela manhã. No envelope estava escrito:

Para Karl Rudolph Eichmann. De um amigo.

Assim que abriu o pacote e viu o conteúdo, seu coração quase parou.

Eram fotos comprometedoras dele com Renata, passeando, no bar, entrando em hotéis e finalmente fazendo amor no bosque.

Não podia acreditar. Suas mãos tremiam e sua respiração estava ofegante.

No final, havia um bilhete datilografado:

Cem quilos de ouro em cinco sacolas. Contato em dois dias. Receberá o negativo original e um presente.

Rudolph levantou-se e abriu a porta com um olhar de pânico.
— Herta, quem entregou isto?
— Eu não sei porque já estava em minha mesa quando cheguei.

Rudolph bateu a porta de sua sala e voltou às fotos. Não podia acreditar que tinha sido tão descuidado. Isso colocaria tudo a perder, caso Gabriela descobrisse. Além da humilhação, ela iria requerer uma pensão enorme dele.

O dia arrastou-se e Rudolph não teve cabeça para fazer mais nada. À noite, foi para o apartamento de Renata e mostrou-lhe tudo.

— Meu Deus! Você tem como conseguir essa quantidade em ouro?
— Sim, eu tenho. Isso para mim é até pouco. Mas e agora?
— Agora é pagar para ver.
— E se for uma cilada? E se continuarem a me chantagear para sempre?
— Faça a primeira vez. Se eles fizerem novamente, não pague. E assuma o que fez! Afinal de contas, eu valho ou não a pena?
— Lógico que sim. Por você eu faço qualquer coisa — desculpou-se Rudolph.

Depois de se acalmar, foi para casa e descontou o resto de sua frustração na bebida.

Assim que o banco abriu as portas, Rudolph foi pessoalmente pedir ao gerente que lhe arrumasse os cem quilos em ouro.

— O senhor está louco?

— Não preciso lhe dar explicações, preciso? — protestou de forma áspera.

— Não, senhor. Em três dias, disponibilizaremos tudo para o senhor. Se quiser, poderá usar um carro-forte.

— Não! Eu venho buscar amanhã, entendeu? Amanhã cedo. Separe o ouro em cinco sacolas muito resistentes e colocaremos tudo em meu carro.

— Mas, senhor Eichmann, isso é impossível!

— Você acharia impossível se eu falasse agora com Goering ou outro assessor direto de Hitler? Dê-me o telefone agora! — irritou-se.

O gerente decidiu falar com o diretor do banco, e, em seguida, voltou à sua mesa e confirmou a operação.

— Senhor Eichmann, me perdoe, não há motivos para o senhor entrar em contato com ninguém. Estamos prontos para fazer uma exceção ao senhor.

No dia seguinte, Rudolph chegou ao banco às dez horas e saiu às onze e meia com o ouro. Teve que esperar a chegada do pedido e liberar a documentação. Depois foi ao escritório e ficou o dia todo esperando por um telefonema. Nada.

No final do dia, saiu inconformado e foi até o carro. Havia um bilhete no para-brisa com um endereço. As instruções eram de que deixasse o ouro lá e voltasse para casa. Caso não fizesse isso, Gabriela receberia um envelope pela manhã. Rudolph obedeceu e esperou. Não conseguiu dormir à noite.

Pela manhã, chegou mais cedo na fábrica e encontrou um pacote para ele na mesa de sua secretária, que ainda não havia chegado.

— Vamos ver se você cumpriu a sua parte, seu desgraçado.

Ao abrir o pacote, retirou os negativos originais das fotos com Renata. Respirou aliviado. Mas havia outro envelope dentro no qual estava escrito "surpresa".

Quando viu o seu conteúdo, ficou mais chocado do que antes. Eram fotos que revelavam o caso entre Gabriela e Isaac. Passeando, entrando em hotéis e fazendo amor, até mesmo quando ela estava grávida.

— Eu vou matá-los! Eu vou matá-los! — vociferou Rudolph.

Apanhou sua pistola na escrivaninha, pegou o envelope e foi para o carro com a pistola em mãos.

— Olá, Rudolph — era o major que acabara de chegar com outro oficial, o coronel Siegfried Strauss, ou apenas coronel Zig, para os mais íntimos.

— Saia da frente, major! — gritou Rudolph.

— Calma! O que vai fazer? — surpreendeu-se o major.

— Vou matar aqueles desgraçados! Saia da frente!

O coronel preparou-se para tirar sua própria pistola do coldre, mas o major teve a coragem de ficar entre Rudolph e sua Mercedes, impedindo que ele partisse.

— Você não vai fazer nenhuma besteira sozinho! Nós somos o poder, lembra-se? Podemos fazer tudo, desde que seja direito. E dessa forma cortar, não me parece direito, certo?

— Você não me entende, major! Eu preciso acabar com isso agora! Olhe! — justificou-se, jogando o envelope no peito do major.

Gehlen abaixou-se para pegar o envelope, que havia sido arremessado no chão. Abriu-o e entendeu a gravidade da situação na hora. Passou as fotos ao coronel, que ficou chocado ao vê-las.

— Coronel Zig, acho que temos um problema. Mas vamos resolvê-lo. Somos especialistas em resolver problemas, certo, Rud? — o major olhou para Rudolph, colocando a mão em seu ombro para tranquilizá-lo. — Vamos, vamos entrar. Me dê sua pistola, amigo.

Ele cedeu afinal e os três foram para o escritório. Rudolph sentou-se pesadamente em sua poltrona e começou a chorar como uma criança. Após se acalmar, o coronel pediu mais esclarecimentos sobre o caso.

— Você o conhece?

— Sim, ele se chama Isaac Krupney. É de Amsterdã.

— Isaac? — estranhou o major.

— Isso mesmo, o bastardo é judeu.

O coronel quis rever as fotos para identificar o homem que se passava por amigo de Rudolph e ficou enojado novamente, principalmente pelo fato de ele ser judeu.

— O filho nem deve ser meu... Aquele bastardo! Fingiu ser meu amigo para ficar com a minha esposa. Mas hoje eu vou fazer justiça! — esbravejou Rudolph.

— Você quer vingança indo atrás de sua esposa para matá-la? Você acha que ele voltará para ser morto também? Se quer vingança, vamos fazer com eficiência — determinou o major.

— Como? — Rudolph estava com o rosto vermelho e molhado pelas lágrimas.

Os três confabularam um plano para que Rudolph vingasse a sua honra, apesar de ele ter feito o mesmo com Gabriela.

Em maio de 1938, o pequeno Karl fez um ano de idade.

Rudolph mudou o comportamento com a esposa. Ficou mais amável e gentil. Quanto mais fingia, mais ódio tinha. Às vezes, aparecia em sua casa em plena tarde, o que deixava Gabriela confusa e intrigada.

capítulo 10

Os meses passaram-se e, no final de 1938, Rudolph já tinha acumulado uma fortuna gigantesca. Com seu poder e com o exército ao seu lado, ele era a lei. Sendo assim, o plano que confabulou por alguns meses com o major e o coronel teve início. Em uma manhã de terça-feira, assim que Rudolph saiu de casa, vários oficiais e soldados chegaram em três carros e um caminhão. Bateram à porta e foram recebidos pela empregada. Um dos soldados empurrou-a, e todos entraram.

— Gabriela González?

— Não, senhor! Sou a senhora Eichmann! — esclareceu Gabriela, com muita raiva e sem entender o motivo de tudo aquilo.

— A senhora está sendo acusada de um crime.

— O quê? — espantou-se.

— Temos ordens para vasculhar a casa.

Imediatamente, os soldados começaram a revirar algumas gavetas e outros foram para a biblioteca. Após cinco minutos, o coronel foi chamado.

— Senhor, venha ver o que achamos.

— A senhora sabe o que é isto? — interrogou o coronel Siegfried, olhando-a bem nos olhos.

— Não! Eu nunca vi esse envelope antes.

O coronel abriu e mostrou as fotos dela com o amante Isaac.

— Você reconhece esta mulher infiel e indecente na foto?

— Não! Não pode ser! — suas pernas tremeram tanto que ela caiu de joelhos no chão.

— Sua imunda! — gritou o major, que estava com os soldados e o coronel.

— Você está presa, acusada de conspiração contra o governo alemão, relacionamento extraconjugal e ilegal com um judeu, e por ter dado à luz um judeu. Podem levá-los.

— Não! Meu filho, não! Ele não tem nada a ver com isto!

— Devia ter pensado nisso antes, sua desgraçada! — um soldado cuspiu em seu rosto.

Gabriela debatia-se enquanto os soldados a levavam ao caminhão. O bebê foi entregue a ela e o coronel disse:

— Se quiser que ele continue vivo, cale a boca!

Ainda pela manhã, Rudolph recebeu uma ligação do coronel.

— Está feito. Agora só falta achar o patife do Isaac.

— Obrigado por tudo, coronel. Fico lhe devendo esta.

— Pague para sua pátria! Apenas continue com a produção de paraquedas. Vamos precisar muito deles em breve. Quanto à documentação do divórcio, sairá muito rápido. Vamos providenciar a anulação do casamento e também da certidão de paternidade. Você é um homem com um novo começo a partir de agora.

Rudolph ligou para Renata.

— Estamos livres! Podemos nos casar.

— Que ótimo! Finalmente serei a senhora Eichmann!

Rudolph levou Renata para morar com ele em sua enorme casa.

— Isto é magnífico! Que casa maravilhosa! — espantou-se Renata.

— É sua agora. Tudo o que pertencia a Gabriela foi dado ao partido. Até mesmo as joias. Absolutamente tudo.

— Agora somos só você e eu — Renata chegou perto dele e abraçou-o.

81

Gabriela foi levada com seu filho de apenas um ano e sete meses para o campo de concentração de Dachau, localizado a cerca de cinco quilômetros ao norte de Munique, no sul da Alemanha. Foi torturada para que desse informações sobre Isaac.

— Eu já falei tudo o que sei! Vocês já têm o endereço dele, o telefone... Por favor, me tirem daqui! — suplicava ela, chorando muito.

— Já fomos àquele endereço. Ninguém mora lá. E o telefone que nos deu nunca atende. Não pertence a ninguém! Agora diga a verdade! — ordenou um oficial batendo novamente em seu rosto.

Depois de uma semana de tortura, os alemães chegaram à conclusão de que ela realmente não sabia de nada mais.

— Nada, coronel. Fizemos de tudo, até ameaçamos matar o garoto na frente dela, mas a mulher realmente não sabe onde está o tal amante — relatou pelo telefone o oficial do campo de concentração ao coronel.

— Por favor, quero que me informe caso saiba de algo — respondeu o coronel.

Gabriela estava com muito medo. Dividia uma pequena cela com o filho. O frio era quase mortal. Ela deixava o bebê enrolado dentro de sua roupa de prisioneira e, mesmo assim, ele chorava muito.

— Gabriela, liberte-se! — dizia uma voz.
— Como? Eu não posso sair daqui! Estou presa!
— Liberte-se pelo coração.

Quando Gabriela se deu conta, estava no jardim que costumava passear em suas viagens astrais de juventude.

— Tinha me esquecido de como aqui é lindo — maravilhou-se.

— A Terra também é linda, minha querida — refletiu Antônio. — Não resista, apenas deixe acontecer, apesar da justiça ou injustiça dos homens. Enquanto você ficar só na resistência e na revolta, não se libertará.

— Mas como não me revoltar? Vou deixar que matem o meu filho? Vou aceitar tudo passivamente?

— Não, querida. Pare de resistir ao perdão. Só isso. Não resista ao perdão. Perdoe-se por achar que tomou as decisões erradas no passado. Pare com isso, se quer paz em seu espírito. O passado não tem força e deve ficar para trás, assim como o futuro também não existe. O que importa é o agora. Concentre-se no agora.

— Só que o passado traz experiência e sabedoria.

— Apenas o presente traz experiência e sabedoria, pois só neste exato momento é que você pode decidir o que fazer. Não no passado e muito menos no futuro.

— Para você é fácil dizer!

— Nunca se esqueça: sempre estarei a seu lado. Confie.

Gabriela fechou os olhos e voltou a si, sentindo o frio, a escuridão e seu filho abraçado a ela. Seria muito difícil perdoar a si mesma pelo que fez a Rudolph ou a quem armou tudo isso. Desde que foi presa, não teve mais contato com o marido. Será que ele estava sendo impedido de vê-la e de ajudá-la? Ou estava furioso?

Perdoar-se seria o mais difícil a fazer nesse momento.

Dois meses após a sua prisão, Gabriela escreveu uma carta a Rudolph.

Querido Rud,
Arrependo-me de cada segundo em que lhe magoei. Não quero nada para mim, só quero muito que o nosso querido Karl tenha a chance de crescer ao seu lado. Você é o pai dele. Acredite em mim! Por favor! Use todo o seu

poder e tire-o daqui. Eu já aceitei o meu destino, mas se você tem um pouco de amor e piedade em seu coração, leve-o deste local de horror e morte. Permita que nosso filhinho, a nossa pequena estrelinha, possa brilhar. Ele te ama também, eu sei disso. Ele será o que você fizer dele. Com o mais sincero arrependimento,

Gabriela.

Chamou uma das guardas por quem tinha um pouco mais de simpatia:

— Por favor, não peço nada de mais. Apenas entregue isto ao comandante do campo para que seja levado ao senhor Eichmann. O endereço está aí.

A guarda pegou o papel relutantemente e deixou-o no bolso. Quando estava sozinha, ela o leu e apiedou-se com aquele apelo de mãe. A oficial também tinha um filho e sabia que o comandante iria jogar o bilhete fora. Guardou a carta para si mesma e, depois de três semanas, quando tirou folga, conseguiu postá-la em uma cidade vizinha à sua.

Rudolph recebeu um envelope com o destinatário, que era ele. Atrás não havia remetente. O carimbo era de uma cidadezinha que não conhecia. Ao abri-lo, reconheceu a letra de Gabriela. Seu ódio misturou-se à culpa, mas não resistiu e leu a pequena carta.

— Será? Não, não pode ser meu filho...

Ligou para o coronel e fez um pedido incomum:

— Coronel! É Eichmann. Gostaria de pedir-lhe um favor pessoal. Liberte o garoto que está com a minha ex-esposa.

— O quê? Você quer criar aquele judeuzinho?

Rudolph hesitou e respondeu:

— Não, não quero. Queria apenas que ele saísse do confinamento.

— E ir para onde? — perguntou o coronel.

— Eu não sei. Talvez encaminhado a uma família que queira criá-lo.

O coronel pensou por uns segundos.

— Muito bem, Eichmann. Não entendo os seus motivos. Particularmente, eu acho que você está se tornando um homem muito sentimental. Isso pode matá-lo, mas vou lhe conceder esse pedido.

— Muito obrigado, coronel!

Um mês depois que enviou a carta, duas mulheres vieram buscar a criança. Gabriela abriu um sorriso e beijou o seu filho.

— Meu amor, você está em paz agora. Tenha uma boa vida. Mamãe te ama muito — e entregou-o para uma das mulheres de uniforme. Elas entreolharam-se e, num breve instante, pareceu que o ar ficou leve e iluminado. O pequeno Karl poderia agora seguir o seu destino.

A papelada da anulação do casamento ficou pronta e Rudolph, por fim, oficializou seu casamento com Renata. Fez questão de colocá-la como única herdeira de sua fortuna.

A situação na Alemanha estava fervilhando. Finalmente, em primeiro de setembro de 1939, a Alemanha invade a Polônia, dando início à Segunda Guerra Mundial. Fronteiras foram fechadas e a perseguição aos judeus intensificou-se.

— Pronto, querida! Se eu morrer, será tudo seu!

— Pare com essa tolice! — contestou Renata.

— Agora você é Renata Eichmann e somos um só! Infelizmente não estamos no melhor momento, mas espero que essa loucura de Hitler não dure mais do que alguns meses. Detestaria ficar por muito tempo sem poder viajar pela Europa.

— Estando com você, nem preciso mais sair de casa!

Os dois estavam juntos agora. Sem disfarces.

capítulo 11

Em uma cela úmida e fria, Gabriela encontrava-se deitada e debilitada. Ela utilizou as últimas forças que possuía em seu corpo para ajoelhar-se.

— Deus, por que tanta provação? Para quê tudo isto? Eu não posso aceitar! Não dá para acreditar! Meses atrás eu tinha tudo e agora sou mais insignificante do que um inseto! — e começou a chorar.

— Onde está a sua fé? — perguntou Antônio.

— Fé? Olhe à sua volta! Fé? Você está brincando, certo? — enfureceu-se ela.

— Fé, Gabriela.

— Não, Antônio, eu não tenho mais fé!

— Se não a tem, por que está ajoelhada, falando com Deus?

— Eu não estou falando, estou reclamando! Dizendo que tudo isto é injusto! Estou sem o meu filho, presa e sendo torturada. E por quê? Porque eu amei. Só isso. O amor me trouxe tudo isto.

— Será mesmo que foi o amor que lhe trouxe todo este pesadelo? Ou foi a revolta, o egoísmo e a traição? O amor liberta, não mata.

Ela não sabia de mais nada. Estava confusa e achava que estava delirando.

— Você acha que sou uma ilusão? — perguntou Antônio.
— Não sei.
— Tenha fé! Tenha fé! — ordenou ele.
— Eu quero ter!
— Não queira, Gabriela! Tenha!
— Está bem, eu tenho fé! Tenho fé! Tenho fé! Eu acredito em Deus! Mesmo! Acredito em Jesus! — e continuou a lamentar-se.

— Não, querida, isso não é fé. Isso é crença. Fé é muito maior do que achar que tem um Deus olhando para você quando vai ao banheiro ou que Jesus chora ao vê-la maltratar uma criança. Isso é o que a sua mente aprendeu a acreditar. A fé vem da alma, do coração. Vem do espírito. Tenha fé na sua luz, Gabriela. Fé em você mesma! — enfatizou Antônio. — Você é quem vai se iluminar. Não é minha luz que guia você, é a sua! Por meio da sua fé. Entendeu? Assim que você sentir o Poder Divino manifestado dentro de você, sentirá Deus. É esse Deus em você que vai mudar tudo. Portanto, abandone essa ladainha! Você continuará sua existência, com ou sem fé. Mas, com cem por cento de fé em você mesma, conseguirá mudar drasticamente o seu destino. Deus não a está testando. Ele está mostrando o caminho de saída desta tortura mental.

Antônio ficou ao seu lado, observando-a. Depois de alguns minutos, ele apenas estendeu a sua mão direita e ficou parado. Ela, de joelhos, deu um longo suspiro e soltou o ar. Olhou para ele e sorriu. O amigo espiritual retribuiu-lhe o sorriso. Gabriela estendeu a mão e ele a pegou, ajudando-a a levantar-se. Ela estava muito bem agora.

— Você está pronta? Vamos? — perguntou Antônio.

Ela olhou para trás e viu o seu corpo caído de joelhos, sujo, magérrimo e sem vida.

— Não sei por quê, mas quando estou ao seu lado perco o medo de tudo. Estou pronta.

87

— Antônio, de onde o conheço?
— Por ora, isso não interessa.
— Você é muito misterioso...

Os dois foram em direção à porta fechada e saíram de mãos dadas, sumindo daquele cenário horrível de medo e terror.

Imediatamente, ela estava em uma cama, sentindo-se muito melhor.

— Estou bem, quero me levantar.
— Calma, querida. Tudo em seu devido tempo. Deixar o planeta Terra é uma experiência de renascimento. É um retorno para casa. Alguns, como você, entendem bem esse processo, mas para a maioria das pessoas é terrível. O medo, o despreparo e o apego àqueles a quem se ama e às coisas que possuía fazem com que o desencarne não ocorra da forma natural como deveria ser. Os espíritos ficam confusos e não se desligam totalmente do mundo da matéria, mesmo não pertencendo mais a ele. Por isso, todos nós temos que passar por uma reabilitação, uma purificação.

— Antônio, você é médico?
— De certo modo sim. Sou um instrumento de ajuda. Mas o único ser que pode curá-la é você mesma. Eu apenas os acompanho há muito tempo.

— Nos acompanha?
— Sim, você, Rudolph, Isaac... Mas não é a hora de falarmos sobre isso. Sou apenas um observador, que, eventualmente, quando me é permitido, ajudo. Como nesta ocasião.

— Então você não é livre como eu pensei... Obedece a um superior?

— Não, de modo algum. Sou um espírito livre e gosto de me adequar às regras do plano espiritual onde vivo. Dou e recebo muita assessoria, pois quero amadurecer cada vez mais e ajudar os demais no mesmo processo. Isso é uma característica minha. Caso contrário, eu decidiria ir para outro nível energético. Tenho poder de escolha, assim como você e todos os demais. Cada um é responsável pela própria existência, seja ela onde for. Por mais que o mundo espiritual queira abreviar o sofrimento do mundo físico, muitas vezes não somos bem-sucedidos. Você, por exemplo, teve a chance de ficar sem Rudolph por perto, pois, em seu íntimo, sabia que ele estava se afastando. Em vez de ouvir a sua voz interior, resolveu ignorá-la e rezou pedindo para que ele ficasse com você. Depois disso, você mesma desejou que ele ficasse fora de sua vida. Às vezes, pagamos caro por nossos pedidos.

— Meu erro foi ter rezado?

Antônio achou muita graça.

— Não distorça minhas palavras, querida! Quando rezamos, preparamos rituais, frequentamos espaços ou fazemos oferendas. Se feitas com fé, provavelmente darão certo. A questão é que você não se dá conta de que a fé vem do seu interior e não da reza, da cruz ou seja lá do que usa para ativá-la. Agindo dessa maneira, você só transfere o seu próprio poder para o outro, seja uma pessoa ou um objeto. Lembre-se de que a vida é sua e que Deus está sempre dentro de você! Por não dar ouvidos à sua intuição, você pagou caro demais. Se a ouvisse, teria simplesmente se separado de Rudolph após o acidente. Portanto, não há escolhas erradas e sim caminhos de aprendizado diferentes. Para se apoderar disso, é necessário se perdoar por achar que fez escolhas erradas.

A jovem mulher deixou cair lágrimas de alegria.

— Não fui injustiçada, nem fui culpada! Fui apenas imatura — e sentiu uma enorme onda de calor em seu espírito.

— Eu apenas tive os meus desejos atendidos.

— Isso mesmo. Tenha sempre consciência de que você é cem por cento responsável pelos seus atos. Os seres humanos adoram cuidar dos outros ao assumirem responsabilidades que não são suas. Dão o poder ao outro e esperam o mesmo. Depois esperam que suas vidas deem certo! Loucura da cabeça, não é mesmo?

— Sim, eu nunca tinha encarado a questão dessa maneira... Então, só mais uma coisa.

— Sim, querida.

— Se o poder é meu, como explicar milagres, como por exemplo o da água da fonte de Lourdes, na França, que em muitos casos funciona para a pessoa mais cética ou incrédula? Se ela não colocou a sua fé, de onde veio a cura?

— Gabriela, você está se tornando uma ótima aluna! Como eu disse, a água recebe tanta energia das pessoas que vão para lá, buscando uma cura, que fica alterada, potencializada. É como a água benta ou água fluidificada. Há uma alteração química na organização molecular da água e isso é um fato que a ciência um dia irá explicar totalmente. Não há nada de sobrenatural. É científico, querida. O que acontece é que só a água não cura. Então, mesmo quem se diz o mais cético dos céticos e consegue alguma melhora, tenha a certeza de que, em algum lugar escondido dentro dele, existe muita fé em sua própria cura. Não é esperança e sim fé na cura. A certeza de que acontecerá alguma melhora.

— E quando a ciência puder explicar tudo, não haverá mais milagres?

— O que é um milagre senão a ciência em ação? Um jogo de probabilidades em que a chance de se ganhar é absolutamente próxima de zero e mesmo assim acontece. Os homens entenderão um dia que a própria ciência é um milagre. A vida e tudo o que ocorre nela, seja biologicamente, quimicamente, fisicamente, é um milagre! Enquanto os homens continuarem a entender milagre como algo não explicado pela ciência, estarão cada vez mais longe de Deus, pois chegará o dia em que a ciência explicará tudo, e a conclusão a que chegarão será a de que Deus não existe. Que o astral não existe. Que eu não existo e, acredite, que nem eles mesmos existem! — e Antônio riu. — O conceito usado está errado. Os homens brigam para ver qual é a religião mais correta e qual é o deus certo! — então interrompeu a conversa. — Agora, querida, vou deixá-la descansar.

O ano de 1940 começou com mais combates pela Europa. A situação em Berlim estava ótima e parecia que a Alemanha ganharia a guerra sem maiores problemas. A moral do povo nunca esteve tão alta.

Com a chegada do mês de maio, Rudolph não pôde deixar de lembrar-se do pequeno Karl. Ele fingia não se importar, mas e se... O pequenino fará três anos de idade. Ele queria ter uma última conversa com Gabriela a respeito disso, para resolver o assunto de uma vez por todas e certificar-se de que o garoto estava bem.

— Senhorita Herta, ligue para o coronel e passe a ligação para mim.

Depois de mais de uma hora, Herta voltou-lhe com uma resposta.

— Senhor, o coronel está indisponível. Todo o alto-comando está em pontos estratégicos, que não podem ser divulgados.

— Obrigado.

— Meu Deus, e agora? — lastimou ele, falando baixinho. — Se eu soubesse quem mandou a carta...

Rudolph foi ao comando do exército, agora mais vigiado do que nunca. Entrou só depois que os soldados revistaram minuciosamente o seu carro e confirmaram o seu passe com o comando central.

— Vim ver o coronel Siegfried — anunciou à secretária dele.

— Por favor, senhor, espere um minuto — ela discou um número, cochichando ao telefone com a mão no bocal, para abafar mais ainda o som.

— Ele já vai recebê-lo, senhor.

— Obrigado! — respondeu, suspirando aliviado por dentro.

— Ah, Rudolph! Que prazer! E que surpresa! Algum problema com os lotes de paraquedas? — indagou o coronel.

— Podemos falar a sós?

— Lógico, venha à minha sala!

Ao entrarem, Rudolph notou pilhas e pilhas de pastas e documentos em sua mesa, além de um mapa da Europa colado em uma parede, com várias anotações feitas a lápis.

— Para onde você enviou Gabriela e o filho dela?

O coronel franziu a testa e ficou pensativo por um instante.

— O que é isso agora? Peso na consciência?

Rudolph riu.

— Não é nada disso! Só em pensar naquela desgraçada fico enjoado. Apenas quero saber se ela conseguiu sair do confinamento antes do começo da guerra e se ainda está com aquele bastardo.

O coronel relaxou.

— Agora entendo a sua preocupação! Fique tranquilo, meu amigo. Mandei-a para o campo de concentração de Dachau com a criança. Depois, você mesmo pediu-me para que tirássemos a criança de perto dela, não é mesmo? E Gabriela foi para um lugar melhor, acredite.

Rudolph sentiu sua espinha congelar ao ver o olhar frio do coronel, mas tinha que fingir que estava tudo bem.

— Fez um excelente trabalho, coronel. Agradeço-lhe muito! Vou deixá-lo trabalhar agora.

— Você não sabe como fico feliz em acabar com essa raça de traidores!

— Só mais uma coisa. Eu gostaria de olhar para Gabriela pela última vez. Sabe, para ela se sentir completamente derrotada e humilhada. O senhor pode me dar uma permissão especial?

— Amigo, isso não é usual. E você é um civil. Não acha que a sua vingança já foi feita?

— Coronel, se fosse com o senhor, não gostaria de olhar cara a cara o inimigo antes de finalmente dar o golpe final?

O militar estufou o peito e consentiu.

— Você tem o meu respeito! É mais homem do que muitos dos meus soldados. Vou pedir a minha secretária para providenciar os papéis e assinaturas necessários. Depois, vá à chancelaria para pegar o timbre oficial. Eu já deixarei avisado.

— Coronel, à Alemanha!

— Heil Hitler! — o coronel despediu-se com a saudação nazista.

capítulo 12

Rudolph preparava-se para a viagem de Berlim até Dachau. Eram quase seiscentos quilômetros.

— Querida, depois de amanhã, vou viajar a negócios, mas volto em uma semana. Não se preocupe.

— E para onde vai? — perguntou Renata.

— São várias paradas por cidades onde compro tecido. Você ficará bem. Qualquer problema, fale com o coronel no comando do exército em meu nome.

— Sentirei tanto a sua falta...

— Eu também, querida.

Rudolph preparou tudo para a sua ausência e partiu.

Ao chegar ao campo de Dachau, foi recebido por um tenente.

— Bom dia, senhor Eichmann. Sou o tenente Thomas. Está aqui para ver uma de nossas prisioneiras, não é?

— Isso mesmo. Gabriela González.

— É uma pena que tenha viajado tanto. Se esperasse mais um pouco em Berlim, teríamos lhe dado o retorno.

— Que retorno?

— Ela está morta.

Rudolph sentiu o chão abrir-se. Teve que respirar fundo para não cair.

— O senhor está bem? — o tenente estranhou a reação de Rudolph, que empalideceu com a notícia.

— Sim, é que não tomei café, estou um pouco tonto.

— Ora, venha para a cafeteria! O senhor é nosso convidado! Soube que está fazendo um excelente trabalho com os novos paraquedas!

— Obrigado — limitou-se a respirar fundo e seguir o tenente.

— Onde é o banheiro, tenente?

— Logo ali.

— Já volto.

Rudolph entrou no pequeno banheiro, fechou a porta e começou a chorar convulsivamente.

— Que droga, Gabriela! Por que você teve que fazer isso? Por que teve que me trair? Que droga!

Ficou um bom tempo no banheiro até recuperar-se. Enxugou as lágrimas e olhou-se no pequeno espelho que havia ali. Seus olhos estavam vermelhos. Rudolph saiu do banheiro e o tenente o esperava com uma xícara de café.

— O senhor está bem? Seus olhos estão vermelhos.

— Desculpe-me, tenente, mas quando fico enjoado, meus olhos lacrimejam e meu intestino fica solto.

— Ah, não se preocupe! Não faça cerimônias comigo. Este é o lugar menos apropriado para cerimônias, acredite.

— Bem, tenente, então Gabriela morreu. Como foi?

— Da mesma forma que todos os outros. De fome, de frio, de doença... Quem sabe? Quem se importa?

Rudolph não acreditava nas palavras que ouvia. Não podia ser verdade. Por maior que fosse a sua raiva contra a ex-esposa, não queria que ela sofresse assim.

— Tudo pela mãe pátria, não é, tenente? O senhor poderia me mostrar o local?

— Bem, não sei se tenho permissão, senhor Eichmann.

— Como assim? Eu vim falar com a prisioneira. Tenho um salvo-conduto assinado pelo próprio comando do exército de Berlim, e Goering usa meus paraquedas. Preciso de mais referências?

— Não, senhor, me desculpe! Venha comigo, primeiramente vou lhe mostrar onde o senhor veria a prisioneira.

O tenente caminhou pelo campo durante toda a manhã com Rudolph. Ele viu que, diferentemente do que falavam, ali não estavam somente prisioneiros políticos. Havia todo tipo de gente, principalmente judeus, dormindo em minúsculas camas, em condições sub-humanas de existência. O cheiro era terrível. Soube pelo tenente que eram feitas experiências em prol do exército alemão, mas nem o próprio tenente tinha permissão para acessar as instalações dessas experiências.

— Preciso saber também para onde foi o filho dela. O nome dele é Karl.

— Bem, para isso vamos ao escritório central.

O tenente pegou algumas pastas em um arquivo e começou a folheá-las. Em seguida, tirou um documento de uma delas.

— Aqui está! Achei. Tudo está devidamente documentado! Nem um fio de cabelo sai daqui sem que saibamos.

— Estou impressionado, tenente. Mas para onde o garoto foi?

— Para Auschwitz.

— Meu Deus... — Rudolph abaixou a cabeça e suspirou profundamente.

— O que foi? Não se preocupe, o campo fica na Polônia, mas o país é nosso agora!

— Sim, sim... Tenente, preciso ver a criança.

— Bem, senhor, isso não é comigo. Terá que pedir permissão ao alto-comando.

— Como faço para me comunicar com Berlim?

— Temos rádio e telefone, mas não podemos abrir para comunicações fora do habitual. Usamos códigos e só oficiais podem utilizá-lo. Terá que voltar para Berlim.

— É um absurdo! Quero falar imediatamente com o comandante do campo.

Rudolph encontrou-se com o comandante, que o recebeu amistosamente, mas deu um não categórico ao seu pedido.

Pela manhã, decidiu ir até a Polônia para tentar entrar em Auschwitz, mas não conseguiu. Entretanto, depois de alguns dias rondando o território, conseguiu fazer amizade com um oficial da SS.

— E onde estão os judeus poloneses? — perguntou Rudolph ao oficial que bebia cerveja em uma taberna.

— Nos campos de trabalho, onde mais?

— Vamos! Isso é impossível. Eu sei a quantidade de judeus que existem e conheço muito bem o tamanho de nossos campos. Se não fugiram, estão sob outra identidade embaixo de nossos olhos. São milhões de judeus! — enfatizou Rudolph.

O oficial deu risada e continuou a beber. Rudolph não podia ser direto, mas tinha que tentar.

— E você, não sabe onde existe algum desses grupos de judeus foragidos por aí?

— Lógico que não! Se soubesse, eu os entregaria. Mas por que pergunta?

— Razões pessoais. Sabe, minha esposa me traiu com um judeu. Mas para mim não basta apenas vê-los nos campos. Eu quero me aproximar deles. Tornar-me um amigo e confidente. E quando eles menos esperarem, eu... — e apontou o dedo indicador para frente e moveu o polegar de cima para baixo, imitando uma arma sendo disparada. — Estou disposto a pagar muito... Muito mesmo por essa informação.

— Infelizmente não sei de nada. Mas se souber, eu lhe aviso.

Rudolph ficou mais uma semana na região. O oficial fez muitas perguntas sobre ele ao comando e para alguns colegas. Descobriu que a história que ele havia contado era real e finalmente ganhou a confiança para revelar a Rudolph o que sabia.

— Senhor Eichmann, posso lhe dar a informação. Mas ela custa muito caro.

— Estou aqui para isso, amigo! — exclamou com um ar de satisfação no rosto.

O oficial recebeu o pagamento e passou-lhe um endereço. Rudolph foi até o local indicado e foi recebido por um homem mais velho.

— Pois não? — disse o senhor ao abrir a porta.

— Olá, sou Rudolph Eichmann e sou a única salvação das famílias judias que o senhor abriga — adiantou-se, sem fazer qualquer tipo de rodeio.

Rudolph continuou trabalhando e viajando muito. Renata quase não passava mais tempo com ele.

Certa noite, ele teve coragem de contar o seu segredo para Renata, mas não tudo. Não queria que ela soubesse sobre Gabriela e a criança que poderia ser o seu filho. Sua intenção era aparecer com o pequeno Karl nos braços para formarem uma família e assumi-lo como deveria ter feito antes.

— Querida, precisamos conversar.

— O que foi? Assim você me assusta! Eu sabia que havia algo de estranho com você! É outra mulher? — angustiou-se ela.

— O quê? Não, é lógico que não — e riu. — Sei de coisas sobre a guerra que não posso lhe contar, de tão horrendas que são. Mas estou ajudando um grupo a salvar vidas inocentes dos pelotões de fuzilamento alemão.

— Do que é que você está falando? Que loucura é essa?

— O governo está matando milhares de judeus, até mesmo mulheres, crianças e velhos. Pessoas que nada têm a ver com o conflito. Estive em um desses campos. É horrível. São campos de extermínio em massa. Descobri um polonês não judeu que ajuda famílias inteiras judias a se esconderem para depois fugirem do país.

— Isso é muito perigoso. Se o governo descobrir, perdemos tudo.

— Eu sei, mas preciso fazer algo. Separei uma boa quantia de dinheiro para vivermos até a nossa velhice. O resto será da organização.

— Como assim? Organização? Deixe-me ver se entendi. Você está financiando um grupo de ajuda a judeus para fugirem da Alemanha e da Polônia? E quanto está gastando?

— Muito. Muito mesmo. Por isso já separei o que é nosso. O resto nós não precisamos.

— Como assim o resto? Que resto é esse?

— A fábrica, os terrenos, a casa dos Alpes e a maior parte do dinheiro.

— Você enlouqueceu? Não pode fazer isso!

— Já fiz. Além do mais, se algo me acontecer, você ficará garantida, pois essa parte do dinheiro que reservei será suficiente para você viver bem até os cem anos de idade. O restante é pura ganância. É muito dinheiro e deve ser investido para salvar vidas de inocentes, não em joias e castelos!

— Mas... — Renata estava sem palavras.

— Querida, é assim, já alterei o meu testamento. Enquanto eu estiver aqui, darei esperança a esses seres humanos. Mesmo que eu morra, eles terão o que precisam para continuarem a salvar vidas. Além do mais, a guerra pode acabar em breve. É algo que temos que fazer, meu amor.

— Nós? Você fez tudo isso sem me consultar! — enfureceu-se ela.

— Me desculpe, mas é muito perigoso. É tudo escondido e há muito dinheiro envolvido, principalmente em subornos.

— E quem são essas pessoas que você quer salvar?

— São pessoas como nós. Têm documentos falsos e passam por arianos legítimos. É para eles que eu destino o dinheiro e, futuramente, terão acesso à fábrica depois que eu morrer.

A esposa estava incrédula. Rudolph não esperava que Renata ficasse assim, mas não se aborreceu, afinal de contas, ele também não havia dito nada a ela até então.

Na manhã seguinte, tudo voltou à normalidade. Renata estava carinhosa como sempre.

— Rud, sua atitude é muito nobre. Muito bela mesmo.

— Obrigado. Vamos esquecer tudo isso pelo menos neste final de semana, que tal? Vamos aos Alpes esquiar um pouco. O que me diz?

— É uma ótima ideia!

— Vou preparar tudo na fábrica e deixar a sexta-feira livre para nós dois.

capítulo 13

Assim que Rudolph saiu, Renata pegou o telefone e discou um número.

— Isaac? Temos que agir agora!

— Você tem certeza? — questionou ele, do outro lado da linha.

— Sim, precisamos acertar tudo. Vou ao seu encontro hoje, no horário de sempre — respondeu Renata.

— Combinado. Estou esperando por você.

E desligou. À uma hora da tarde, um táxi deixou-a em um apartamento num bairro afastado do centro de Berlim.

— Que saudades! — Renata beijou Isaac ardentemente.

— Eu também não aguentava mais.

Os dois entrelaçaram-se, tiraram suas roupas e fizeram amor em um pequeno sofá na sala, ao lado do aquecedor. Depois se vestiram e começaram a conversar.

— Ele mudou o testamento.

— O quê? — espantou-se Isaac. — Como assim? Quem é o beneficiário?

— Eu não sei. É um grupo de pessoas. Ele está ajudando judeus a fugirem do país para não serem enviados aos campos de concentração, mas isso não interessa.

Precisamos anular o testamento. Podemos dizer que ele não está lúcido e invalidar o documento, que tal?

— Ele está salvando a vida de judeus? — Isaac olhou para Renata com uma interrogação no rosto.

"Por que Rudolph faria isso depois de ser traído por um judeu?", pensou Isaac.

Imediatamente interrompeu os pensamentos e respondeu à pergunta feita por Renata:

— Não, provar sua insanidade seria impossível.

— Então podemos entregá-lo à Gestapo!

— Sim, isso nós podemos fazer. Mas a própria Gestapo ficaria com tudo para si. A fábrica, o dinheiro, os bens... Ela faria isso, visto que ele seria um traidor da pátria.

Ficaram pensando quase toda a tarde e não encontraram uma solução.

— Preciso voltar, querido.

— Vá! Eu continuo pensando. Por enquanto, apenas aguente firme, garota. Aguente só mais um pouco que ficaremos juntos.

— Por favor, me prometa. Eu não aguento mais conviver com aquele velhaco e ter que fingir o tempo todo.

— Querida, depois que pegarmos a fortuna dele, o mundo ficará pequeno para nós!

Renata saiu e foi de táxi até uma praça onde havia outro ponto de táxi. De lá, pegou outro táxi e seguiu para sua casa. Ela nunca pegava um único carro. Era muito sutil e cuidadosa. Não podia estragar tudo agora.

Quando Isaac conheceu o casal Rudolph e Gabriela Eichmann no navio, sabia que o golpe demoraria, mas que poderia render muito dinheiro. Só não imaginou que fosse demorar tanto. Nem que as coisas rumassem para um caminho tão diferente do que imaginavam no princípio. Muito menos que teria tanto dinheiro envolvido. Uma fortuna incrível.

O final de semana chegou, e Renata e Rudolph esquiaram sem parar. A jovem amava o requinte dos Alpes e conseguiu divertir-se um pouco. Enquanto isso, em Berlim, Isaac vivia como um cidadão cem por cento alemão. Tinha documentos e passaporte falsos, obtidos graças a uma parte dos cem quilos de ouro que conseguiu com as fotos que tirou de Renata com Rudolph como amantes.

Renata e Isaac haviam preparado tudo. O roteiro, o itinerário, o local... Foi assim que ele ficou bem posicionado para tirar as fotos de Rudolph e Renata fazendo sexo. E Renata fez o mesmo, tirando as fotos de Isaac com Gabriela, arriscando-se mais ainda quando ficou dentro do quarto do chalé alugado por Isaac.

Seguiram à risca um verdadeiro plano magistral.

Ao retornar do final de semana nos Alpes, Renata ligou para Isaac:

— Como estamos?

— Consegui subornar um oficial do tabelião. Ele vai invalidar o último testamento, como se ele não existisse, e revalidará o penúltimo, no qual você fica com tudo. Não se trata de falsificação e sim de uma alteração. Se o caso for descoberto, será tratado apenas como um pequeno erro burocrático. Mas para isso tive que dar vinte quilos em ouro para ele.

— Vinte quilos? — Renata abismou-se.

— Há muita gente envolvida para que isso seja feito sem levantar suspeita alguma.

— Ótimo. E como teremos certeza de que o penúltimo testamento será o válido? — perguntou Renata.

— Semana que vem você vai até lá e verifica. Como herdeira, você tem direito a pedir cópia do livro de registros e do testamento.

Na semana seguinte, Renata fez o que lhe foi mandado. Conferiu o testamento e confirmou que, em caso de morte, tudo iria para ela.

No pequeno apartamento, Isaac passou o tempo refazendo mentalmente o seu plano. Não poderia haver nenhuma falha.

"Vamos ver...", divagava em pensamentos, enquanto manuseava o seu novo passaporte falso.

— Este aqui eu não preciso mais — disse para si mesmo enquanto guardava o passaporte alemão.

— Agora meu nome é Albert. Albert Willy Wolf. Sou suíço. E Renata também é suíça, com o mesmo sobrenome Wolf. Ótimo, agora é só arrumar a certidão falsa de casamento e pronto! Vou repetir meu novo nome umas mil vezes e eu nunca mais serei Isaac novamente — proferiu dando uma pequena risada.

O jovem Isaac saiu muito cedo de casa para fazer fortuna com os diamantes. Roubou muitas joias do próprio pai e passou a comprar pedras brutas da África, trazendo-as ilegalmente para a Holanda, sem pagar impostos. Quando conheceu Renata, foi amor à primeira vista. Ela também buscava luxo e mordomia e ambos eram extremamente gananciosos. E como os semelhantes se atraem, apaixonaram-se, com a promessa de enriquecerem rápido, a qualquer preço. Pensaram em um golpe perfeito. Só faltava achar um casal. Para isso, frequentavam festas, cruzeiros e bares de hotéis luxuosos. Conheceram alguns casais e aplicaram pequenos golpes com sucesso, até que encontraram os Eichmann.

Ele, um empresário bem-sucedido, que seria facilmente seduzido pelo poder de uma mulher forte e imprevisível, difícil de ser conquistada. Ela, uma mulher mais jovem, que poderia ser seduzida com muito carinho e atenção.

Isaac e Renata até simularam o incidente em que a moça fingiu quase ter sido atropelada e se jogou ao chão, quebrando o seu equipamento fotográfico. Foi Isaac quem saiu acelerando forte o carro.

Tudo foi planejado nos mínimos detalhes. Era uma dupla de estelionatários que tinha em comum a ganância, mas, além de tudo, um amor muito forte entre si.

— E como faremos para que pareça um acidente? — perguntou Renata a Isaac.

— Não será um acidente. Isso levantaria suspeitas. Faremos parecer um assassinato. Como ele é bem visto pela SS e eles nem imaginam que Rudolph está a favor da causa judaica, tudo parecerá um plano da resistência judaica contra um industrial que apoia o nazismo.

— Isso não é perigoso? E se alguém desconfiar?

— Não! O plano é brilhante! Tudo indicará que ele morreu por ajudar os alemães. E você, pobre viúva, ficará com tudo. Mas é lógico que uma viúva nem saberia o que fazer com tantas indústrias, terrenos e bens, então você simplesmente vai vender tudo para outros industriais, que cairão como lobos em cima de você. Até mesmo o governo irá lhe fazer propostas.

— E como eu saberei se são boas?

— Não saberá. Esse é o ponto. Eles lhe ofertarão de dez a quinze por cento do valor real. Qualquer oferta que você receba, triplique-a. Depois, farão uma contraoferta. Daí você aceita. Mesmo recebendo um quarto do valor real, seremos milionários por gerações.

— Querido, espero mesmo que isso dê certo.

— Não se preocupe. Não esperamos anos por nada. Eu te amo, garota.

— Também te amo.

Rudolph e Renata aproveitaram o domingo para passear no bosque naquela manhã gelada. Assim que entraram na Mercedes do casal, Isaac levantou-se do banco de trás e apontou uma pistola para a cabeça dela.

— O que é isso? — assustou-se Rudolph.

— Apenas dirija — ordenou Isaac.

— Para onde?

— Ligue o maldito carro e dirija! — ameaçou Isaac, apertando ainda mais a arma contra a cabeça de Renata.

Ele começou a dirigir em direção à saída do bosque.

— Pegue a estrada e siga em frente.

Em determinado ponto, Isaac mandou que saíssem da estrada principal e seguissem por outra de terra.

— Entre aqui, à direita. Vá até o fundo. Tem um galpão lá. Pare o carro na entrada.

Depois que o carro parou, Isaac prosseguiu:

— Agora, muito devagar, desça e fique lá na porta do galpão. Eu descerei com a moça.

Rudolph obedeceu.

— Isaac, por favor, não machuque minha esposa!

— Cale a boca e entre! A porta está destrancada.

O galpão estava abandonado. Cheirava a óleo queimado e pó. Estava relativamente escuro. A única luz vinha de várias telhas que faltavam no teto.

— Me diga, o que você quer? — suplicou Rudolph.

— Acertar umas contas. Pegar o que me pertence.

— O quê? — abismou-se Rudolph. — Você já não pegou o suficiente? Soube o que houve com a sua preciosa Gabriela? Ela está morta! E seu filho? Foi para Auschwitz. Isso mesmo, ele está em um campo de concentração. E estou fazendo o possível e o impossível para tirá-lo de lá.

Por um instante, o rosto de Isaac mudou completamente. Ficou pálido. Ele não sabia disso. Renata também não.

Rudolph aproveitou esse instante de vacilo e voou sobre Isaac, dando-lhe um soco com uma das mãos e tentando pegar a pistola com a outra. A pistola caiu no chão e os dois rolaram como dois adolescentes brigando.

— Renata, a pistola! — gritou Rudolph. — Pegue a pistola! Ela pegou a arma no chão.

— Parem vocês dois! — exclamou, apontando a pistola para a dupla ainda caída no chão.

— Muito bem, querida! — alegrou-se Rudolph. — Me dê a pistola.

Assim que ele se levantou e foi em direção à esposa, Isaac chegou por trás e deu-lhe um enorme soco na cabeça. Rudolph caiu de joelhos quase desacordado e Isaac continuou a socá-lo e chutá-lo, até que ele perdesse os sentidos.

Renata fechou os olhos. Suas mãos tremiam. Rudolph estava caído, sangrando. Depois de alguns minutos, já estava quase consciente. Sentiu que foi levado para fora do galpão. Ouviu a conversa dos dois, mas não entendia, ou melhor, não podia acreditar que aquilo estava acontecendo. Era muito surreal.

— Vamos, querida. Vamos colocá-lo no porta-malas e depois seguimos para o bosque.

— Me deixe em casa antes. Não quero vê-lo morrer.

— Não foi assim que combinamos, Renata.

— Eu sei, mas não posso. Já fiz minha parte. Por favor...

— Não posso me arriscar, mas eu paro o carro um pouco antes. Você desce e me espera. Eu sigo um pouco mais adiante, faço o serviço e pego você na volta. Mas só para ter certeza de que ele não vai acordar... — Isaac deu um soco muito forte no rosto de Rudolph, deixando-o novamente inconsciente.

107

Depois de deixar Renata pelo caminho, Isaac seguiu por aproximadamente quinhentos metros, parou o carro e abriu o porta-malas.

Esse era o ato final do seu plano. Isaac tirou Rudolph do porta-malas e, após trocarem umas poucas palavras, atirou friamente. Rudolph morreu na hora.

Renata ouviu um seco estampido, seguido por um eco. Nada mais. Agora ela estava milionária.

capítulo 14

Rudolph acordou novamente em sua maca e, dessa vez, viu Gabriela ao seu lado.

— Gabriela! Você está viva!

— Sim, querido. Assim como você.

— Eu não entendo. Estamos vivos ou mortos?

— Vivos para a eternidade e mortos para a finitude da carne humana. Você desencarnou. Cumpriu o objetivo de vida que tinha, vivenciou seu propósito de existência para o amadurecimento de seu espírito.

— Como assim?

— Nada é por acaso. Nada mesmo. Mas não entendemos isso. Quando passamos a aceitar coisas que não podemos mudar e alterar coisas que podemos, o mundo todo se transforma. Nosso espírito aprende. E o mundo também — nesse momento, Gabriela tocou gentilmente o rosto de Rudolph.

— Então você quer dizer que a guerra é necessária? Que todos os mortos não morreram em vão? Mesmo você? Sua morte e sofrimento foram bons? — Rudolph estava muito confuso e com muito remorso ao sentir o toque da mão de Gabriela.

— Me diga, querido, quem guerrea? É Deus? Ou são os homens, impondo o seu jeito de ser, mesmo que seja à força? Isso é o que chamamos de egoísmo. Deus nunca guerrea. Ele nos dá o livre-arbítrio para fazermos e sermos o que quisermos. Veja que bom! Não somos obrigados a nada e somos todos livres. Mas, como eu lhe disse, a maioria dos encarnados e até mesmo dos desencarnados não sabe o que fazer com tamanha liberdade. Aprendi muito com minha experiência. Aprenda com a sua. Lembre-se de que tudo vem do perdão e do amor a si próprio.

— Nós vamos ficar juntos novamente?

— Não voltaremos a nos ver por algum tempo. Já foi difícil conseguir autorização para vê-lo agora. Vim para lhe agradecer.

Rudolph finalmente começou a chorar. — Agradecer-me por eu ter mandado você ao abatedouro para morrer?

— Não, por ter me perdoado verdadeiramente em seu coração. E por ter me ajudado a me perdoar também por meio de Karl.

— Afinal, Gabi, ele é filho de quem?

— De nenhum de nós. É apenas outro espírito que precisa passar pela experiência do abandono, para que um dia ele possa ver que o abandono vem de si mesmo e não do mundo. Somos apenas pequenos ajudantes. Meros assistentes em sua passagem. Eu, você ou Isaac fomos um canal. Só isso.

Rudolph continuou a chorar.

— Gabi, me perdoe... Me perdoe...

— Querido, você ouviu o que eu acabei de dizer?

— Ela está certa, Rudolph — disse um homem todo vestido de branco, que se aproximava deles.

— Antônio? É você? Você é real? — perguntou Rudolph.

Gabriela e Antônio riram.

— Espero que sim — respondeu Antônio, apalpando-se. — Vamos deixar Gabriela agora. Vá, querida, e cuide de seus afazeres. Continue com o seu aprendizado. Despeça-se de Rudolph.

— Antônio, só mais uma coisa — Gabriela falou.

— Rudolph, você sabe para onde levaram Karl? — perguntou Gabriela, sob o olhar de reprovação de Antônio.

— Sim, Gabi. Eu tentei, eu juro que tentei... — desculpou-se ele, chorando.

— Gabriela, você não deve saber — alertou Antônio.

— Não! Eu sou a mãe dele! Mesmo aqui no astral. Rudolph, me responda! — suplicou Gabriela.

— Ele está em Auschwitz.

— Meu Deus! Ele realmente precisava passar por tudo isso? — ela começou a chorar.

— Agora escutem bem, vocês dois! — repreendeu Antônio. — Tanto um quanto o outro não tem poder para influenciar os caminhos alheios. Este é mais um aprendizado. Gabriela, você acabou de fazer um belo discurso sobre sermos meros canais de passagem para outros espíritos e agora fica nessa lamentação toda? Você serviu como mãe de Karl enquanto isso era necessário, mas já passou, o momento é outro. O parentesco é apenas um rótulo. Aqui, no plano em que estamos, somos todos um. Individualmente únicos, mas fraternalmente unos. Quanto a você, Rudolph, aprecie muito o fato de Gabriela estar aqui. Perdoe-a e perdoará a si mesmo, pois não é a ela que estará perdoando e sim a você, por escolher seguir um caminho que o levou a uma situação trágica. Agora é hora de irmos.

— Adeus, querido — e beijou-o levemente em seus lábios.

— Adeus, querida.

— Vou deixá-lo aqui por mais um tempo, Rudolph. Depois disso, você estará pronto para conversarmos — e Antônio saiu da sala.

Rudolph recostou-se novamente em sua maca. Estava muito agitado, mas, ao deitar-se, rapidamente voltou a dormir.

O telefone dos Eichmann tocou.

— É para a senhora — disse a empregada da casa.

— Alô! Sim, sou eu coronel. Como vai o senhor? Eu e Rud sempre comentamos que o senhor nunca aceita nossos convites para um drinque aqui em casa, pois agora está intimado a vir — comentou Renata.

— Você tem notícias de Rudolph? — perguntou o coronel.

— Como assim? Está na fábrica!

— Receio que não — informou o coronel do outro lado da linha. — Ele não apareceu em nossa reunião semanal e soubemos também que não foi à fábrica hoje. Estamos preocupados. Assim que eu souber de algo, lhe digo. Se ele retornar, por favor, peça para me ligar com urgência.

— Sim, coronel — respondeu torcendo para que achassem o corpo o mais rápido possível, afinal de contas, ela precisaria comprovar a morte do marido para receber a herança.

À noite, Renata ligou para a polícia, conforme Isaac havia solicitado, para comunicar o desaparecimento do marido. Tentou falar com o coronel, em vão, para avisá-lo de que Rud não havia voltado.

No final do dia seguinte, a campainha tocou.

— Senhora, é o coronel Siegfried — anunciou a empregada na porta da frente.

— Deixe-o entrar — Renata dirigiu-se ao coronel.

— Olá — cumprimentou o coronel.

— Coronel! E então? Estou tão aflita. Telefonei para todos os lugares e nada.

— Renata, não sei como lhe dizer... — o coronel hesitou por um instante. — Rudolph está morto.

A garota fingiu que ia desmaiar. O coronel, um homem grande, um tanto gorducho, mas forte, segurou-a nos braços.

— Me traga água, rápido! — ordenou para a empregada. — Renata, calma, estou aqui, calma. Está tudo bem agora.

— Coronel, o que aconteceu com meu marido? — choramingou ela com uma voz baixinha.

— Ele caiu em uma emboscada feita pelos judeus. O corpo dele estava em um bosque. Coordenei uma busca por toda a cidade até o localizarmos. O carro foi encontrado em um lugar muito afastado, completamente queimado.

— Meu Deus! — Renata passou a chorar muito.

Ela lembrou-se de tudo de ruim que já tinha passado na vida e trouxe um choro genuíno, autêntico. Estava sendo uma excelente atriz.

— Calma. Estou aqui para ajudá-la em tudo que for possível — o coronel deu-lhe o copo com água.

— Como o senhor sabe que foram judeus?

— Deixaram uma mensagem muito clara para nós. Mas vou poupá-la de detalhes.

O coronel ficou com ela até tarde da noite e solicitou para que os soldados vigiassem a casa, temendo represálias contra ela.

No dia seguinte, Renata foi reconhecer o corpo do marido. Foi um momento de muita tensão. No outro dia, ocorreu o funeral. Rudolph foi enterrado com honras de chefe de Estado, tamanha a sua importância para o Partido Nazista. E os nazistas quiseram fazer da morte de Rudolph uma propaganda contra os judeus. Renata deu início à parte final do plano, deixando claro no próprio funeral que não tinha a menor condição de lidar com os negócios do falecido marido e que venderia tudo. Em menos de dois meses, conseguiu compradores e fechou todos os negócios. Sempre sob orientação de Isaac, todo o dinheiro foi movimentado para uma conta na Suíça.

Em junho de 1941, desembarcou no Rio de Janeiro um casal de suíços, Albert Wolf e Renata Wolf.

Os dois contrataram um motorista particular e uma intérprete e professora de português em tempo integral, pagando muito bem aos dois. Primeiramente ficaram hospedados no Copacabana Palace e depois compraram uma mansão no Jardim Botânico.

Como fachada para justificar a origem de seu dinheiro e de suas transferências bancárias, Isaac abriu uma joalheria e fugiu da perseguição brasileira contra os alemães e italianos por se passar por suíço. Toda a fortuna levantada com a venda do espólio de Rudolph foi depositada em uma conta secreta na Suíça, mas trouxeram muito dinheiro, joias e diamantes escondidos em fundos falsos nas bagagens.

Rudolph saiu com Antônio em uma caminhada pelo que parecia ser um centro de atendimento a pacientes. Não era exatamente um hospital, pois não havia nenhum equipamento de suporte à vida nem nada elétrico. Os médicos usavam apenas as mãos. Parecia ser uma cura energética.

— O que você pretende fazer agora? — indagou Antônio.

— Eu não sei! Estou começando a entender que passei por uma experiência para aprender, mas não sei exatamente se aprendi. Ou melhor, não sei o que era para ser aprendido.

— Acredite em mim, tudo em seu tempo. Agora é hora de lançar-se a um novo aprendizado. Aos poucos, se lembrará de outras experiências que farão sentido para você e procurará novos desafios. Mas a escolha é sua. Você ampliou sua forma de ver a vida, o amor e a compaixão pelos outros. Isso é o que o trouxe até este nível. Mas vejo que ainda há muito remorso em você.

— Quando me lembro do que passei, sinto muita raiva. Não mais de Gabriela, mas não posso negar que ainda quero acertar as contas com Isaac e com Renata. Isso está confuso para mim. No final, tudo parecia ser um terrível pesadelo. Cheguei a hesitar e imaginar que, talvez, ela não estivesse envolvida, mas agora tenho certeza. A ganância de alguns seres humanos não mede esforços para conseguir o que se quer.

— Não se exclua disso. Não se faça de santo agora — debochou Antônio, rindo.

— E quanto a Isaac? Ele vai para outro céu? — Rudolph estava muito sério e ansioso por uma resposta.

— Outro céu? — estranhou Antônio.

— Sim! Ele é judeu!

— Ah! Não, caro irmão. Venha, quero mostrar-lhe uma coisa. Vamos sair daqui.

Os dois afastaram-se do centro e foram para outra parte do que parecia ser uma cidade, com pessoas andando e prédios.

— Veja. Tudo isto é muito concreto e humano, porém estamos em um nível espiritual, onde a matéria é menos densa. Tudo se transforma apenas com o poder do pensamento. Aqui não há religiões, raças, crenças, países ou mesmo planetas. Não há línguas. Quanto mais evoluímos, mais aprendemos e mais nos comunicamos. A totalidade é quando nenhuma barreira nos impede de chegar ao coração de outro espírito. Neste nível, não temos problemas em entender os demais e em nos fazer entender. Não brigamos por causas egoicas. Somos um. Mas até isso acontecer, precisamos passar por todas essas experiências que chamamos de vida — e Antônio continuou explicando. — Estamos todos juntos. Não há céu nem inferno. Não há setor vip nem setor de primeira classe. O que há são as crenças de cada um que chega aqui e o nível de aprendizado em que esse espírito se encontra.

— Entendo, mas isso não me impede de odiar Isaac. Talvez seja pecado... — retrucou Rudolph.

— Não há pecado! Esse é outro conceito inventado pela mente humana. Há o fazer o bem, o altruísmo. E o contrário disso é o egoísmo. Como o próprio nome diz, é o ego quem comanda a sua vida, o seu destino. São vidas após vidas existindo apenas na mente, sem entender nem aceitar o que há além dele mesmo. Sem enxergar as sombras, o inconsciente e o astral. Venha comigo.

De repente, a cidade virou um lamaçal enorme. O céu ficou escuro e com chamas ao fundo. Havia muita fumaça e árvores ressecadas. Gritos de horror e vultos ao redor.

— Antônio, o que é isto? Vamos embora! — gritou Rudolph apavorado, agarrando-se ao braço de Antônio.

— Solte-me, homem! Tenha fé. Fique em pé, olhe à sua volta e tenha fé de que nada disso nos atingirá. Confie!

Rudolph encarou Antônio e, aos poucos, sentiu a confiança necessária para observar aquela cena de terror.

Homens e mulheres com deformidades, doenças espalhadas em seus corpos apodrecidos e pessoas em frangalhos vagavam naquele lugar. Ao verem a dupla, avançaram como cães raivosos. Chegaram muito perto, mas recuaram. Nenhum deles os tocou.

— Este é o inferno que as pessoas imaginam, não é? Você já viu o suficiente. Vamos embora — tranquilizou Antônio.

Os dois voltaram ao centro de recuperação.

— O que foi aquilo? — Rudolph ainda estava assustado.

— Foram os medos de cada homem que não abriu seu coração. Viu? Não há punição. Aqui no astral, cada um se vê por completo. Há uma expansão do *ser*. A mente não pode mais se esconder do medo das trevas que criou em seu próprio campo. Este é o tão temido inferno. A própria crença negativa. O medo de cada um que mora dentro de si.

— E eu vou passar por isso? — apavorou-se Rudolph.

— Já passou inúmeras vezes, mas não cabe lembrar-se disso agora. Só iria atormentá-lo ainda mais, porém, nós entendemos que há algo que você ainda tem a fazer.

capítulo 15

Não demorou muito para o casal Wolf fazer parte da alta sociedade carioca, sempre dando festas e coquetéis. Em uma das festas, Renata estava extremamente enjoada. Por mais que tentasse, não conseguia manter uma conversa com as convidadas sem ir ao banheiro para vomitar.

No dia seguinte, Isaac chamou um médico particular austríaco à mansão para examinar a sua esposa. Conversaram em alemão.

— Parabéns, senhora Wolf. A senhora está grávida!

— Grávida? Que maravilha! — entusiasmou-se. — Querido, vamos ter um bebê!

— Um bebê! — Isaac sentiu um frio no estômago. Lembrou-se de Karl, mas enterrou o pensamento o mais profundamente em seu inconsciente, para bem longe daquele momento.

— Está feliz, querido?

— Que maravilha, vou ser pai! — surpreendeu-se.

O casal abraçou-se e seus corações batiam com verdadeira felicidade. Depois de muito tempo, eles podiam compartilhar algo sem interesses.

Agora eram três corações batendo juntos.

Maurício nasceu em 1943. Um lindo garoto, de olhos azuis, como o pai. Isaac o registrou como Maurício Willys Wolf. Carioca. Primeiro descendente a nascer em terras brasileiras.

Dois anos depois veio Marcos. O casal não quis que Maurício fosse filho único e partiram para o segundo logo em seguida. Marcos tinha os olhos da mãe, castanho-claros.

Isaac conheceu outros alemães e foi favorecido na compra de diamantes brutos de excelente qualidade da África, em troca de dinheiro e tráfico de influência para os nazistas fugitivos da Alemanha pós-guerra. Para isso, ele pagava a agentes infiltrados no Rio de Janeiro, Buenos Aires e Montevidéu para que trouxessem esses oficiais com passaportes e documentos falsos.

Assim a família Wolf criou raízes em terras brasileiras. Logo após o nascimento de Marcos, a temível guerra chegara ao fim. Com isso, a família poderia voltar à Europa para passear.

Marcos e Maurício cresceram com o melhor que o dinheiro podia comprar. Todo ano viajavam para os Estados Unidos ou para a Europa.

Isaac começou a ganhar dinheiro com a joalheria ao longo dos anos. Agora podia parar de fazer as retiradas de sua conta secreta na Suíça. Conseguia sustentar-se com seus negócios, nem sempre lícitos. O ramo de diamantes era extremamente sujo e complicado. A beleza do diamante esconde o suor e o sangue daqueles que trabalham para extraí-lo.

Os irmãos guardavam também ótimas recordações de suas estadas na casa que Isaac comprara em Teresópolis. Acostumaram-se facilmente a ter duas línguas nativas, o português, usado no Brasil, e o alemão, que era a língua oficial dentro de casa. Em algumas viagens, Renata falava italiano fluente, quando necessário, o que fez com que os garotos tivessem uma noção dessa língua também. Às vezes, os pequenos até serviam de intérpretes para os pais em restaurantes ou passeios em geral pelo Brasil, o que era muito engraçado.

Em uma das viagens de férias com os filhos pela Europa, o casal pôde ver como o velho continente ainda estava marcado pelas cicatrizes provocadas pela guerra, mas aos poucos ia se reconstruindo. A família estava em um hotel de luxo, em dois quartos separados. Durante a noite, Marcos, com cinco anos de idade, teve um sonho.

O pequeno garoto estava andando em um deserto. No alto de uma duna, havia uma igreja com uma estrela de seis pontas no topo.

— Entre — disse um garoto mais ou menos de sua idade, acenando para ele, na porta de um alojamento.

— Oi, quem é você?

— Sou Karl. E você?

— Sou Marcos e sou um grande explorador! Vamos explorar este salão?

— Isto não é um salão. É um lugar para rezarmos.

— Ah, uma igreja?

— Não, é uma sinagoga.

— Sino goga? Para tocar sino?

O pequeno Karl riu e explicou:

— Não, Marquinhos, sinagoga — disse bem devagar. — É um lugar sagrado onde os judeus vêm para orar.

— Ah! E o que são judeus?

— São pessoas como eu e você, nada mais. Vamos entrar? Venha comigo — Karl deu a mão ao garotinho.

Ao entrarem, o ambiente era frio e escuro. Havia muitas camas e, deitadas nelas, pessoas magras, esqueléticas.

— Venha! — Karl puxou o garoto mais para o fundo do lugar.

— Não! Não! Eu quero sair. Mamãe! Mamãe!

— Auschwitz! Auschwitz! Você tem que ir para Auschwitz e Dachau! Auschwitz e Dachau! — repetia Karl sem parar.

— Não! — gritou Marcos, acordando o irmão e os pais.

— Marquinhos! Calma! Foi um pesadelo, calma, mamãe está aqui.

Marcos estava chorando e soluçando. Maurício ficou quieto, assustado com os gritos do irmão.

— O que foi, filho? Sonhou com algum monstro?

— Sinagoga... Judeus... Auschwitz e Dachau — disse ele, de olhos fechados, nos braços da mãe.

Isaac e Renata congelaram por dentro.

— O que você disse, filho?

— O que o menino do sonho me falou, mamãe. Era tudo tão feio — e voltou a chorar.

— Calma, filhinho, calma! — a mãe olhou para Isaac. — Querido, durma aqui com Maurício. Eu vou levá-lo para o nosso quarto e passo o resto da noite com ele.

— O que você sonhou? — perguntou a mãe, já deitada a seu lado.

— O menino, mamãe. É o Karl. Tem um salão com uma estrela em cima da porta. Era uma igreja chamada sinagoga. Lá dentro só tem camas e gente muito feia. Muito magra. Tudo escuro. Dá muito medo, mamãe. Ele queria me levar mais para o fundo.

— E por que você falou em Auschwitz? — perguntou a mãe.

— Ele ficava falando isso.

— Venha, filhinho, fique com a mamãe agora.

Marcos demorou a dormir, mas acabou cedendo ao sono.

Pela manhã, o casal acordou cansado e intrigado.

— Você está bem, Marquinhos? — perguntou o pai, preocupado.

— Sim, papai.

— E agora, meninos, para onde vamos? — animou-se Isaac com o mapa em mãos.

— Vamos ao Coliseu! — disparou Maurício, bem animado.

— Dachau e Auschwitz — respondeu Marcos.

— O quê? — respondeu a mãe. — Nem pensar! Que idiotice, meu filho!

— Por quê? — perguntou Marcos.

— Não há nada lá para se ver! — esbravejou o pai. — Além disso, estamos muito longe desses lugares e, mesmo que estivéssemos perto, não iríamos para lá. Nunca mais quero ouvir falar sobre esse assunto e isso vale para vocês dois — impôs a ordem aos filhos.

— Tá bom — jurou Maurício, sem entender nada.

— Tá — suspirou Marcos, olhando para o chão.

Momentos depois, a sós, o casal conversou:

— Querida, onde você acha que ele ouviu o nome dos campos de concentração?

— Ah, não sei, mas deve ser em alguma notícia. Agora só falam nisso.

— Não, o próprio Maurício me perguntou o que era Auschwitz e sinagoga quando vocês saíram do quarto. Como Marcos poderia saber? — estranhou Isaac.

— Não sei e agora não me interessa. Foi em algum programa de rádio e ponto final. Você sabe muito bem como eles não desgrudam do rádio quando ficam em casa.

— E Karl?

— Pare com isso! — zangou-se ela. — Pare com idiotices! O passado está morto. Nunca mais quero ouvir falar disso. Nunca mais!

— Está bem.

O casal continuou as férias sem nenhum incidente, hospedando-se em verdadeiros palácios com as maiores mordomias possíveis que o dinheiro pode proporcionar, mas os únicos a se divertir em foram as crianças. O casal não conseguia tirar o sonho do filho da cabeça.

Para comemorar os dez anos de Maurício, os Wolf prepararam um grande evento. Ele sempre foi o mais querido dos dois, não havia como negar. Por mais que Isaac e Renata amassem Marcos, havia algo nele que os irritava. Assim como havia algo em Maurício que os encantava.

Na véspera da festa, após dormir, Marcos sentiu-se levitar e encontrou-se com um homem vestido de branco. O que era escuro ficou claro e um cenário apareceu diante deles.

— Olá, Marcos — disse o homem.

— Oi — respondeu o garoto.

— Meu nome é Antônio. Muito prazer — e estendeu-lhe a mão para cumprimentá-lo.

Antônio achou graça em ver o pequenino de oito anos estendendo-lhe a mãozinha como um homem.

— Quem é você? — indagou o menino.

— Sou um amigo da família e vou acompanhá-lo por algum tempo.

— Que legal!

Marcos olhou para todos os lados, sentindo-se seguro, e perguntou:

— Que lugar é este?

— Estamos em um lugar de passagem. Como se fosse um jardim, onde paramos para descansar quando estamos indo de um lugar para outro.

— Como um posto de gasolina?

— Isso! Só que em vez de colocarmos gasolina no carro, nos alimentamos de calma e tranquilidade. Viu como aqui é bonito? Veja, árvores, uma cachoeira logo ali, lindas flores...

— É, mas faltam brinquedos.

Antônio riu e disse:

— Eu só queria vê-lo novamente, Marcos. E dizer que estou sempre acompanhando você.

— Igual o menino? Karl?

— Mais ou menos. Você não o verá por um tempo. Ele tem outras coisas para fazer. Agora eu sou seu amigo. Pode ser?

— Ah, não sei... Karl é legal, mas às vezes me dá medo. E você é adulto. Os adultos não brincam.

— Vamos fazer assim, Marcos. Se você não gostar de mim, peço para Karl voltar. Pode ser?

— Tá bom — e deu de ombros.

Enquanto caminhavam, Marcos perguntou:

— Você tem cachorro? Se isto é um parque, por que não tem cachorro? Não pode entrar bicho aqui?

Antônio espantou-se com a pergunta e respondeu:

— Puxa, eu nunca tinha pensado nisso. Mas desafio você para uma corrida! — e saiu correndo atrás do garoto.

— Ah, eu vou ganhar! — animou-se a criança, em disparada.

Antônio deixou Marcos chegar na frente, e os dois caíram na grama, rindo muito.

— Marcos, agora você tem que voltar. Não conte sobre mim. Vá e divirta-se na festa do seu irmão.

— Mas não deixaram levar meus amigos. Eu fiquei...

Foi logo interrompido por Antônio. — Shhhh!!! Silêncio. Vá.

Marcos voltou a levitar, sentindo que estava deitando na cama novamente e caiu em um sono leve e agradável. Na manhã seguinte, lembrou-se de pequenas partes do encontro, mas, ao longo do dia, não deu mais importância àquela recordação e logo se esqueceu de Antônio.

Assim que a hora da festa chegou, a criançada foi levada para o enorme playground montado exclusivamente para elas no jardim perto da piscina. As senhoras desfilavam as últimas novidades trazidas de Paris, enquanto os homens falavam sobre esportes ou trabalho. Isaac sentiu-se na obrigação de convidar um grupo de alemães que havia fugido da Europa depois da Segunda Guerra. Eram todos oficiais nazistas que pagaram muito caro para vir ao Brasil. Isaac usava a sua influência para

123

mantê-los no país e conseguir empregos comuns, e recebia em troca facilidades para contrabandear diamantes.

Um desses homens trouxe um amigo, que Isaac ainda não conhecia. Eles foram para uma sala fechada para apresentarem-se e, ao passarem pelos convidados, o recém-chegado viu Renata ao fundo.

— Quem é aquela? — perguntou o convidado discretamente ao tenente que o havia levado até lá.

— É a esposa do senhor Albert.

Os homens entraram e cumprimentaram-se:

— Heil Hitler! — saudou o tenente Klaus. — Este aqui é o coronel Siegfried Strauss. Ele chegou anteontem de Montevidéu. Quase foi descoberto por lá e tivemos que trazê-lo. Está aqui sob o nome de Wolfgang.

— Coronel, seja bem-vindo!

— É um prazer, senhor Albert. Vejo que o senhor se deu muito bem na vida — declarou, olhando em volta, com as mãos para trás e o queixo empinado, como se ainda fosse um alto comandante da SS. — O senhor trabalha com diamantes, certo?

— Isso mesmo, coronel — respondeu Isaac.

— Albert... Albert Wolf — balbuciou o coronel, olhando para o chão, com um olhar pensativo. — Não me lembro de nenhum negociador de diamantes da linhagem dos Wolf. Diga-me, Albert, como conseguiu se esconder tão bem dos russos e americanos, conhecer Renata a ponto de casar-se com ela e fugir para cá, trazendo uma fortuna em pedras?

— Com todo o respeito, coronel, isso cabe a mim. Assim como todos vocês, quase morri, mas sobrevivi. Não fui nem sou um militar, apenas um comerciante. O que eu tinha lá, eu trouxe — respondeu Isaac, começando a ficar nervoso.

— Bem, filho, eu tinha ouro. Muito ouro. Mas não consegui ficar com nada. Todo o ouro que tinha foi usado para salvar esta carcaça aqui — e tocou levemente com ambas as mãos seus próprios quadris. — E quanto à sua esposa Renata? Você não respondeu como ficaram juntos.

— O que tem ela? Já a conhecia, não há nada demais.

— Mesmo? Antes ou depois dela ficar viúva de Rudolph Eichmann?

— Você o conhecia? — Isaac ficou transtornado, querendo fugir dali.

— Muito bem. Foi um herói para a pátria. Morreu vítima de emboscada de covardes.

— Senhores, vamos para a festa — Isaac abriu a porta e saiu, não dando oportunidade para que o coronel lhe perguntasse mais nada.

Os convidados estavam todos espalhados pela enorme mansão. Em determinado momento, Renata ouviu uma voz atrás dela, comentando em alemão:

— Espero que a senhora não tenha ficado muito tempo de luto, senhora Eichmann.

Ela virou-se e o seu coração quase parou.

— Coronel! Que surpresa vê-lo! — não conseguiu dizer mais nada.

— Nunca mais esperaria me ver, não é mesmo? A vida é muito interessante, senhora Eichmann.

— Desculpe-me, coronel, agora sou a senhora Wolf. Tenho esse direito. Ou o senhor é contra começarmos uma nova vida?

— Eu? Não, muito pelo contrário! Eu mesmo estou começando uma nova vida nesta linda cidade. Só fiquei espantado como uma mulher bela e rica como a senhora sumiu repentinamente, sem deixar rastro algum, quando ainda ganhávamos a guerra. Conheceu um jovem empresário de diamantes, juntaram as fortunas e vieram para o Brasil.

— Bem, coronel, como o senhor mesmo disse, aqui é uma linda cidade e viemos para cá. Agora, com licença, tenho que acompanhar o serviço do jantar — e saiu com as pernas bambas.

Isaac observou a cena de longe e sentiu um aperto no peito.

capítulo 16

Depois da festa, o coronel havia ficado intrigado com a saga de Renata e de seu novo marido Albert. Chegou ao pequeno apartamento do amigo, o ex-tenente Klaus, no outro canto da cidade do Rio de Janeiro, onde estava provisoriamente hospedado. Deitou-se em um pequeno sofá na sala, enquanto Klaus foi dormir no quarto.

— Vamos, pense, de onde você o conhece? — Wolfgang falava consigo mesmo.

Flashes de sua vida passavam em sua mente. Sua infância, a carreira militar, sua ascensão meteórica na SS... A amizade com os Eichmann. A prisão de Gabriela depois da traição... Entre fantasias e divagações, já bem sonolento, quase inconsciente, lembrou-se da foto de Gabriela traindo Rudolph com Isaac.

— É ele! É ele! — concluiu o homem, sentando-se no sofá. — Albert é Isaac! Seu desgraçado, você não vai escapar desta, seu traidor imundo! — blasfemou o coronel.

O coronel foi à casa dos Wolf logo pela manhã.

— Bom dia! Vim ver o senhor Albert.

— Quem deseja falar com ele? — perguntou a empregada que o recebeu à porta.

— Coronel Wolfgang Strauss.

— Por favor, espere aqui no hall de entrada. Vou anunciá-lo.

Dois minutos depois, Isaac apareceu e cumprimentou o coronel:

— Olá! Que prazer em revê-lo! Vamos à biblioteca para conversarmos.

— Eu tenho uma ótima proposta para lhe fazer!

— Que bom! Pode dizer — Isaac sorria para esconder o seu temor.

— Quero ser sócio da sua companhia de diamantes. Mas não se preocupe, serei um sócio minoritário, é lógico! Tão pequenininho que você nem vai notar.

Isaac ficou parado por alguns segundos observando a expressão do coronel.

— Me desculpe, coronel, não estou entendendo...

— Deixe-me ser mais claro. Mas, para isso, preciso que Renata esteja presente.

O dono da casa levantou-se irritado com toda aquela conversa e chamou a esposa:

— Renata! Renata! — gritou Isaac.

Ela veio em seguida e cumprimentou o coronel:

— Coronel, que prazer!

— Não, Renata, ele já está indo! Veio dizer adeus para sempre.

A mulher não entendeu nada. O coronel levantou-se, beijou-lhe a mão e disse, enquanto a segurava:

— Sabe, Renata, depois da morte de Rudolph, você deixou de ser a senhora Eichmann para ser a senhora Wolf. Nunca lhe dei os parabéns pelo seu casamento com Albert. Mas, a partir de agora, prefiro chamá-la de senhora Krupney. Não é mesmo, Isaac Krupney? — e olhou ironicamente para Isaac.

O casal ficou paralisado. O rosto de Renata ficou lívido e ela quase desmaiou, puxando sua mão de volta bruscamente.

— Você enlouqueceu? Acha que tem todas as cartas na manga, coronel? Se me entregar, também entregará você e todo o seu grupo de malucos uniformizados — respondeu Isaac.

— Cale a boca! — gritou o coronel.

— Vá embora daqui! — explodiu Isaac, avançando sobre o coronel. — Aqui é a minha casa!

— Venha, me faça sair! — e o coronel sacou uma pistola, que estava escondida embaixo de sua camisa, apontando-a para Renata. — Eu fico sem os diamantes e você, sem a sua joia. Vamos ver o quanto ela é valiosa para você.

O clima estava completamente tenso. Isaac não sabia o que fazer. Renata só conseguia olhar para o cano da pistola apontado para a sua cabeça. Imaginou como teria sido para Rudolph. Pensou também que poderia estar pagando os seus pecados naquele instante.

— Eu não quero machucá-los nem fazer mal à sua família. Estou aqui a negócios. Não se trata de chantagem, como vocês dois fizeram com Rudolph — declarou o coronel.

— Coronel, vou ouvir o que você tem em mente, mas abaixe a arma, por favor.

— Está bem, Isaac. Tudo bem se eu chamá-lo de Isaac?

— Não! Meu nome é Albert!

— Muito bem, Albert — respondeu em tom de ironia. — Não quero ficar neste país de terceiro mundo trabalhando como um mero funcionário de uma metalúrgica pelo resto da vida. Quero retomar o poder e o dinheiro que tinha antes. Exatamente como você. Até aí, acho que é mais do que justo. Eu e você queremos o mesmo.

— Continuo ouvindo. Prossiga.

— Tenho um produto e posso deixá-lo mais rico ainda, mas para isso você deve me passar uma parte da sociedade.

Digamos, dez por cento, para eu tirar um bom dinheiro por mês, ter o meu status e aproveitar a minha velhice com conforto e dignidade.

— Coronel, isto que você está me dizendo é um contrassenso. Se você tem algo de valor, por que raios vai me vender em troca da sociedade? Fique você mesmo com o seu produto — Isaac suspeitou da proposta.

— Simplesmente porque está escondido na Alemanha e na Suíça. São obras de arte que roubamos de vários museus e casas dos judeus ao longo dos anos. O próprio führer tinha um esconderijo para a sua coleção inestimável. Eu forneço os lugares, os contatos e você as negocia no mercado paralelo de artes.

— Não. Não é uma boa ideia. É muito arriscado. Se formos pegos, tudo vai por água abaixo.

— É uma boa ideia sim. Além do mais, as obras valem mais do que cem por cento de sua sociedade. Estou falando de quadros de Van Gogh, Monet, Rembrandt, Renoir e de vários outros artistas. Tenho até um esboço de Michelangelo.

— E se eu não topar?

— Então eu terei que matá-lo — o coronel foi simples e direto.

— Ora, coronel. Acha que sou tão inocente a ponto de lhe dar uma parte do meu negócio e temer que você me dê um tiro? Vamos, atire agora! Mate Renata, me mate. Mate os garotos. Em menos de duas horas, o Rio de Janeiro inteiro estará atrás de você e do seu grupo.

— Posso fazer isso e me matar depois. Ou acha que tenho medo de morrer? Tenho medo de viver nesta miséria. Se eu matar você, a próxima bala será para mim e nós nos veremos no inferno! — bradou o coronel, levantando-se e encostando a pistola na testa de Isaac.

— Calma, coronel, calma! Por favor! Por favor! — suplicou Renata. — Isaac, dê logo o que ele quer! Vamos! Não vai fazer diferença alguma se você estiver morto.

— Escute sua esposa, judeu. Ela é bem esperta — alfinetou o coronel.

— Abaixe a arma e conversaremos — bufou Isaac, cheio de raiva.

— Farei isso, mas, só para vocês saberem, se algo me acontecer, vocês quatro podem se considerar mortos. Há pessoas me auxiliando. A cada duas horas tenho que passar a minha posição para elas.

O coronel, apesar de parecer muito calmo, também estava com medo. Blefe: este era o nome do jogo do coronel. Ele guardou novamente a arma.

— Coronel, — continuou Isaac — por que você mesmo não faz tudo? Ou seja, vende as obras de arte e fica milionário sozinho?

— Meu amigo! Você acha que eu não seria reconhecido se retornasse à Europa com um passaporte falso? As probabilidades de que eu seja descoberto são enormes. Se me pegam, serei julgado como oficial nazista e condenado à morte ou à prisão perpétua. Não, não, senhor. Aqui no Brasil ninguém se importa, mas na Europa a coisa é diferente.

— Bem, parece que não tenho escolha no momento — concluiu a contragosto Isaac.

— Que ótimo! Vamos brindar à sociedade! — alegrou-se o coronel. — Isaac, quero dizer, Albert, um brinde aos milhões!

O casal brindou, entreolhando-se de forma cúmplice. Ambos já começavam a imaginar como tirar o coronel do caminho.

capítulo 17

Isaac concordou em transferir imediatamente apenas dois por cento do capital da empresa para o coronel. Os outros oito por cento só seriam transferidos se o esquema dos quadros funcionasse. O coronel concordou, pois sabia que não haveria erros.

— Você fará o seguinte: vá para Zurique, na Suíça. Neste endereço, procure por esta pessoa. Lá, você pegará duas obras que estarão sem as molduras. Depois, leve-as neste outro endereço e só fale com estes contatos, com mais ninguém. Eles comprarão as obras de você. Elas valem duzentos e cinquenta mil dólares cada uma — instruiu o coronel.

— O quê? Meio milhão de dólares? — espantou-se Isaac, totalmente incrédulo.

— Acredita agora que nossa sociedade vai dar um bom retorno a longo prazo? Só para você saber, não sou louco de liberar tudo de uma só vez — esclareceu o coronel. — Ano que vem tem mais. Mas só no ano que vem!

— Eu espero que tudo dê certo. Se algo falhar ou se eu for preso, então estaremos todos mortos — revelou Isaac.

— Boa viagem, sócio — o coronel estendeu-lhe a mão, cumprimentando-o.

Isaac retribuiu o aperto de mão, e o coronel saiu da casa dos Wolf.

Dessa vez, Isaac foi à Europa sozinho. Aproveitou para negociar pessoalmente remessas de diamantes na Holanda e depois foi à Suíça, onde procurou o endereço que lhe foi dado.

Era um pequeno apartamento, no quarto andar de um prédio sem elevador. Uma senhora muito idosa abriu a porta. Ele apresentou-se e mencionou o nome do coronel.

— O senhor aceita um chá? Chocolate? — ofereceu ela.

— Não, não, senhora, muito obrigado.

— Como vai meu querido Zig?

— Zig? — pensou Isaac. — Ele está ótimo — respondeu sem ter muita certeza se Zig era o coronel.

— Que bom. Ele é como um filho para mim. Tirou-me da linha de frente dos russos e me acomodou aqui na Suíça. Se não fosse por ele, eu já estaria morta — ela tinha um olhar distante, como se revivesse o passado em sua frente. — Bem, aqui está o que ele me disse que você precisa.

— Como ele lhe avisou? — questionou Isaac, curioso.

— Ele me telegrafou.

— Ah. Bem, senhora, muito obrigado. Preciso ir agora.

— Não, fique mais. Aceita uma geleia de framboesa?

— Não, muito obrigado mesmo... — Isaac dirigiu-se à porta e saiu.

— Até logo! Mande lembranças ao Zig!

— Mandarei — desceu as escadas, com um tubo de papelão embaixo do braço.

Saiu do apartamento e checou para ver se não estava sendo seguido. Pegou um táxi e foi até o outro endereço indicado pelo coronel, um velho apartamento nos arredores da cidade. Encontrou-se com dois homens, que já o esperavam. Isaac ficou com medo, pois estava fazendo tráfico de objetos roubados.

— Deixe-me ver — um dos homens pegou o tubo das mãos de Isaac.

— Aqui está, fiquem à vontade. Estou apenas seguindo ordens — declarou Isaac, imaginando que, se algo desse errado, ele diria ser apenas um mensageiro.

— E então? — perguntou o segundo homem.

O homem que estava com os quadros possuía uma lente igual à que Isaac usava para examinar pedras preciosas. Também usou um reagente químico em um conta-gotas num minúsculo canto da tela. Fez isto em cada uma delas.

— E então? — insistiu o segundo homem.

— Cale a boca! — retrucou ele, continuando a examinar a peça. Depois pegou um catálogo de fotos com as respectivas obras de arte e comparou-as, mesmo as fotos sendo em preto e branco.

Somente meia hora depois, ele pronunciou-se.

— São legítimas.

— Aqui está — o segundo homem entregou uma maleta a Isaac.

Ele abriu-a e contou o dinheiro. Havia quinhentos mil dólares na maleta.

Saiu de lá segurando a maleta e temendo que pudesse ser uma armadilha. Mas não foi. Pegou um táxi e foi direto a um luxuoso hotel, onde finalmente relaxou ao entrar em seu quarto.

No dia seguinte, Isaac guardou o dinheiro em compartimentos escondidos em sua bagagem e voltou ao Brasil de navio. Passou sem problemas pela alfândega, que fazia vistas grossas aos passageiros de primeira classe e finalmente chegou em casa.

— Querida! Estou de volta!

— Ah, amor! Fiquei tão preocupada! Graças a Deus!

— Papai, papai! O senhor nos trouxe muitos presentes? — os dois garotos estavam eufóricos com a volta do pai, por causa dos presentes.

133

— Vocês são muito malandros! — riu o pai. — Renata, preciso urgentemente de um drinque.

— É pra já, meu amor.

No dia seguinte, Isaac contou toda a saga de sua aventura e recolheu o dinheiro dos esconderijos das malas.

— Veja! Quinhentos mil dólares! O bastardo estava certo! Vamos ver como as coisas andam, mas se ele só quiser um bom salário e o status de ser nosso sócio, então podemos aguentá-lo e lucrar muito mais. Mas vou lhe contar, querida, confesso que fiquei com medo. Foi uma loucura! Me senti em um desses filmes de agente secreto. Nem parece que sou a mesma pessoa que fugiu da Europa em plena guerra, carregando minha esposa amada em meus braços! Devo estar ficando velho... Agora vem cá que eu estou com muita saudade — Isaac agarrou Renata, beijando-a e abraçando-a na cama do casal.

— Que tal a nossa sociedade agora, hein? — perguntou o coronel.

— Muito boa. Muito boa mesmo.

— Agora, sócio, vamos combinar o resto dos detalhes. Quero um apartamento de três quartos, um carro novo de luxo e uma boa retirada mensal. Além dos oito por cento em contrato, é lógico.

— Claro, coronel, claro. Esta semana eu providenciarei tudo isso. Agora vamos brindar ao sucesso da empreitada! Saúde! — Isaac ergueu uma taça com champanhe, com o coronel e Renata. — Ah, só mais uma coisa, coronel. Quem é Zig?

O coronel riu e respondeu:

— É meu apelido desde pequeno. Aquela senhora que ficou com as duas obras de arte foi minha vizinha. Viu-me crescer e, quando tudo estava perto do fim, eu a ajudei a

134

fugir dos russos. Dei-lhe dinheiro e um visto falso para ir para a Suíça.

— Ora, o pequeno Zig, que bonitinho! — zombou Renata.

— Muito bem, vocês descobriram o meu grande segredo! — e o coronel riu tanto que ficou com as bochechas vermelhas.

Em uma conversa particular com Isaac, Zig expressou uma preocupação com um assunto delicado.

— Preciso de ajuda. Até hoje, você nos financiou e eventualmente temos que remover alguém aqui ou ali. Cada dia fica mais raro alguém nos procurar e um dia ninguém mais se interessará em caçar velhos nazistas como nós. Mas o tenente está cada vez mais fora de controle. Ele acha que estou me vendendo a algum grupo e disse que, se eu não contar a ele como consegui o dinheiro, me entregará à polícia.

— Ora, vai acreditar no tenente? Ele só quer uma fatia do bolo. Podemos dar um pouquinho do recheio para ele lambuzar-se. — sugeriu Isaac, despreocupado.

— Temo que não seja tão simples assim. Ele realmente está fora de si. Se descobrir suas origens judaicas, certamente matará todos nós.

Isaac olhou-o assustado e perguntou:

— Por que diz isso?

O coronel contou-lhe alguns episódios envolvendo o tenente e judeus, além da ideia absurda de tramar contra o governo do Brasil para criar um novo Partido Nazista.

— Meu Deus... Mas o que quer que eu faça, coronel?

— Não sei, mas seja lá o que tiver que ser feito, eu não o farei sozinho. Você está nesta encrenca comigo — declarou o coronel.

Isaac ficou intrigado.

135

— Por que motivos o coronel, um homem frio e sanguinário, de repente aparecia com melindres? Seria por medo do tenente? Não, isso não fazia o menor sentido. Talvez fosse lealdade ao seu companheiro? Código de honra dos oficiais? Quem sabe... — divagou ele.

— Você o quê? — perguntou Isaac.

— Ah, não se faça de surdo! Você me ouviu muito bem. Precisamos eliminar o tenente e você vai me ajudar. Preciso de uma lancha. Nesse caso, em particular, da sua lancha — determinou o coronel.

— E como você vai fazer isso?

— Como *nós* vamos fazer isso — declarou categoricamente o coronel.

— Já lhe disse que não tem sentido eu me meter em seus assuntos. A sujeira é sua, você tem que limpá-la!

— Olhe, não estou com paciência, tudo bem? Se eu caio, você cai. Ponto. Se eu morro, você morre. Alguma dúvida? — o coronel esperou alguns segundos. — O plano é muito simples. Eu convido o tenente para uma pescaria. Saímos em sua lancha e vamos a qualquer ponto bem distante da costa. Chegando lá, eu dou um jeito nele.

— Muito bem, mas com certeza vão nos ver saindo. Não será estranho três pessoas saírem e apenas duas desembarcarem?

— Na volta, o capitão Walter nos esperará em um bote de pesca que ele tem. Ele desembarcará conosco. Ninguém nem reparará em nossos rostos, não haverá problemas. Você só tem que rebocar o botezinho dele de volta, pois ele não quer perdê-lo — instruiu o coronel.

— Meu Deus, não acredito. Vocês vão matar um homem e o outro não quer ficar sem o bote? Vocês são malucos mesmo, não é?

O coronel riu da situação. Era verdade.

— E como encontraremos o bote? Já se deu conta de que o mar é grande? — perguntou Isaac ironicamente.

— Isso é com você. Eu lhe digo direitinho o que Walter fará e você nos guia até lá.

— O capitão é de confiança?

— Total, eu lhe asseguro.

— Quando faremos isso?

— Na próxima quarta-feira. Esteja pronto. Leve também uma muda de roupa limpa.

— Coronel, na quarta-feira temos que funcionar como relógios suíços. Aqui não é a Alemanha nazista. Se formos presos por assassinato, podemos até ser deportados — Isaac olhava seriamente para o coronel.

— Eu sei, sócio. Eu sei.

O dia da pescaria chegou e os homens dirigiram-se à marina do Iate Clube do Rio de Janeiro logo pela manhã. Diferentemente das outras vezes, Isaac não pediu ajuda a ninguém com o material nem mesmo com o embarque. Tudo seguia como planejado. A intenção do coronel e de Isaac era de que o tenente ficasse embriagado e, para isso, levaram três garrafas de uísque.

— Vamos dominar o mundo! Heil Hitler! — berrava o tenente na proa do barco, enquanto seguiam em direção ao horizonte.

— Onde pegaremos o capitão Walter? — cochichou discretamente Isaac para o coronel, que estava ao seu lado.

137

— Fique tranquilo. Quando saímos do Iate Clube, você manteve o continente à direita, certo? Ele estará nos esperando na ponta do continente. Fique calmo. Apenas conduza o barco.

Depois de certo tempo navegando, Isaac parou o barco e os homens lançaram as iscas ao mar. Os três fizeram um brinde e começaram a beber. A primeira dose foi engolida de uma só vez pelo coronel, talvez para criar coragem para cumprir a missão. Isaac também bebeu. Mas foi o tenente quem continuou a beber ao longo das horas.

O mar estava bem agitado e, em determinado momento, o coronel bateu com uma barra de ferro na cabeça do tenente.

— O que é isso? — gritou o tenente ferido, no chão do barco.

O golpe não havia sido certeiro.

— Me desculpe, companheiro — retrucou o coronel, pronto para aplicar outro golpe.

— Seu porco imundo!!! — gritou o tenente, puxando um revólver calibre trinta e oito de sua cintura.

— Não! — gritou Isaac, avançando contra o tenente, por trás.

Assim que Isaac pulou sobre as costas do tenente, ele disparou. O tiro pegou no braço direito do coronel.

— Me ajude, me ajude aqui! — berrava Isaac, tentando segurar o tenente pelas costas.

O coronel tirou a pistola que estava escondida em sua cintura e atirou, acertando de raspão a cabeça de Isaac.

— Hoje vocês dois vão morrer! — esbravejava o tenente, tentando virar seu revólver contra o coronel.

Isaac o abraçava por trás com muita força, e o coronel não conseguia manter a pistola em sua mão direita devido ao ferimento no braço. O barco chacoalhava e aqueles três homens lutavam por suas vidas.

Até que um tiro ecoou pelo oceano. Não houve mais movimento no barco. Apenas o sangue sendo levado do convés até a borda e finalmente caindo no mar.

— Está feito! — afirmou o coronel a Isaac.

O corpo do tenente caiu de lado assim que Isaac o soltou.

— Mas que droga! Que droga! Seu maldito! Deu tudo errado! — Isaac estava muito furioso. — Você quase me matou!

— Me desculpe, fui atingido. Eu não tinha mira, o barco balançava demais. Mas conseguimos, meu caro, conseguimos.

— Como assim? Olhe em volta! Temos um corpo e o convés está coberto de sangue. Jogue seu amigo ao mar e vamos limpar até a última manchinha vermelha que houver. Eu disse, eu disse! Sem falhas!

— Como eu ia saber que ele tinha um revólver?

— Você devia, afinal de contas, o plano foi seu! — enfureceu-se Isaac, afastando-se para pegar um balde e alguns panos.

O coronel amarrou uma âncora muito pesada ao redor do pescoço do tenente e o jogou ao mar. Isaac já a deixara no barco com esse propósito.

— Deixe-me ver o seu ferimento — comentou Isaac.

— A bala entrou e saiu. Está doendo bastante, mas não deve ter atingido nada de importante, senão eu já teria desmaiado. Depois pego a caixa de primeiros socorros e cuido disso. E sua cabeça?

— Ah, parece uma pequena queimadura. Veja se ficou alguma marca — Isaac abaixou a cabeça para que o coronel a examinasse.

— Um pequeno corte. Você é um cara de sorte! Se eu o matasse, estaria amarrado à âncora com o tenente agora — falou rindo.

— Hahaha. Muito engraçado. Vamos cuidar logo do seu braço e cair fora daqui.

139

Depois do curativo feito no coronel, a dupla levou quase duas horas para limpar toda a sujeira. Jogaram ao mar suas roupas, os panos e o balde sujos de sangue e finalmente seguiram no escuro para a baía. Vestiram as roupas limpas, e o barco navegou rumo à costa.

— Que ideia... Que ideia... — repetia Isaac a todo o momento, balançando a cabeça negativamente. — Por que não atirou logo na cabeça dele?

— Porque eu não queria sujar o barco.

— Não sujar o barco, hein? Belo serviço, coronel! Belo serviço!

— Cale a boca! Procure o capitão.

— Claro! Um barquinho em plena escuridão! Será muito fácil!

— Seu sarcasmo não nos ajudará em nada! Diminua a velocidade. Vá o mais devagar que puder. Quando eu disser para parar, pare e desligue o motor.

Fizeram isso por mais de uma hora. A cada parada, o coronel fazia um som parecido com o assobio de um pássaro. Finalmente, em uma dessas vezes, ouviu um assobio muito fraco como retorno.

— Eu sabia! Vamos para lá, devagarzinho, sócio. Você não conhece mesmo os oficiais do Terceiro Reich — orgulhou-se o coronel.

Acharam Walter e ele embarcou. Apenas se cumprimentaram e não houve qualquer comentário sobre o ocorrido. Foi como se nada tivesse acontecido. Ao desembarcarem no Iate Clube, os funcionários presentes eram do turno da noite e ninguém reparou que eles desembarcaram de uma pescaria sem peixes.

Os três despediram-se na saída do clube e cada um foi para sua casa.

— Um problema a menos — deduziu Isaac.

capítulo 18

Os negócios iam muito bem para os Wolf. Isaac voltara à Europa outras duas vezes para negociar quadros e conseguiu lucrar mais um milhão e duzentos mil dólares nessas viagens.

Em um lindo dia de sol, a família banhava-se em frente ao Copacabana Palace. Isaac levou o dobermann que protegia a casa. Era uma fêmea de porte magistral, bela e elegante.

— Querido, prenda a cachorra, senão as crianças não vão achar nenhum amigo para brincar com eles. Todos ficam com medo de chegar perto da gente — solicitou Renata.

— Papai, vamos nadar! — gritou Maurício na água.

— Querida, fique aqui que já volto. Prenda a Bolota.

— Ah, é lógico, tudo sobra para mim! Vai, se manda daqui! — ela ficou emburrada e sem paciência por ter que fazer tudo sozinha.

Os garotos divertiam-se com o pai na água.

— Meninos, cheguem para lá que eu preciso usar o banheiro.

— Ah, pai, na água? — irritou-se Marcos.

— Ué? Na Europa eu não tinha frescura não. Na sua idade, eu acampava sozinho e fazia tudo na natureza. Nunca usei papel higiênico fora de casa!

Os dois filhos saíram da água a contragosto.

— Ah, agora sim! — Isaac tirou o calção de banho, segurou-o com uma das mãos e aliviou-se com um sorriso nos lábios.

Logo em seguida, Isaac ouviu gritos na praia. Viu sua cachorra fugindo de um pequeno vira-lata que queria pegá-la.

— Bolota! Bolota, venha aqui! — gritava Renata, em alemão.

A cachorra correu em disparada para o meio da Avenida Atlântica. Isaac ficou desesperado e saiu correndo em direção à avenida. A cachorra ia e voltava muito assustada entre os carros.

— Bolota! Venha aqui! — gritou Isaac.

— Isaac! Você está pelado! — revelou Renata, em alemão, para o marido.

Isaac nem se deu conta de que saiu correndo do mar e largou o seu calção. A nudez para ele sempre foi tão natural em sua juventude na Holanda que isso não era um problema. Perder Bolota seria muito ruim.

A cachorra entrou no hotel, com Isaac completamente nu correndo atrás do animal, e os garotos e Renata gritando:

— Isaac! Isaac! Pegue a toalha, pegue a toalha!

Os hóspedes saíam da frente. Primeiro com medo daquela cadela, que parecia um monstro saído do inferno, e depois com medo do maluco pelado que gritava em português com um sotaque extremamente acentuado:

— *Segurra o meu Bolota! Segurra o meu Bolota!*

Cinco minutos depois, a família conseguiu encurralar a cachorra no bar do hotel, e Isaac a pegou.

— Isaac, pelo amor de Deus, tome! — Renata jogou uma toalha para ele.

Em volta, cadeiras caídas, mesas reviradas, pegadas de areia, bebidas no chão. Nada parecido com um hotel cinco estrelas.

— Sua vira-lata sem-vergonha! — Isaac repreendeu Bolota, que ficava lambendo sua pele salgada pela água do mar.

— Por onde começamos? — perguntou o gerente do hotel a Isaac.

— Perdoe-me, foi um acidente. Minha cachorra entrou aqui, saí correndo da água, meu calção caiu e nós a pegamos. Pagarei por tudo o que foi quebrado. Somos velhos conhecidos do hotel. Pode perguntar ao senhor Guinle.

Isaac chamou a esposa, que estava com a carteira. Acertaram um valor estipulado na hora e saíram do hotel, sob os olhares curiosos de uma multidão que se juntou do lado de fora.

À noite, Renata foi dar boa-noite aos filhos, como de costume. Entrou no quarto de Maurício, fez as orações e despediu-se com um beijo.

Repetiu o ritual com Marcos, mas, antes de sair, foi surpreendida com uma pergunta inquietante do filho.

— Mamãe, quem é Isaac?

— O quê? Quem? — espantou-se ela. — É um personagem bíblico. Boa noite.

— Não, mamãe. Hoje à tarde você chamou papai várias vezes de Isaac.

— Imagine! Você se confundiu, meu filho! É comum quando aprendemos tantas línguas assim.

— Eu tenho certeza. Você estava falando com o papai em alemão.

— Agora chega! Não teime com a sua mãe! Às vezes você sabe muito bem que tento falar português rápido e sai tudo bagunçado. Não gosto que me corrijam. Nunca mais me corrija! — saiu rapidamente do quarto, com o coração disparado.

— Que descuido, Renata! Cuidado! Cuidado! — enfureceu-se consigo mesma.

143

Isaac fez uma viagem à Europa com o último carregamento de dinheiro do coronel. Agora não havia mais nada que o coronel pudesse lhe dar, mas ele estava muito satisfeito com o acordo que firmaram há dez anos e acabaram formando uma boa parceria.

Era o dia da formatura de Marcos no ensino secundário. Seu irmão Maurício já estava com vinte anos, o pai com cinquenta e três e a mãe com cinquenta e um.

— Aqui está um presentinho para você — o coronel vestia um belo smoking e não aparentava os setenta e três anos de idade.

— Obrigado, tio Wolfgang! — abriu o presente. Era uma caneta-tinteiro de ouro. — Que legal! É linda! Vou usá-la bastante.

— Use-a para fechar muitos contratos, meu filho — orgulhou-se o pai.

Os diplomas foram entregues e houve um baile depois, no melhor estilo dos anos dourados.

Em certo momento, Maurício chamou Marcos em um canto.

— Irmão, eu estou com um problema.
— Que foi, Maurício?
— Sabe a Aninha?
— Lógico! Que foi? Fala!
— Ela está grávida.
— De você?
— Lógico, seu panaca!
— Quando o papai descobrir, você estará encrencado. E agora?
— Ora, é por isso que estou lhe contando. O que eu faço? — nessa hora, Maurício realmente parecia desesperado, colocando a mão na cabeça, desarrumando seu penteado impecavelmente mantido à base de muito gel.

— Eu realmente não sei. Acho que terá que casar com ela, não tem outro jeito.

— Como assim? Eu nem gosto dela! Tem que ter outro jeito sim!

— O quê? Um aborto? — Marcos ficou horrorizado.

— Fale baixo! Ué, vou fazer o quê? Você pode falar com ela? Por favor?

— De jeito nenhum! Pode me pedir qualquer coisa, menos isso! — Marcos enfureceu-se com o pedido do irmão.

— Você vai destruir a minha vida assim? Hã? Ficou louco? — Maurício empurrou o irmão.

— Não comece! — Marcos estava ficando cada vez mais irritado.

— Se você não fizer isso, nunca mais falarei com você. Vamos, deixe de ser quadrado — suplicou Maurício, tentando persuadi-lo.

— Não. E ponto final.

— Seu imprestável! — e Maurício deu um soco no rosto de Marcos.

Marcos pulou para cima do irmão e a briga foi muito feia. Eventualmente eles brigavam, mas sempre na ausência do pai. Dessa vez, foi muito diferente.

— Vamos, parem com isso! Vamos! — gritava o diretor do colégio.

Um bando de garotos reuniu-se em volta dos irmãos, que rolavam pelo chão, batendo um no outro. Depois de várias tentativas, um grupo conseguiu separar os dois. Ambos sangravam pela boca e pelo nariz. Suas roupas ficaram rasgadas e seus cabelos, despenteados. Isaac pegou Maurício pelo colarinho com uma mão e Marcos com a outra. Deixou-os lado a lado e quase encostou seu rosto no deles. O pai espumava pela boca. Estava com o rosto vermelho.

— Juro que se estivesse armado, eu atiraria em vocês dois. Agora, já para o carro. Se eu ouvir a voz, ou melhor, a respiração de um de vocês, deserdo os dois.

Renata não sabia onde se enfiar de tanta vergonha. O coronel conduziu-a para fora do salão e, só depois que eles saíram, houve um burburinho geral. O diretor pediu para a banda voltar a tocar, mas o desastre já tinha sido feito.

Na saída, o diretor correu para alcançá-los.

— Senhor Wolf? Senhor Wolf?

— Senhor diretor, não posso dizer como lamento o ocorrido. Pode me mandar a conta.

— Não é isso, senhor Wolf. Os garotos portaram-se como dois selvagens. Não se trata de dinheiro e sim de princípios. Precisamos conversar na próxima semana a respeito dessa atitude.

— Pois conte comigo, senhor! — o pai empurrou os dois em direção ao carro.

O caminho para casa transcorreu sob um silêncio sepulcral. Ao chegarem, Isaac foi até a biblioteca da casa e apenas disse:

— Sentem-se! — e Renata preparou-lhe um uísque.

Os dois olharam para a mãe.

— Vocês ouviram o seu pai. Aprontaram? Agora aguentem.

— Pronto. Eu vou me sentar e vou ouvir. Só isso — comentou o pai secamente. — Já basta. Vocês dois não merecem o que têm. Viagens todo ano, carro para cá e para lá, festas exclusivas. Passeios em aviões, navios e lanchas. Nossa casa em Teresópolis. O melhor colégio. Para quê? Para isso? É para isso que eu trabalhei tanto? É para vocês que eu vou deixar a minha fortuna? Comecem a falar agora e eu decidirei se vocês passam a noite aqui ou em um albergue, sem um único centavo meu.

Houve um silêncio entre os irmãos. Marcos e Maurício estavam em frangalhos. Ambos com boca e nariz sangrando, dores em todas as partes do corpo e com os olhos começando a inchar, roupas rasgadas e sem os sapatos.

— Vou dar cinco segundos para que um de vocês comece a falar. Mas já vou avisando, eu quero a verdade. Chega de papo furado. Um... Dois... Três... Quatro... Cinc...

— Aninha está grávida! — confessou Marcos.

— Seu miserável! — murmurou Maurício, olhando para o irmão com muito ódio.

Isaac ficou parado, imóvel, sentado em sua poltrona, vendo os filhos à sua frente. Ele respirou fundo e finalmente se moveu, cruzando as pernas.

— O filho é seu? — perguntou a Marcos.

— Não, ele é meu — intercedeu Maurício.

O pai ficou em silêncio, imaginando o motivo da briga. Seria ciúmes de Marcos do irmão?

— Vocês estão brigando porque você também a ama, Marcos?

— Não é isso, papai. Eu não a amo. Muito menos o Maurício a ama.

— Pare com isso! — Maurício começou a discutir com Marcos. — Quem você pensa que é para...

— Fora daqui! Quero vocês dois fora da minha casa! — enfureceu-se Isaac, levantando-se e abrindo a porta da frente.

Nesse instante, Bolota entrou na casa correndo com toda a alegria possível e bateu contra a perna de Isaac, que caiu no chão. A cadela voltou e pulou por cima dele, saindo pela porta, saltitante e alegre.

Os irmãos quiseram rir, mas, mesmo que pudessem, a dor que sentiam era muito grande. Isaac xingou Bolota de praticamente todos os palavrões que conhecia em alemão e alguns outros em português e bateu a porta da sala com muita força. A intenção de mandar os garotos para fora foi malsucedida. Ele voltou sujo e mancando e sentou-se novamente.

— Chega! Ou me contam tudo de forma civilizada ou eu mato todo mundo! Depois me mato! Pronto! E começo pela maldita cachorra!

Maurício começou a falar:

— Papai, saí com a Aninha. Ela já veio algumas vezes aqui, você se lembra, não é? Ficamos juntos e ela está grávida. Eu... Eu não quero me casar com ela. Gosto dela, é lógico, mas não para casar.

— O que você tem a ver com isso, Marcos?

— Pai! O que ele quer fazer é errado! Ele quer que a Aninha faça um aborto! Vai matar um inocente, uma criança que pode ter amor, ter uma vida boa — de repente, um sentimento brotou do coração de Marcos como ele nunca havia sentido antes e, subitamente, sem pensar, apenas disse: — Se Maurício não assumir, eu assumo.

Maurício e Isaac olharam espantados para ele.

— O que seu médico lhe deu para a cabeça, filho? Marteladas? Sua mãe foi muito ingênua em levar você a psiquiatras para curá-lo dos sonhos estranhos que costumava ter quando criança. Você precisa saber o que é a vida! Acha que pode assumir uma garota grávida sem marido? Mesmo que você seja o marido, assumirá um filho que não é seu? Pare com isso, moleque!

— Posso sim! Você mesmo conta que começou do nada, que trabalhou muito para conseguir juntar dinheiro para montar um negócio, não é mesmo? Sou seu filho, temos o mesmo sangue, posso fazer como você. Posso e vou assumir esse filho.

— Como vai assumir? — irritou-se Maurício.

— Calma, filho! — Isaac começou a dar razão para Maurício. — Marquinhos, você é um moleque! Teve tudo fácil, na boca. O teu irmão aprontou e agora quer sair dessa. Acho que esta situação só aproxima a nossa família. Se vocês tivessem me contado isso antes, evitariam aquele vexame no seu baile de formatura e já teríamos resolvido tudo juntos.

— Como assim? — perguntou Marcos.

— Marcos, de quem é o problema? — retrucou o pai.

— Do Maurício e da Ana.

— Então, deixe-me a sós com o seu irmão. Suba, tome um banho e leve sua mãe para o quarto. Se bem a conheço, ela deve estar chateada. Vá.

— Mas, pai, você não entendeu a gravidade da situação! Eles querem fazer um aborto! — indignou-se Marcos, que fazia força para segurar as lágrimas.

— Pois se esta for a decisão deles, eu procurarei a melhor clínica do Brasil — afrontou Isaac, com um orgulho que espantou Marcos. — Agora, fora!

Marcos ficou tonto ao levantar-se. Viu a sala rodar, tudo ficou preto e desmaiou.

capítulo 19

— Antônio? — perguntou Marcos, sentindo uma forte dor de cabeça.

— Não, eu sou Patrícia — respondeu uma mulher de cabelos escuros e roupa branca.

— Onde está Antônio? Gostaria de vê-lo.

— Me desculpe, não sei de quem está falando.

— Eu morri, não é? — perguntou Marcos, dessa vez tentando abrir os olhos inchados pelos socos.

Ouviu risadas pela sala e uma voz bem familiar.

— Não, filho, você ainda está vivo. Mas foi por pouco.

— Mamãe? O que houve? Onde estou?

— Por favor, me deixe a sós com ele — pediu a mãe à enfermeira.

— Marcos, trouxemos você para o hospital. Você apagou completamente na sala. Seu pai e seu irmão o carregaram até o carro e viemos correndo. Mas agora está tudo bem.

— Onde está papai?

— Está com Maurício. Ele também aproveitou esta parada aqui para curar seus ferimentos. Ninguém conseguiu acreditar que vocês dois se machucaram tanto brigando entre si.

— Mamãe, você acha que papai teria coragem? Ele realmente ajudaria com o aborto?

— Não sei, filho. Agora descanse, prometo que depois conversaremos sobre tudo isso, mas não agora.

— Está bem — Marcos deitou-se novamente, e, depois de alguns minutos, voltou a dormir graças aos analgésicos.

— Patrícia? Senhora Patrícia? — balbuciou Marcos.
— Quem?
— Antônio? — espantou-se Marcos, abrindo os olhos e levantando-se da maca onde estava.
— Olá! Quem é Patrícia? — perguntou Antônio.
— É a enfermeira que está cuidando de mim — o jovem olhou para si e apalpou seu próprio rosto. — Estou bem! Não estou machucado! — e começou a rir. — Achei que estivesse no hospital.

Antônio também riu e disse:
— Pelo visto, deve ter aprontado alguma coisa muito grande, hein?
— Você não sabe, sabe? — perguntou o jovem.
— Na verdade, meu filho, sei sim. Sirvo como acompanhante de algumas pessoas, como você e alguns outros, então sei do que se trata. Mas, assim como você, estou impossibilitado de agir.
— Isso é errado! É claro que podemos ajudar. Você tem muito mais poder do que eu, então se quiser interceder, você pode!
— Marcos, entenda, se eu interferir, só piorarei as coisas, pois irei contra o seu livre-arbítrio. Tenho poder para isso, mas não tenho esse direito. Não é disso que vocês encarnados tanto reclamam na Terra? Que pessoas poderosas interferem na vida das outras tirando seu livre-arbítrio,

151

mesmo que, ao longo do tempo, percebam que essa invasão foi boa? Às vezes, na melhor das intenções, fazemos com que o outro lado não aprenda. É a lei da vida. A borboleta só é borboleta por ter saído sozinha do casulo. Se você quiser ajudá-la, irá matá-la. Se quiser salvar a vida de um filhotinho de antílope tirando-o da boca feroz de uma leoa, poderá fazê-lo, mas estará condenando à morte todos os filhotinhos dessa leoa. Quem está certo?

— Isso é tão injusto! Por favor, só desta vez, eu suplico a você, não deixe que Ana faça o aborto!

— Se você acredita no bem, então permaneça focado no bem. Meu filho, tudo acontece por um motivo. Não há um roteiro definido. Cada um toma o rumo que achar melhor. Faça o que acha que tem que ser feito e tenha certeza de que sempre contará comigo. Mas isso não depende de mim. Confie em minhas palavras. Você não pode ser dono do destino de outra pessoa. Só ela tem esse poder, mesmo que ache que não tem. Quando cada um assume o controle da própria vida, conscientemente, não há nada nem ninguém que possa impedi-lo de conseguir cumprir o seu destino.

Marcos, depois de chorar muito, sentiu-se cansado e adormeceu. Acordou abruptamente, com os olhos arregalados:

— Por favor, enfermeira. Preciso fazer uma ligação!

— Não, Marcos! É totalmente contra as regras. Além disso, você ainda não recebeu alta.

— Então só me diga em que quarto meu irmão está! Preciso falar com ele.

— Sinto muito.

Marcos começou a levantar-se e a enfermeira foi correndo até a porta. Dois enfermeiros bem fortes entraram e pediram educadamente para Marcos deitar-se.

— O que é isso? Estou preso aqui?

— Calma. Vou aplicar um pouco de soro e, assim que acabarmos, chamaremos o médico, está bem? — falou um dos enfermeiros, pegando o braço de Marcos para dar-lhe um medicamento.

— Está bem, mas exijo ver o médico hoje!

Aos poucos, Marcos caiu em um sono profundo. Ele estava sendo drogado para permanecer mais três dias no hospital. Finalmente, na manhã de sábado, pararam de ministrar-lhe sedativos e ele voltou gradativamente à consciência. Renata chegou no domingo pela manhã para levá-lo embora.

— Filho, vamos embora?

— Nossa, nem acredito! Já estou sem dor alguma, não entendi por que fiquei tanto tempo aqui.

— Você bateu a cabeça com força quando caiu. Precisávamos ter certeza de que estaria tudo bem.

Assim que preencheram toda a papelada de saída, Renata pagou aos enfermeiros e médicos particulares que havia solicitado e foram para o carro da família, onde seu Tito, o motorista, abriu a porta traseira com um largo sorriso:

— Ô meu filho, que bom ver ôce assim! Bonzão!

— Obrigado, seu Tito.

Assim que o carro partiu do hospital em direção à mansão dos Wolf, Marcos perguntou:

— Onde estão papai e Maurício?

— Foram para São Paulo.

— Quando?

— Na sexta à noite.

— Como assim? Maurício não ficou internado?

— Não, Marcos, ele não ficou — Renata estava olhando para o outro lado. Não conseguia encarar o filho.

— E Ana? Maurício falou com ela?

— Os três viajaram para São Paulo. Agora me deixe em paz, filho. Sei tanto quanto você sobre esse assunto. Temos que esperar o retorno deles para descobrir o que aconteceu.

Dessa vez foi Marcos quem olhou para a janela. Algumas lágrimas escorreram pelo seu rosto. Sentia-se traído pela própria família. Tinha certeza de que havia sido sedado para que o pai e o irmão pegassem Ana e a levassem para longe, para alguma clínica, para realizar o aborto em São Paulo.

Marcos ficou à espreita, esperando que Maurício chegasse de viagem no domingo à noite. Assim que o irmão entrou no quarto dele, Marcos perguntou-lhe:

— E então?

Isaac, sabendo que Marcos interrogaria o irmão, apareceu na porta do quarto de Maurício logo em seguida.

— Marcos, isso é entre seu irmão e Ana. Nunca mais se meta em assuntos alheios. Nunca mais, entendeu? O que está feito, está feito. Maurício, eu preciso de sua ajuda para fechar alguns orçamentos, venha, por favor.

Isaac e Maurício passaram por Marcos como verdadeiros aliados, cúmplices de alguma coisa. Marcos ficou inconsolado e foi para o seu quarto, onde chorou muito.

Depois, telefonou para a casa de Ana. A mãe dela atendeu.

— Oi, dona Alzira, Ana está?

— Nossa, Marcos! Já está com saudades? — exclamou a mãe. — Vocês acabaram de chegar! Só um minuto. Vocês, jovens... Aninha, é o Marcos.

Ana atendeu ao telefone e sua mãe ficou ao lado.

— Mãe! Me dá licença, por favor!

— Uh! — reclamou a mãe. — Que segredo você tem que não posso saber?

— Não é nada disso, mãe. Vai, por favor!

— Está bem, está bem! Essa garotada está cada vez pior. Não respeita mais os pais — e a mãe de Ana afastou-se do telefone e foi para a cozinha.

— Alô, Ana?

— O que foi, Marcos, o que você quer?

— Quem acabou de chegar? Não entendi nada do que sua mãe falou.

— Shhhh! De Teresópolis, lembra? Passamos o final de semana lá, com sua mãe e suas primas! Não estrague tudo!

Marcos nem prestou atenção à explicação de Ana.

— Eu só preciso saber. Só me diga. Por favor. Preciso ouvir de você.

Houve um momento de silêncio.

— Fiz o que tinha de fazer.

— Você fez o aborto? — Marcos queria ter absoluta certeza do que havia acontecido em São Paulo.

— Fiz! O que você não entendeu? Eu fiz! Ponto final!

Ele simplesmente desligou o telefone. Tomou um banho, esfregando-se com muita raiva. Ficou com a pele irritada e vermelha. Queria matar alguém. Talvez o pai e o irmão. Talvez os dois!

Ao sair, ele olhou-se no espelho e disse para si mesmo:

— Escute aqui, Marcos, de hoje em diante você nunca mais vai se curvar perante ninguém. Muito menos perante seu pai e seu irmão. Levante o queixo e seja o melhor Wolf que já existiu. Ninguém mais o humilhará assim. Ninguém! E se eu puder ajudar outra pessoa, eu a ajudarei, nem que tenha que mover montanhas para isso!

O jovem Marcos desceu para jantar com a família, como se tudo estivesse perfeito entre eles. A cada riso, a cada garfada, a cada conversa, uma chama de vingança crescia no peito de Marcos.

As joalherias Wolf prosperavam e viraram grife, um nome que passou a significar luxo e riqueza. Isaac expandira filiais para as cidades de São Paulo, Santos, Salvador, Natal e Buenos Aires. Marcos e Maurício viajavam pelo menos uma vez por semana para controlar os estoques e vendas dessas filiais, com exceção da filial de Buenos Aires, que era administrada pelo coronel.

O coronel morava em um apartamento próprio, muito bonito e bem decorado. Certa noite, adormeceu no sofá, com o rádio ligado.

— E agora, coronel, o que faremos?

— Não sei, tenente. Vamos invadir pelo lado direito. Os russos estão bem em frente. Talvez possamos surpreendê-los.

Os dois homens esgueiraram-se por entre os escombros de prédios destruídos e avançaram pelo lado direito de onde estavam.

— Coronel? — cochichou o tenente. — Olhe, eles estão ali na frente. São cinco.

— Quando eu disser três. Um. Dois. Três... — os dois oficiais alemães levantaram-se de onde estavam e começaram a metralhar os cinco homens.

Todos foram mortos e ficaram estendidos no chão. Ao chegarem perto para ver os seus rostos, um deles simplesmente abriu os olhos e disse:

— Não somos seus inimigos!

O coronel acordou dando um pulo no sofá, assustado.

"Nossa! O que foi isso?", pensou ele. "Vamos, Zig, esqueça-se de tudo, já passou, nada disso existe mais."

De repente, sentiu-se culpado por ter matado o tenente. Ele o conheceu na época da guerra, nunca serviram juntos em combate, como no sonho, mas sabia de sua competência e lealdade para com a causa nazista.

Sua cabeça estava cada vez mais confusa e seu ódio contra os judeus estava voltando.

Os meses passaram-se e Maurício evitava Ana a todo custo, sempre inventando viagens e muito trabalho, o que deixava a garota ansiosa e deprimida.

No início do ano seguinte, Marcos e Maurício passaram a trabalhar em período integral com o pai.

Maurício formou-se em um curso técnico de contabilidade e Marcos decidira que só trabalharia, não estudaria mais.

capítulo 20

Em Buenos Aires, o coronel Siegfried, ou Wolfgang, estava em sua sala quando uma das atendentes o chamou.

— Senhor Wolfgang, uma cliente quer lhe falar.

— Quem é essa cliente, Denise?

— A senhora Berger. Victoria Berger.

— Berger? Por que ela quer falar comigo? O gerente não está? — o coronel começou a ficar irritado.

— Está sim, senhor, mas ela insiste em conhecer o dono da loja. A senhora Berger já é uma cliente antiga e está levando um anel de diamantes maravilhoso — a vendedora estava receosa de que Wolfgang não aparecesse e ela perdesse a venda.

— Ah, está bem! Que droga!

O coronel cumprimentou-a e sentou-se em outra poltrona ao seu lado.

— Senhora... — o coronel cumprimentou a cliente.

— Como vai? Gostaria de parabenizá-lo pela qualidade de seus produtos. É raro vermos bons joalheiros fora da Europa.

— Concordo. A senhora é judia?

— Como sabe?

— Um ariano reconhece um judeu — respondeu em alemão para a cliente.

Ela olhou-o com uma cara um tanto assustada.

— O senhor participou da guerra?

— Quem não participou? Ou se estava lá para lutar ou para fugir. Era viver ou morrer. De que lado a senhora estava?

— Do lado dos mortos, senhor — a cliente respondeu, colocando o anel que estava prestes a comprar sobre uma mesinha ao lado, e esticou o braço, puxando a manga de sua blusa, deixando à mostra uma tatuagem com números. — Aqui está, senhor. Eu estava ao lado de milhões de mortos!

— Infelizmente, senhora Berger, nem todos foram mortos, não é mesmo?

A senhora levantou-se, pegou sua bolsa e saiu da joalheria, batendo a porta bruscamente. As vendedoras não acreditaram na cena que haviam acabado de assistir. Ninguém ousou dizer nada.

— Malditos! — gritou com toda força possível em alemão e voltou reclamando para sua sala.

Com o passar dos meses, o coronel ficava mais e mais ranzinza. Não saía mais do Rio de Janeiro nem para passear em Buenos Aires. Ia de seu apartamento para o escritório e vice-versa. Mandava a prestação de contas de forma impecável. Nunca tirou um grama sequer de ouro para si, nem um centavo a mais. Tinha acumulado uma pequena fortuna, é verdade, mas estava cada vez mais sozinho e recolhido.

"Só mais uma vez", pensou o coronel, deitado em sua cama, de madrugada. "Só mais uma vez eu queria ter o poder de vida e morte em minhas mãos."

— A maior ameaça vem de quem está mais perto de você — uma voz ecoou em sua mente. — Nossa! Que pensamento estranho! Mas é verdade. O führer nunca se cansava de dizer isso: meu amigo é meu maior inimigo. E meu inimigo sempre será o meu maior amigo!

Ele levantou-se, foi para a sua escrivaninha, e começou a escrever uma carta.

— Agora você vai ver só, seu judeu metido.

Ao terminar a carta, estava mais aliviado. Deitou-se novamente e dormiu.

O final de 1963 chegou e os Wolf foram passar as férias na Argentina. Foram para Bariloche esquiar e na volta ficaram três dias em Buenos Aires.

Aproveitando que o coronel estava em Buenos Aires, Renata fez um convite.

— Vamos, coronel, venha jantar conosco!

— Não, obrigado. Não estou me sentindo muito bem hoje.

O coronel começou a nutrir um ódio já esquecido por Isaac, que, apesar de toda a aparência, continuava sendo judeu.

— O que foi, tio Wolfgang? — perguntou Maurício.

— Não é nada. Só indisposição.

Logo que saíram, Marcos disse:

— Papai, mamãe, nós vamos ao Café Tortoni, não é?

— Isso mesmo. Por quê? — indagou o pai.

— Quero ver o controle de caixa da loja. É coisa rápida, vão na frente e eu pego um táxi em seguida.

— Marcos, deixe disso! Vamos curtir a noite. Você já viu o humor do Wolfgang, não viu?

— Ah, deixa ele comigo, mamãe. Vão. Logo, logo estarei com vocês.

— Tudo bem, então até já — e o pai chamou um táxi e os três foram para o café.

Marcos voltou para a loja e pediu para falar com o coronel. Ele passou pela pesada porta de ferro que dava para o cofre e seguiu em direção à sala privativa de Wolfgang.

— Em que posso ajudá-lo, rapaz?

— Senhor, gostaria de falar sobre algumas coisas.

— Que formalidade é essa, garoto? Sente-se e vamos beber um trago.

— Obrigado. Eu queria saber coisas sobre o passado.

— Ah, meu jovem. O passado só nos assombra — retorquiu, servindo uma dose generosa de uísque para Marcos.

— Quem é Isaac?

O coronel ficou mudo e a sua expressão mudou.

— Quem mandou você perguntar isso?

— Ah, então você o conhece? Me diga, quem ele é?

— O que ganho se disser?

— Não sei! O que o senhor quer ganhar? O senhor já tem tudo!

— Pois vou lhe dar o que quer e ganharei o que quero. Mas não será hoje — respondeu o coronel.

— Como assim?

— Este é o meu último trunfo, minha cartada final. Minha garantia de que minha vida não terá sido em vão. Espere, garoto, tenha paciência. Já estou velho, ranzinza e doente. Minha hora está chegando.

— Ora, pare com isso! Mas sinceramente eu não entendi nada do que está dizendo.

— Marcos, vá embora. Seu pai deve estar esperando por você — o coronel levantou-se com dificuldade da poltrona e despediu-se do garoto com um aperto de mão. — Vá!

— De forma alguma! Agora quero saber quem é Isaac! Já ouvi várias vezes meu pai chamando-lhe de coronel em vez de Wolfgang. Quero saber de tudo!

— Quem você pensa que é? — gritou o coronel. — Você é apenas um garotinho mimado e arrogante que não sabe nada sobre a vida! Você devia estar num campo de concentração agora! Saia antes que eu lhe mate!

Marcos saiu sem entender nada. E ainda ouviu o senhor Wolfgang cantando bem alto um hino alemão de guerra.

161

Depois encontrou o senhor Eduardo, o gerente da loja, em sua sala.

— Senhor Eduardo, está havendo algum problema por aqui?

Eduardo ficou sem graça, mas achou prudente contar a verdade.

— Senhor Marcos, o senhor Wolfgang está um tanto diferente.

— Vamos, me conte o que há, sem enrolação! Já estou farto de meias palavras!

— Bem, ele tem espantado alguns clientes de etnia judaica e nos proibiu de vender as joias para eles.

— Meu Deus! E por que vocês não nos comunicaram isso? Nós somos os donos desta loja! Temos que saber de tudo! — indignou-se Marcos.

— Senhor Marcos, me perdoe, mas é que tudo tem evoluído de forma tão repentina e está cada vez pior. Além disso, ele sempre nos disse que esta loja é dele, por isso não sabia o que fazer.

Marcos ficou pensativo, respirou fundo sob o olhar atento das quatro vendedoras, que fingiam não prestar atenção à conversa.

— Senhor Eduardo, quero que ligue para mim diariamente para relatar tudo o que o senhor Wolfgang fez durante o dia. Aqui está o meu telefone particular de casa. Me ligue pontualmente às cinco horas da tarde. Se eventualmente eu não estiver em casa, ninguém atenderá e o senhor deverá ligar novamente a cada vinte ou trinta minutos até eu atender, mesmo que tenha de fazer isso de sua casa, entendeu? Vou tratar desse assunto pessoalmente. Não quero preocupar meu pai. Isso fica entre nós.

— Sim, pode deixar. Desculpe-me por alguma falha ou omissão, senhor, não foi a minha intenção.

— Tudo bem, não foi culpa sua. Comece a ligar para mim dentro de três dias. Adeus, senhor Eduardo.

Marcos saiu atordoado. Já o coronel, dentro de sua sala, deu um largo sorriso e disse:

— Tenente, agora vamos preparar o contra-ataque!

Marcos chegou ao Café Tortoni e encontrou com os pais.

— Olá, filho. Você está bem? Parece pálido.

— Tudo bem, mãe. Onde está Maurício?

— Foi ao toalete. O que vai querer?

— Não sei. Passe-me o cardápio, por favor...

A família deliciou-se com drinques e aperitivos antes de irem ao restaurante para comer o melhor filé de Buenos Aires. No dia seguinte, voaram para o Rio de Janeiro, mas Marcos estava com a cabeça cheia.

"— Você devia estar num campo de concentração agora."

— Marcos não parava de pensar no que Wolfgang disse naquele surto de fúria em seu escritório.

E como ele aprendera a duras penas que não podia confiar em ninguém, muito menos em sua própria família, não comentou o ocorrido com ninguém. Se Eduardo contasse isso para o pai, ele poderia perder a oportunidade de descobrir quem era Isaac, mesmo não entendendo o que estava acontecendo. Só sabia que havia uma rede complexa de mentiras e que o único que parecia não saber de nada era ele mesmo.

capítulo 21

Na primeira vez em que Eduardo ligou para Marcos, não houve nada de novo.

— Senhor, o dia foi calmo. Algumas vendas muito boas e o senhor Wolfgang ficou quase o dia todo em sua sala. Perguntou se algum judeu apareceu por aqui durante o dia, e eu disse que não. Foi só.

— Muito bem, Eduardo, vamos continuar com esses informes. Até amanhã e boa noite.

Na semana seguinte, Eduardo ligou para Marcos com uma novidade assustadora.

— Senhor, recebemos hoje uma lista negra. São sobrenomes de pessoas para as quais estamos proibidos de vender as joias, sob qualquer hipótese. Há catorze sobrenomes nessa lista.

— Tem certeza? Não se enganou com as instruções do senhor Wolfgang?

— Não. Ele disse e repetiu para que todos da loja entendessem. Se alguém vender para alguma dessas pessoas, será demitido na mesma hora.

— E são todos judeus?

— Sim, senhor — respondeu Eduardo. — Antes mesmo de ligar para o senhor, verifiquei os sobrenomes ligando para uma amiga que é voluntária em um centro de assistência a judeus refugiados da guerra. Se o senhor Wolfgang descobrir isso, estou liquidado!

— Calma, Eduardo. Apenas me mantenha a par de tudo. Vou pensar em algo e até o final do semestre resolveremos esse problema.

À noite, Marcos encontrou-se com Antônio no astral.

— Amigo, estou angustiado! Por que você não me ajuda? Sei que você sabe de tudo o que está acontecendo! O que foi que eu fiz de tão mau para justificar o seu silêncio? Quem é Isaac? O que está acontecendo com Wolfgang? Sinto que meus pais me escondem um segredo muito grande! Sinto-me tão mal!

— Meu filho querido, posso lhe adiantar que Wolfgang carrega uma interferência extremamente negativa. Trata-se de um obsessor que antes era o seu melhor amigo, mas foi traído e morto por Wolfgang. Esse espírito perturbado quer vingança e traz junto de si toda uma legião a qual ele pertence. Quanto a Isaac, você descobrirá a verdade sobre ele na hora certa.

— E qual é a hora certa? — Marcos estava inconsolado.

Antônio olhou bem para o jovem e disse:

— Não tente amadurecer antes do tempo. Entregue o problema a Deus e tenha confiança de que você está no caminho correto para o seu aprendizado, mesmo passando por vias tortuosas. Apenas lembre-se de que você é quem percorre o caminho, portanto tudo o que ocorrer em sua existência é de sua responsabilidade. Nunca diga que foi traído por Deus e pelo mundo, pois vejo muita mágoa e raiva em você e em muitos outros que ficam perdidos em crenças e lamentações, culpando o mundo por suas frustrações e não assumindo o próprio destino com coragem e garra.

— Mas e quanto a Wolfgang? Me parece que ele sempre fez tudo em sua vida assumindo suas próprias responsabilidades. Por que ele está sendo obsidiado? Se ele consegue ser dono de seu destino, como fica à mercê de um espírito do mal?

Antônio riu.

— Mal do seu ponto de vista, meu querido. A moralidade da mente humana não é a mesma daqui — e continuou: — A obsessão só ocorre quando há afinidade, nunca acontece ao acaso. O espírito que se sente traído e Wolfgang têm algo em comum, que os atraem de forma tão forte a ponto de continuarem com esse vínculo que é mais forte do que a amizade, inimizade, raiva, o rancor ou qualquer sentimento que exista entre esses dois seres.

— Como podemos ajudá-los?

— Apenas mandando boas vibrações. Mandar luz para que esses espíritos, encarnados e desencarnados, possam se libertar dessa energia de ódio.

— Depois que eles conseguirem se libertar desse ódio, o que acontece?

— A obsessão acaba.

— E depois?

Antônio estranhou a pergunta.

— Depois o quê?

— Como assim, Antônio? Depois que um deles quebrar o ódio que os une, o que ainda precisa ser feito para quebrar toda essa cadeia enorme de obsessão, que pode durar até encarnações inteiras?

— Nada! Simples assim!

Marcos ficou perplexo com a simplicidade da coisa toda. Começou a rir e disse:

— Eu imaginava tanta coisa! Rituais complexos para quebrar demandas, banhos e óleos para limpeza e até mesmo o sacrifício de animais para apaziguar o espírito obsessor.

— Sei que você imaginava isso. É o que a maioria imagina e faz. Entenda, filho, de que adianta a pessoa tomar banho, ficar limpa e cheirosa, se adora almoçar no chiqueiro? Só quando ela deixa de alimentar o que a une ao obsessor é que estará livre. Para isso, é preciso ter muita consciência do que está trazendo e atraindo para si mesma.

— Confiarei que meu caminho está certo, meu amigo. — Marcos estendeu as mãos em direção ao seu mentor, que as segurou carinhosamente. Sem que precisassem dizer nada, mandaram muita luz para Wolfgang e a legião de espíritos, que o assombrava com todo o ódio que os unia contra os judeus e que tanto unia o coronel ao tenente e a outros soldados alemães desencarnados.

— Permaneça no bem, acredite somente no bem. Tudo será revelado no momento certo — finalizou Antônio.

Marcos acordou num sobressalto. Estava exausto. Dessa vez não se lembrava de nada sobre seu o encontro com Antônio no astral.

Dois meses passaram-se e Eduardo ligou mais uma vez para Marcos, relatando o seu informe diário.

— Olá, senhor, boa noite. Hoje o senhor Wolfgang acrescentou os Kohen e os Gold na lista negra.

— Preciso de uma cópia atualizada dessa lista. Poderia me enviar pelo malote aéreo amanhã cedo?

— Sim, senhor. Logo pela manhã. Mais alguma coisa?

— Não, por hoje é só. Obrigado e boa noite, Eduardo.

— Boa noite, senhor. Até amanhã.

Eduardo desligou o telefone e reclinou-se sobre sua cadeira soltando um longo suspiro. O dia havia sido longo.

— Algum problema, senhor Eduardo?

— O quê? — o gerente da loja virou-se e seu coração disparou ao ver o coronel em pé, logo atrás dele.

— Me desculpe, senhor Wolfgang, o senhor me assustou. — Eduardo ficou ofegante, com a voz trêmula e com a respiração curta. Estava apavorado.

— Presumo que o senhor me destituiu do cargo de seu chefe, não é mesmo? — e o coronel fechou a porta da sala do gerente.

— De jeito algum, senhor.

— Entendo... O senhor sabe do que eu brincava quando era criança, lá na Alemanha?

— Não, não senhor — Eduardo estava afundando o seu corpo na cadeira.

— Eu adorava brincar de explorador. Entrava nos bosques e imaginava que estava na África. Eu tinha um estilingue e caçava qualquer coisa que se mexesse. Assim que fiz catorze anos, minha pátria entrou em guerra. A Grande Guerra. Fiquei tão bom na arte de atirar pedras, que achei que seria fácil atirar balas com fuzis. Lutei em 1917 e 1918. Fui soldado raso, mas recebi uma medalha de honra por ter matado um franco-atirador que estava na torre de uma igreja. Eu o vi lá no alto, mirei, respirei bem fundo e... Bang! — o coronel imitou o barulho da arma disparando. — Eu o peguei. Ele já havia matado uns dez soldados nossos.

— Puxa, senhor Wolfgang, o senhor é um herói — disfarçou Eduardo, sem saber o que falar.

— É, fui mesmo. Mas agora sou só um velho tolo, que está sendo passado para trás. Agora minha brincadeira será atirar na cabeça do gerente — e puxou uma pistola de sua cintura, encostando o cano da arma engatilhada na testa de Eduardo. — Tchau, tchau, Eduardo.

— Não! Por favor! — suplicou o gerente, tremendo e com os olhos fechados.

— Quem estava do outro lado da linha? — perguntou o coronel, em alemão.

— Me desculpe, eu... Eu... Eu não entendo — gaguejava Eduardo, chorando.

— Quem estava do outro lado da linha? — gritou o coronel, dessa vez em espanhol.

— O senhor Marcos! Ele me obrigou a ligar para contar o que o senhor fazia na loja. Foi só isso, eu juro! Por favor, senhor Wolfgang, por favor, não me faça mal!

As vendedoras ouviram a gritaria dentro da sala do gerente e ficaram assustadas.

— Senhor Eduardo, o senhor está... — e um estampido soou pela sala.

O coronel havia virado bruscamente e atirado em Daniela, uma das vendedoras que havia aberto a porta para ver o que estava acontecendo.

— Meu Deus! — Eduardo estava aterrorizado.

Imediatamente o coronel voltou-se para o gerente e olhou para o lado, dizendo para o espaço vazio:

— E agora, tenente? O que faremos?

Então o coronel simplesmente encostou a arma contra a cabeça de Eduardo e puxou o gatilho.

As outras vendedoras saíram gritando e correndo pela rua, e o segurança entrou armado com um revólver, mas, ao ver o senhor Wolfgang, abaixou a arma, pois não sabia que o problema era ele.

Sem titubear, o coronel atirou contra o segurança e caminhou tranquilamente até a sua sala. Pegou uma correspondência no cofre e uma bandeira que estava dobrada. Caminhou para a saída, passando pelos corpos do segurança e de Daniela. Saiu vinte segundos antes da chegada de uma viatura da polícia, que foi acionada pelos vizinhos que ouviram os tiros e a gritaria no interior da joalheria.

Wolfgang postou a carta em uma caixa de correios e foi caminhando até a padaria do senhor Rosenberg, um judeu que fez fortuna depois de fugir da guerra e ir com a família para a Argentina.

— Senhor Rosenberg? — o coronel o chamou, ao entrar na padaria.

— Sim. Posso ajudá-lo?

— Pode — e atirou à queima-roupa contra o homem. Depois colocou o cano da pistola em sua têmpora direita e fez o último disparo de sua vida.

Na manhã do dia seguinte, ainda bem cedo no Rio de Janeiro, Isaac recebeu uma ligação de Buenos Aires. Ele achou que era o coronel, mas assim que ouviu a notícia do outro lado da linha, conseguiu apenas balbuciar algumas palavras.

— O que... O que você está dizendo? — Isaac quase deixou o telefone cair ao receber a notícia da tragédia em sua loja.

— Pedimos ao senhor que venha até Buenos Aires o quanto antes. Há muita coisa para ser acertada e esclarecida. Fique tranquilo que não há nada contra o senhor. Nenhuma acusação, senhor Wolf — relatou o delegado Martínez.

— Sim, sim, eu sei. Vou pegar o primeiro voo. Se possível, ainda hoje estarei aí. Como faço para encontrar-me com o senhor?

— Não se preocupe. A loja está protegida por dois policiais constantemente. Assim que o senhor chegar, serei avisado.

Isaac estava em seu escritório, na baía de Botafogo. Maurício estava em São Paulo e Marcos, na loja de Ipanema. Logo após a ligação do delegado Martínez, Isaac saiu imediatamente e foi para casa. Renata não estava lá.

— Que diabos! Ninguém fica aqui? — enfureceu-se Isaac.

Ele pegou o telefone e ligou para a loja de Ipanema.

— Alô, é o senhor Wolf, meu filho está aí?

— Ele não está — respondeu a atendente da loja.

— Que droga! Onde ele está? — gritou.

— Foi visitar uns concorrentes, senhor — a moça ficou com as mãos trêmulas com a grosseria do patrão.

— Mande-o para casa imediatamente assim que ele chegar. Ouviu? Imediatamente! — ordenou, desligando o telefone bruscamente.

— Dona Zinha? Dona Zinha? Venha aqui! — Isaac chamou a empregada.

— Pois não, seu Albert.

— Dona Zinha, tenho que viajar agora. Chame um táxi. Vou pegar umas roupas e escrever um bilhete para Renata. Você deve entregá-lo a ela.

— Sim, senhor.

Isaac ligou para o aeroporto e foi informado de que o próximo voo seria o da Panair. Ligou para a companhia e reservou a passagem. O táxi já o esperava na frente de casa.

Em menos de duas horas após a ligação, Isaac estava voando para a Argentina.

capítulo 22

Assim que abriu os olhos, Siegfried Strauss tentou entender o que estava acontecendo. O céu estava escuro, mas não era noite. Havia uma fuligem espessa que cheirava a óleo diesel. Ouviu também um barulho aproximando-se.

— Será que é um de nossos tanques? — supôs ele, sem muita lógica.

— Olá! São vocês? Sou eu! Zig! O coronel Siegfried — gritou para o que achou ser um grupo de soldados alemães.

O coronel olhou para o grupo que se aproximava e viu que eram todos soldados, mas sem rosto. Apenas um buraco entre os capacetes e a gola da camisa.

Ele saiu gritando e mergulhou em algo pastoso. Ao olhar para baixo, estava em uma poça de sangue misturado a ossos humanos e lama.

— Não! Não! Me ajude, por favor, me ajude!

— Por aqui, coronel!

Com muito esforço, ele saiu da poça um pouco antes dos soldados chegarem até ele e dirigiu-se até o homem que o chamava.

— Tenente Klaus?

— Vamos, precisamos sair daqui — ordenou o tenente.

— Onde estamos?

— Onde? Onde? — o tenente levantou-se e começou a rir muito alto e, em seguida, olhou para o coronel e respondeu: — Estamos exatamente no lugar para onde você me mandou, seu imbecil!

— Não, não pode ser! — o coronel abaixou-se como uma criança, cobrindo a cabeça com as mãos.

— Se quiser sair daqui, venha comigo, senão apodreça no inferno — e o tenente começou a metralhar os soldados que mais se pareciam com zumbis do que com qualquer outra coisa.

O coronel foi atrás do tenente, até que chegaram a uma caverna.

— Isto aqui é o inferno? — perguntou o coronel, sem perceber que usava o seu antigo uniforme nazista.

— Não sei, coronel. Seja o que for, aprendi a sobreviver por aqui. Parece que vim para cá há séculos.

— Não seja tolo. Foram... — e o coronel parou de falar. — Eu não sei... Minha cabeça está confusa, não sei quanto tempo faz que você veio para cá. Nem sei quanto tempo faz que estou aqui. Por favor, me ajude — suplicou o coronel, pegando o tenente com ambas as mãos e escorregando lentamente até o chão, chorando.

— Vamos, coronel! Reaja! Aqueles imundos estão chegando — e o tenente rangeu os dentes de tanto ódio que sentia por dentro, mas ele nem se dava conta de que não havia nada que os ameaçava por lá e sim as suas próprias ilusões e trevas; seu próprio ódio e rancor.

O coronel reagiu imediatamente, e qualquer remorso ou perdão que começava a despontar em si a respeito do destino do tenente e de todos a quem ele prejudicou sumiu, dando espaço ao antigo e velho conhecido ódio.

— Vamos, tenente, como nos velhos tempos!

— Vamos, coronel!

173

Os dois saíram correndo, disparando contra bandos e bandos de soldados zumbis, com metralhadoras cujas balas nunca acabavam e com infinitos inimigos, que, como disse o coronel, eram seus amigos agora. Era o seu propósito de existência nesse limbo particular.

Isaac desembarcou em Buenos Aires e foi diretamente para a loja. Chegando lá, encontrou um carro de polícia na frente do estabelecimento, muitos repórteres e alguns policiais.

— Eu sou Albert Wolf, sócio de Wolfgang — apresentou-se a um dos policiais.

Ao ouvirem isso, um grande número de repórteres foi para cima dele.

— Por que ele fez isso? O senhor tinha alguma desavença com ele? Ele era louco? Por que o senhor não fez nada para evitar que essa tragédia acontecesse? Ele era alemão? Ele tinha alguma coisa contra os judeus? — perguntavam sem parar os repórteres, até que um deles fez a pergunta que Isaac mais temia. — Ele era nazista?

— Senhores, sem comentários! Estou tão perplexo quanto os senhores. Estou chocado. O senhor Wolfgang era um ótimo homem e nunca demonstrou nada anormal. Tinha excelentes contatos e grande parte de seus melhores amigos eram judeus. Agora com licença — Isaac entrou na loja com a ajuda dos policiais.

— Senhor Wolf, por aqui — o policial conduziu-o até a entrada da sala do gerente.

Havia sangue por toda a parte. Era um verdadeiro cenário de terror e guerra. Os corpos já haviam sido retirados e encaminhados para a autópsia, mas todo o local estava preservado.

Outro policial aproximou-se de Isaac e disse:

— Senhor, precisamos saber se algo foi roubado.

— Roubado? Isso não faz sentido algum! Por que Wolfgang roubaria a sua própria loja?

— Me desculpe, senhor, mas são os procedimentos. Apenas verifique se falta algo de valor que possa constar nas investigações.

— Está bem, eu vejo.

Com muito cuidado, Isaac passou por cima de uma poça enorme de sangue e verificou as gavetas do gerente, sob o olhar atento do policial. Nada de anormal. Controles, fechamentos do dia, algumas fotos particulares... Ao olhar na última gaveta, não conseguiu abri-la, pois estava trancada à chave.

— Esta aqui não consigo abrir. Está trancada e não tenho ideia onde o senhor Eduardo guardava à chave.

— Vamos dar um jeito nisso, senhor — disse o policial.

— Carlo? — o policial chamou o companheiro que estava perto da porta de entrada. — Pegue o pé de cabra que está no carro, por favor.

Em dois minutos o policial estava de volta. Entregou a ferramenta ao primeiro oficial, e ele facilmente arrombou a gaveta.

Isaac viu mais papéis lá dentro e não deu muita atenção. Então encontrou uma lista com nomes. Embaixo dela, uma agenda. Assim que a abriu, viu que Eduardo fazia registros diários de alguma coisa.

Data... Descrição do dia... Nomes banidos... Anormalidades. O que era isso? Quando Isaac começou a ler a primeira linha, um policial o chamou:

— Senhor? Este é o delegado Martínez.

— Ah, sim, delegado, muito prazer.

— Sinto muito pelo ocorrido, mas receio que precisamos conversar. A propósito, achou algo? — interrogou Martínez, olhando para os papéis e a agenda nas mãos de Isaac.

175

— Não, só papelada. Controles da loja — deixou a agenda e os papéis em cima da mesa.

— Vamos à sala do senhor Wolfgang.

Ao entrar na sala, Isaac ficou chocado. Logo atrás da confortável poltrona de diretoria do coronel, estava presa à parede uma enorme bandeira do Partido Nazista, com a suástica bem ao centro.

— O senhor sabe algo sobre isto? — questionou o delegado.

— Meu Deus do céu! — exclamou Isaac.

Dessa vez, ele não precisou encenar. Estava realmente atordoado e enjoado com aquilo.

— Ele enlouqueceu! Completamente! Aquele bastardo enlouqueceu! — e Isaac ficou irado.

— Calma, senhor Wolf! Nós também ficamos assombrados com isso. Pode nos dizer se ele já compartilhou com o senhor alguma simpatia pelos nazistas ou pelos grupos radicais alemães?

— Não, delegado, nunca!

— Tem certeza? Afinal de contas, vocês foram sócios, compartilharam muita coisa, enriqueceram juntos, viajaram, enfim, é impossível que em alguma situação ele não lhe falasse ou simplesmente demonstrasse algo.

— Delegado, talvez sim, mas agora não consigo nem respirar direito. Acho que vou vomitar... — e Isaac saiu rapidamente daquele lugar.

Ele já não tinha mais estômago para tudo aquilo, mas dramatizou um pouco para parecer mais assustado do que realmente estava.

Recebeu um copo com água e sentou-se.

— Senhor, só para finalizarmos por aqui, peço novamente que vá até a sala dele para olhar se há algo fora do contexto da loja, algo que possa nos dar uma pista do que aconteceu aqui.

— Está bem, delegado, está bem.

Ao vasculhar o escritório do coronel, não encontrou nada de mais. O cofre estava aberto e vazio. As gavetas continham fotos do coronel em suas viagens pelo Brasil depois de sua transformação de Siegfried para Wolfgang. Nada dos tempos de guerra, a não ser aquela bandeira estúpida. Mas, no fundo de uma das gavetas, havia uma lista escrita em alemão com vários nomes.

— Isto aqui é um controle de clientes. Posso ficar com ele? — perguntou Isaac ao delegado.

O delegado pegou a lista e não entendeu o que estava escrito, apenas viu uma listagem com nomes e não deu mais atenção a ela.

— Tudo bem, pegue o que achar necessário.

Isaac pegou discretamente a agenda e a listagem de Eduardo também.

— Sabe o que é mais estranho? — indagou o delegado.

— Não, delegado.

— O que levou o senhor Wolfgang a enlouquecer assim, de repente? Pelas primeiras informações que obtive das vendedoras que fugiram, ele já estava muito estranho há vários meses. Proibiu a venda de joias a clientes de origem judaica e era cada vez mais estúpido com todos.

— O quê? — espantou-se Isaac.

— E o que mais me chama a atenção é como o senhor, o sócio majoritário, simplesmente não sabia de nada.

— O senhor está me acusando de algo? — irritou-se Isaac.

— Não, não senhor! Perdoe-me, só estou sendo muito sincero. Se o senhor estivesse no meu lugar, como delegado, não lhe passaria esta dúvida em sua cabeça?

— Sim, de fato passaria.

— Precisamos ir para a delegacia agora. Sei que está exausto e talvez até traumatizado com essa situação, mas quanto mais rápido colhermos o seu depoimento e

177

fizermos o reconhecimento dos corpos, mais depressa tudo isso acabará.

Isaac respirou fundo, abaixou a cabeça e teve vontade de chorar.

— Que pesadelo. Vamos, vamos lá.

Marcos chegou animado na loja de Ipanema. Estava acompanhado do gerente da loja, o jovem Sálvio. Entraram conversando e cheios de novas ideias.

— Senhor Marcos, seu pai ligou e pediu para o senhor ligar para a sua casa — anunciou uma das vendedoras.

— Ah, está bem. Vamos almoçar, Sálvio?

— Lógico! Estava esperando o convite!

— Senhor, me desculpe incomodá-lo, mas seu pai disse que é urgente — insistiu a moça, sem graça. — Seu pai parecia assustado.

Marcos olhou para o rosto da moça e notou a sua preocupação.

— Está bem, está bem. Mas se não for nada, você paga o almoço! Só um minuto, Sálvio.

Marcos telefonou para casa.

— Alô, dona Zinha, meu pai está?

— Ai, meu filho, graças a Deus. Corre pra cá! Seu pai foi pra Buenos Aires e sua mãe não chegou ainda. Vixe Maria, mãe de Deus, vem logo.

— Calma! Calma! O que houve?

— Não sei não, seu pai gritou e gritou, procurou por todo mundo, me mandou chamar um táxi, preparou a mala e saiu correndo. Deixou um bilhete pra sua mãe.

— O que está escrito?

— Ô seu Marcos, eu não sei não. Não sei ler, não sabe?

— Ai, ai, ai... Estou indo agora para casa — e desligou o telefone.

— Pessoal, tenho que sair. Não sei o que houve, mas é algo que tenho que resolver. Sálvio, nosso almoço fica para outro dia. Obrigado, senhorita Valéria. Até logo.

Marcos pegou um táxi e foi para casa. Ao chegar, dona Zinha estava na porta com o bilhete nas mãos.

— Toma aqui, filho.

Marcos leu o bilhete e não entendeu nada.

Querida, ocorreu uma tragédia. Zig matou várias pessoas e suicidou-se. Não sei de nada e estou indo agora para Buenos Aires para falar com a polícia. Não se preocupe. Assim que o Maurício telefonar de São Paulo, peça que volte para casa imediatamente e fale para Marcos não sair do lado do telefone. Posso precisar dos dois. Te amo.

"Zig? Quem era? Algum amigo da família?" Marcos ficou segurando o bilhete enquanto pensava no que fazer. Ligou para a filial de São Paulo, procurando por Maurício, mas não o encontrou. Certamente a essa hora ele deveria estar em algum hotel com uma cliente ou alguma prostituta de luxo. Sua mãe provavelmente voltaria somente à tarde depois de passar o tempo com as amigas fazendo compras, nos encontros no clube ou em outra futilidade qualquer. Em seguida, ligou para a filial de Buenos Aires e ninguém atendeu.

"Que estranho! E agora? Esperar é a pior coisa que há", pensou ele.

Marcos até teve a ideia de pegar um avião para Buenos Aires e chegar lá à noite, mas se o seu pai já tinha ido, seria melhor ficar. Além disso, Zig era um nome desconhecido para ele, se bem que o ouvira algumas vezes em conversas pela casa. E ele pensou que o telefone da loja de Buenos Aires podia simplesmente ter sofrido uma pane, coisa muito frequente, especialmente em dias de chuva.

— Calma, Marcos, calma. Fique aqui e espere — disse a si mesmo, ligando o novíssimo aparelho de televisão em cores, importado diretamente dos Estados Unidos, para se distrair um pouco.

Mais tarde, Renata chegou com uma sacola e um chapéu novo. O motorista abriu a porta para ela e retirou as compras do porta-malas para que dona Zinha guardasse tudo.

— Mamãe, papai viajou para Buenos Aires e deixou este recado para você — e entregou-lhe o bilhete.

Renata sentiu o chão abrir-se. Literalmente caiu sentada ao ler o bilhete.

— Mamãe? Dona Zinha, traga água com açúcar, rápido! — gritou Marcos.

— Por quê? Por quê? E agora? Os documentos, os documentos... — ela levantou-se rapidamente, correu para o quarto e trancou-se.

— Mãe! Mãe! O que houve? — berrava Marcos em frente à porta do quarto, tentando abri-la, com dona Zinha ao lado segurando um copo de água com açúcar.

Renata abriu a porta, e dona Zinha entregou-lhe o copo. Ela o jogou longe, quebrando-o em mil pedaços. Saiu descontrolada e foi para a biblioteca. Marcos olhou para dentro do quarto do casal e viu que sua mãe havia revirado todas as gavetas em busca de algo. E Renata fez o mesmo na biblioteca.

— Mamãe, o que...

— Cale a boca, Marcos! Ninguém fala comigo até eu falar com o seu pai! — Renata sentou-se em uma poltrona ao lado do telefone, respirando rápido e, ao que parecia, rezando.

Marcos subiu para o quarto e deitou-se. Estava com dor de cabeça e suas costas doíam por causa do estresse que passou. Ficou quieto por uns quinze minutos, até começar a acalmar-se.

"Eu moro em um hospício", pensou.

— E quem não mora? — disse uma voz conhecida.

— Karl? Olá! Você sabe o que está acontecendo?

— Sei tanto quanto você, meu amigo.

— É. Tem algo que meus pais escondem de mim. Algum segredo muito grande.

— Marcos, só sei que você pode se ajudar e ajudar a mim também. Vá para Dachau e Auschwitz.

— Lá vem você de novo com essa história, Karl! Desde pequeno você pede isso para mim e, quando eu quis ir, quase apanhei do meu pai e da minha mãe.

— Então, não vê? Se eles não o querem lá, é porque deve ter alguma ligação com esse tal segredo, não acha?

— Não sei... Acho que não. Por enquanto, só quero entender o que está acontecendo.

— Lembre-se, Marcos, estamos juntos nisso.

— Sim, amigo, juntos.

Ao escutar o telefone tocar, Marcos levantou-se assustado e correu para o andar de baixo. Renata atendera o telefone em apenas um toque.

— Alô! Sim, querido... Meu Deus... O quê? Como? Não, não pode ser! E agora? A polícia está envolvida, não é? — até que Renata sussurrou. — E os documentos? Os nossos documentos antigos: meu passaporte italiano e o seu holandês? Acha que eles podem nos descobrir? Entendo... Está bem, meu amor, eu te amo muito também! Sim, vamos sair dessa, como das outras vezes. Eu te amo, até mais.

— O que aconteceu, mamãe? — perguntou Marcos, aflito.

Dona Zinha e a copeira estavam escondidinhas atrás da parede, que dava para outra sala, tentando ouvir tudo.

— Wolfgang matou-se lá em Buenos Aires — respondeu ela secamente.

— O quê? — Marcos não podia acreditar. — Por quê?

— Como é que eu vou saber?

— Ele não deixou uma carta? Nada?

— Parece que não. Seu pai está cuidando de tudo e vai nos contar quando chegar de viagem. O melhor a fazer agora é não falar nada para o seu irmão até ele voltar. Amanhã você retoma as atividades na loja como se nada tivesse acontecido. Não quero piorar a situação, pois a divulgação dessa tragédia está prestes a acontecer. Ainda bem que foi na Argentina, pelo menos não nos afetará muito.

— Você está mais preocupada com o prestígio da joalheria do que com o amigo que se foi, mãe?

— Esse amigo, como você o chama, não pagava as nossas contas e agora fez o possível para arruinar o nosso negócio. Como quer que eu me sinta? Por favor, Marcos, me deixe sozinha um pouco — Renata preparou uma boa dose de vodca pura e bebeu.

Marcos achou melhor não perguntar nesse momento por que Wolfgang era conhecido como Zig. Ele faria de tudo para descobrir isso mais tarde.

— Vou sair, mãe.

— Aonde você vai?

— Por aí.

— No meio de todo este caos?

— Ora, mãe, ninguém me fala nada, você não me quer por perto, só vou para a loja amanhã. O que quer que eu faça?

— Faça o que bem entender de sua vida, seu ingrato! — bravejou a mãe, já meio bêbada. — Mas se vire, porque o carro fica aqui.

E Marcos saiu muito irritado.

No dia seguinte, os repórteres já batiam na mansão dos Wolf, assim como no escritório central.

— Ninguém diz uma palavra. O único autorizado a falar em nome das empresas Wolf é o senhor Albert, meu pai — instruiu Marcos para a pequena diretoria e a equipe de gerentes, convocadas às pressas para que tivessem o mesmo argumento.

O próprio Marcos não declarou nada à imprensa.

— Meu pai esclarecerá tudo — comunicou Marcos aos jornalistas.

— Mas, senhor, e os assassinatos? Wolfgang era nazista? Por que ele matou um judeu? — perguntou um dos repórteres na multidão de microfones, que se formou em torno dele.

— O quê? — Marcos não entendeu nada. — Como assim? Pode repetir a pergunta?

O repórter repetiu e os demais questionaram sobre os assassinatos entre outras perguntas.

— Por que o seu sócio mataria o gerente da loja? E a bandeira nazista? Seu pai foi nazista? Você apoia o antissemitismo?

Marcos não sabia o que responder. Simplesmente empurrou todos à sua frente e saiu correndo em direção a um táxi.

— Vamos, acelere, saia daqui! — pediu ao motorista, ao entrar no carro.

— Para onde, rapaz?

Marcos passou o endereço de Aninha para o taxista.

capítulo 23

Em todo o Brasil, a história da tragédia ocorrida em Buenos Aires rendia várias manchetes nos jornais e revistas. Na cidade de São Paulo não foi diferente. Assim que Sabrina viu a foto de Marcos estampada no jornal, com cara de desespero e com a manchete "Família Wolf acusada de encobertar nazistas", procurou um telefone para ligar para Marcos. Ela tinha o telefone da casa dele, mas não o do seu quarto.

Nunca mais o vira desde que eles tiveram um namorico há muitos meses. Na verdade, não passou de uma pequena aventura entre jovens. Uma única semana, cidades diferentes, classes sociais distintas. Mas o ocorrido no centro espírita do seu Jorge ficou marcado em sua memória. Ela insistiu até a chamada cair. Ninguém atendia. O que ela não sabia era que os Wolf pararam de atender aos telefonemas, tamanho o número de chamadas de repórteres e curiosos.

Escreveu uma carta no instante seguinte, foi até o correio e a enviou. Pediu a todos os guardiões do bem que o acompanhassem nessa dura jornada.

Finalmente Isaac voltou de Buenos Aires três dias depois de sua partida. Tinha feito tudo o que foi necessário, até mesmo liberar o corpo e enterrá-lo sem cerimônia e com a máxima discrição possível em uma cova no Cemitério da Recoleta, gastando uma pequena fortuna para isso. Pegou todo o estoque da loja e deixou-o depositado em um banco argentino sob custódia da lei. Só seria liberado depois do julgamento da responsabilidade da empresa Wolf nas mortes dos funcionários. Mas não havia nada contra Isaac. Ainda.

— Querido! Que pesadelo horrível! — comoveu-se Renata ao recebê-lo de braços abertos.

— Nem me fale. Onde estão os meninos?

— Marcos está no escritório e Maurício chegou ontem de São Paulo, assim que descobriu tudo pelos jornais.

— Vamos fazer uma pequena reunião hoje à noite aqui em casa — Isaac dirigiu-se para o quarto para tomar um banho e descansar um pouco.

Assim que Marcos e Maurício voltaram, Isaac desceu e cumprimentou os filhos. Chamou Renata e os quatro sentaram-se nas poltronas da biblioteca.

— Meus filhos, querida esposa. Nosso império está ameaçado — Isaac não olhava para ninguém. Estava com os olhos em um ponto fixo à sua frente — Wolfgang teve um surto nervoso ou seja lá como os psiquiatras classificam isso e enlouqueceu. Tudo o que os jornais falam que aconteceu é verdade. Ou melhor, quase tudo. Já inventaram até que havia uma foto de Hitler em seu escritório e que ele adorava Satã. Mas, em linhas gerais, o que dizem é verdade.

— Por que ele fez isso? Não deixou um testamento, uma carta? — perguntou Renata.

— Nada! Absolutamente nada.

Um peso enorme caiu sobre todos ao ouvir o relato narrado pelo próprio chefe da família. Marcos queria esconder o fato de que pedira a Eduardo os relatórios dos clientes banidos.

Isaac e Renata queriam esconder suas identidades a qualquer custo. Só mesmo Maurício é que tinha medo de perder o luxo, a riqueza e o padrão de vida que sempre teve em sua vida.

— O que faremos então? — indagou Marcos.

— Por enquanto, deixar a poeira baixar. Semana que vem, vou levar sua mãe para Teresópolis para descansarmos um pouco. Até lá, resolvo tudo. Imprensa, advogados, procuradores, tudo. Quero vocês dois longe do escritório central. As lojas continuam abertas, como sempre. Sem estardalhaço, sem liquidações, sem lançamentos. Passaremos um período de recesso, mas, se planejarmos bem, será rápido. Maurício, logo após a minha partida com sua mãe, você deve ir para Salvador para cuidar das importações de pedras que já havíamos fechado da África. E você, Marcos, deve ir para São Paulo e fazer presença na loja. Fique um pouco, depois saia. Volte depois de uma ou duas horas. O importante é que pareça despreocupado.

Os garotos concordaram.

— Querido, precisamos conversar a sós — murmurou Renata.

— Eu sei. Vamos subir. Garotos, é só. Amanhã viramos a página. Vamos Rê, vamos para o quarto.

Marcos e Maurício permaneceram na sala.

— E agora, Marquinhos? Será que foi tudo por água abaixo?

— Pare com isso! Lógico que não! Além do mais, não foi culpa nossa. Wolfgang era só um sócio e nós nem nos víamos muito. Vamos fazer o que papai falou e estará tudo bem. Ah, me lembrei de uma coisa. Você conhece algum Zig?

— Não, ninguém que eu me lembre. Bom, agora vou jantar. Quer me acompanhar?

— Sim, quero.

Durante o jantar, os irmãos ficaram em silêncio, buscando alguma coisa engraçada ou divertida para falar, mas nada lhes vinha à cabeça. Finalmente Marcos falou:

— Ontem fui ver Aninha.

— O quê? Para quê? — espantou-se o irmão.

— Só queria saber se ela estava bem, mas ela não parou de perguntar por você.

— E o que você falou?

— A verdade. Que você é um canalha — e Marcos olhou para o irmão muito seriamente.

Maurício ficou sem expressão alguma. Depois de alguns instantes, começou a rir. — Puxa, Marquinhos, você sabe me deixar sem graça! E o pior de tudo é que você tem razão, sou mesmo um canalha — e riu mais ainda, como se isso fosse um grande elogio para a sua prepotência machista.

— Ela está arrasada, Maurício. Dê uma chance a ela.

— Chance? Quando puder, passo por lá, e darei um presente legal para ela. Mas não vou me prender a uma menininha de periferia, não é?

— Ela ainda acha que você está apaixonado por ela e que um dia vai pedi-la em casamento. Tem a ilusão de que está trabalhando como um louco, por isso não fica aqui no Rio. De qualquer forma, vou continuar a vê-la.

— O azar é seu. Mas cuidado, se eu estalar os dedos, ela volta correndo para mim. E lhe asseguro, se você e ela começarem a namorar, provo como ela volta para mim rapidinho.

— Você é mesmo um nojento! — Marcos levantou-se da mesa de jantar e foi para o quarto.

Na semana seguinte, cada um tomou seu rumo. Marcos, como de costume, viajou de avião, ficou no mesmo hotel e pegou emprestado o carro da loja para movimentar-se pela cidade de São Paulo.

Em Teresópolis, o casal Wolf tomava conhaque em frente à lareira acesa.

— Tinha me esquecido de como é bom estar aqui nas montanhas.

— Querido, e agora?

— Agora só nos resta acabar com qualquer evidência que nos ligue à época da guerra. Ainda tenho alguns passaportes falsos com diversos nomes e papéis de liberação de entrada no Brasil. Nem valem mais, mas ficaram comigo por via das dúvidas e estão guardados em uma caixa. E você?

— Não deixei mais nada em casa. Trouxe tudo o que achei, até este álbum com fotos antigas de quando estávamos na Europa. O resto dos documentos ficou com você. E toda aquela papelada de quando vendi os bens do Rudolph ficou na Alemanha — completou Renata.

— Então não se preocupe. O pouco que restou por lá já virou cinzas. Vou pegar tudo o que tenho no sótão. Na casa do Rio não temos mais nada. O álbum de fotos antigas e os meus diários eu trouxe para cá. Já volto.

Isaac voltou com uma grande caixa. Nela havia documentos, mapas, diários e passes de entrada em países amigos.

— Não precisaremos nunca mais disto aqui. Diga adeus ao passado — ele começou a jogar os documentos, um a um, na lareira, para que queimassem.

Renata assistiu ao passado que se transformava em pó.

— Querida, não se preocupe. Tudo que poderia nos denunciar está aqui. Os nazistas estão mortos ou esclerosados. Mesmo se alguém falasse, seria a palavra de um velho contra a nossa. Só tem uma coisa que ainda está muito estranha.

— O que é?

— Isso aqui, querida — Isaac entregou a Renata a planilha com a lista de nomes dos clientes proibidos de comprar na loja e o diário de Eduardo, o gerente da loja de Buenos Aires.

— O que isso significa? — intrigou-se.

— Este é o problema, Rê. Eu não sei. Encontrei a lista na sala do coronel e o diário de Eduardo estava trancado em uma gaveta. Mas veja, ele fazia um relatório diário sobre o coronel. Eu acredito que Eduardo deveria estar passando essa informação para alguém.

— Mas para quem?

— Não faço ideia, mas vou pensar em um jeito de descobrir.

De repente, Renata aproximou-se do marido, beijando ardentemente a sua boca — Você é o homem da minha vida.

— Eu sempre te amei e sempre estarei com você — e Isaac beijou amorosamente a esposa.

Marcos antecipou seu retorno de São Paulo. Ao chegar em casa, Marcos foi recepcionado por Bolota e por dona Zinha, que não o esperava.

— Ai, meu filho, não fiz nada pra comer! Você não me falou que viria hoje!

— Calma, dona Zinha. Gostaria que continuasse assim, que ninguém soubesse que voltei. Tudo bem por aqui?

— Bom, seu Marcos, um montão de repórter apareceu aqui, mas eu nem atendi. Eles desistiram de ficar aí na frente. E o telefone ainda está desligado. Só o particular do senhor, do Maurício e do quarto de casal funcionam, mas como ninguém tem esses números, eles vivem mudos.

— Ótimo! Aos poucos vamos tendo paz aqui nesta casa. A senhora tem separado as correspondências?

— Seu Marcos, não vou mentir para o senhor. Depois de toda essa confusão, uma pilha de cartas chegou. Eu botei tudo numa caixa na cozinha.

— Está tudo bem, a senhora fez muito bem. Pode pegar a caixa, por favor? Eu mesmo posso separá-las.

A empregada foi até a cozinha e trouxe uma caixa de papelão com muitas correspondências.

— Nossa, quanta coisa! — espantou-se. — Vou ficar aqui no chão da sala. Obrigado, dona Zinha.

"Vamos lá...", pensou. "Contas da casa... Cartas de amigos se solidarizando com o ocorrido... Cartas dizendo que os Wolf abrigam nazistas... Outra dizendo que somos assassinos... Realmente tem gente que não tem mesmo o que fazer!"

O jovem continuou folheando as correspondências sem prestar muita atenção ao que lia até que viu uma em seu nome. Pegou-a e virou-a para ver o remetente. Não havia nada escrito.

Havia sido postada de Buenos Aires. Era um envelope maior que o usual, relativamente grosso. Seu coração disparou. Ele já imaginava quem havia sido o remetente. Ao abrir, tirou uma carta, escrita em alemão, uma foto, uma medalha e algumas instruções escritas em outro papel, incluindo um desenho feito a mão parecido com mapas de lugares. Por fim, tirou uma insígnia do exército alemão, que foi cortada com tesoura de algum uniforme.

Marcos não sabia por onde começar. Suas mãos tremiam. Ele respirou fundo e abriu a carta. Criou coragem e começou a lê-la.

capítulo 24

A quem possa interessar:
Eu, Siegfried Strauss, coronel do exército alemão, afirmo que estou em plena saúde mental e não me arrependo de nada do que fiz por minha pátria. Alguns me conhecem por outros nomes, como Wolfgang, o usado ultimamente por mim. Meus companheiros me chamam de Zig.
Assim como surgiu o Terceiro Reich, surgirá o Quarto. É apenas uma questão de tempo. Meu único arrependimento foi ter traído a mim mesmo quando matei o meu companheiro de luta, tenente Klaus. Naquele momento, era a atitude mais correta a se fazer, mas isso não tira de meu coração a culpa e a mágoa por meu ato. Minha redenção perante o tenente vem a seguir:
Caro Marcos,
Tive a oportunidade de vê-lo crescer. Sempre gostei de você. É um bom garoto e tornou-se um bom homem. Tem tudo para ser o oposto de seu pai. E, para acabar com a raça dele, vingando-me do assassino de Rudolph Eichmann e, ao mesmo tempo, dando-lhe a oportunidade de libertar-se de um bando de mentirosos, vou dizer-lhe o que você nunca ouviu em toda a sua vida: a verdade.

Como você pode ver, segue uma foto, a única que guardo de mim mesmo, usando o uniforme do exército. Pertencer ao Partido Nazista era uma distinção. Hoje em dia, mesmo não existindo mais, parece uma doença contagiosa. É uma pena... Deixo também uma medalha de honra ao mérito que obtive por bravura em campo de batalha.
Fugi da Alemanha, assim como a maioria dos oficiais, no final da guerra. Fugimos para Argentina, Brasil, Uruguai e para onde mais desse. Antes da fuga, trabalhei muito com um dos homens mais ricos e poderosos da Alemanha, Karl Rudolph Eichmann, casado com Gabriela González, uma argentina.
Gabriela teve um caso com um judeu, Isaac Krupney, que se apresentava como um joalheiro holandês. Realmente existia uma família Krupney em Amsterdã, que foi presa e mandada a um campo de concentração. Perderam tudo o que tinham, até suas vidas.
O fato é que Rudolph, que virou um grande amigo meu, recebeu fotos de sua esposa traindo-o com Isaac. Gabriela ficou grávida, deu à luz um menino e ainda assim continuou a trair o marido.
As fotos que Rudolph recebeu eram impressionantes, não havia como negar o fato. Eu mesmo fiquei chocado com o que vi nas fotos. Certa vez impedi Rudolph de matar Gabriela quando ele ficou sabendo de tudo.
Em vez de matá-la, como punição, consegui um mandato de prisão e mandei-a para Dachau com seu filho, Karl, nascido em 1937, se não me engano.
Depois disso, acho que Rudolph deve ter mudado de ideia sobre alguma coisa, sei lá, ficou com remorso ou pena, mas o fato é que ele me pediu para tirar o garoto de lá. Talvez ele tenha ficado na dúvida se o filho era mesmo dele e pediu para que o levasse a um orfanato ou entregasse o garoto para que alguma família o adotasse.

Eu o tirei de Dachau e o transferi para Auschwitz, onde espero que o maldito tenha se asfixiado ao tomar banho na câmara de gás. Depois disso, Rudolph casou-se, de uma hora para outra, com a linda italiana Renata Biotto, logo depois que Gabriela foi presa.
Pouco tempo depois, Rudolph foi assassinado. Ele levou um tiro na testa e havia em seu paletó um papel, com a seguinte inscrição: "Nazista imundo".
Renata vendeu absolutamente tudo e sumiu do mapa. Até eu chegar ao Rio de Janeiro e conhecer o seu pai, Albert. Entenda que acompanhei a busca para capturar aquele canalha que havia arruinado a vida de Rudolph e, assim que vi Albert, o reconheci das fotos íntimas junto a Gabriela. Imagine minha surpresa quando vi sua mãe, Renata. Era a mesma esposa e viúva de Rudolph, que juntou uma fortuna incalculável e sumiu da Europa. Consegue juntar os fatos, Marcos? Isaac é seu pai! Não existe Albert Willy Wolf. Você é Marcos Krupney, filho de um golpista, que abandonou a família na Holanda à própria sorte, e de uma italiana sem pudor algum. Hoje não tenho dúvidas de que seus pais executaram um plano para assassinar Rudolph.
Tudo se encaixa. Eu lhe envio alguns mapas desenhados por mim mesmo, com a posição da cela de Gabriela em Dachau e o local para onde o filho dela, Karl, foi enviado em Auschwitz. Ele deve ter morrido com uns quatro ou cinco anos de idade. Ou talvez esteja vivo, quem sabe? Mando também o endereço aproximado do local onde o corpo de Rudolph foi encontrado, assim como o endereço da casa dos Eichmann.
Seus pais são dois oportunistas que nunca trabalharam na vida. O único duro que deram foi ter que fazer com que Rudolph e Gabriela se apaixonassem por eles, o que foi fácil, sendo os dois atraentes, convenientes e complacentes, o que mais poderia dar errado?

Desmascare-os e liberte-se! Lembra-se de que eu lhe daria o que você queria e eu teria o que eu quero? Pois aqui está! A verdade nua e crua. Você teve o que queria. Satisfeito? E eu tenho minha vingança pessoal. Meu último ato nesta terra. Destruir a vida de um traidor podre e imundo como Isaac.

Você pode não acreditar em uma só palavra do que digo, mas não importa. Agora não tenho mais segredos. Isto é um alívio para a minha consciência.

Vá até a Alemanha e a Polônia. Eichmann ainda é um nome com muita memória em Berlim. Muitas pessoas que o conheceram ainda estão vivas, tocando suas vidas. Investigue e descobrirá.

Como último pedido de um homem simples que apenas cumpriu ordens, gostaria que enterrasse minha medalha em território alemão. Quanto à foto, pode queimá-la. O emblema que recortei era do uniforme do tenente Klaus, que foi assassinado na lancha de seu pai, com a ajuda dele. Gostaria que ele também fosse enterrado na pátria-mãe. Mas faça o que bem entender. Não sei o que está acontecendo comigo ultimamente. É como se eu estivesse sendo guiado por forças maiores. É um demônio que cresce a cada dia. Lembra-me muito os tempos de guerra, de ódio e de matança.

Marcos, liberte-se das mentiras. Não se deixe destruir. Destrua aqueles que o enganaram.

Zig.

Marcos estava em estado de choque. Não havia outro termo para descrever o que ele sentia naquele momento. Queria morrer. Um aperto enorme de angústia rompeu em seu peito. Ele abaixou-se e começou a chorar. Chorou muito e deu um enorme grito.

— Nããããããããooooooo!

Dona Zinha assustou-se e veio até a sala.

— Seu Marcos? O senhor está bem?

— Me deixe! Me deixe sozinho! — falava o jovem no chão, acenando com o braço esquerdo para que ela saísse de lá, enquanto cobria o rosto com o braço direito.

— Não... Não... Não... E agora? O que faço? Para quem conto isso? Antônio, Karl, por favor, me ajudem! — dentro de sua cabeça só havia confusão, aflição e uma mistura de medo e raiva.

Marcos respirou fundo e colocou as duas páginas da carta, além das duas páginas com as instruções e mapas, em cima da cama. Releu a carta mais duas vezes e viu novamente as plantas.

— Me lembro de meu encontro com Karl, quando tinha cinco anos, e ele me pedindo para ir até Dachau e Auschwitz. Agora tudo faz sentido — concluiu ele.

Só então Marcos teve uma súbita revelação.

— Meu Deus! Meu amigo Karl é o mesmo Karl da Gabriela! É o filho dela, que pode ser filho de meu pai... E então, ele seria meu irmão por parte de pai!

Marcos examinou a carta palavra por palavra, linha por linha. Depois viu um desenho do que seria a cela de Gabriela e do lugar onde estaria o pequeno Karl. Viu também uma descrição da casa de Rudolph, a sala, os móveis, o jardim, enfim, o que o coronel teve a oportunidade de conhecer e um mapa do local aproximado de onde Rudolph foi morto, em um bosque.

O coronel havia montado um verdadeiro dossiê. Agora só tinha que descobrir uma forma de ir à Europa sem levantar suspeitas.

Os dias passaram-se e o casal Wolf estava de volta. Isaac chamou seu procurador e seu advogado para uma conversa em casa.

— Senhores, e então? Como foi?

— Tudo como havíamos imaginado. Muito pouco a fazer. Na Argentina, o caso tende a ser encerrado e arquivado como esquizofrenia seguida de suicídio — notificou o advogado.

— É, mas não vai demorar muito para que os grupos semitas de Buenos Aires se voltem contra o senhor à procura de provas de que Wolfgang era nazista. A imprensa também está atrás disso — alegou o procurador de Isaac.

— Sim, eu sei. Sabe, eu mesmo desconfio dessa hipótese. Como posso ter sido tão ingênuo? Nunca imaginei ter um maluco desses como meu associado! E o que sugerem, senhores?

— Já conversamos sobre isso, senhor, e a melhor coisa a fazer é negar veementemente o seu envolvimento com essas questões. Apenas isso. O senhor Wolfgang não deixou herdeiros ou testamentos e sua parte em bens é consideravelmente alta, entre a loja, o apartamento, ações em bolsa, dinheiro que foi achado em seu quarto e o carro — completou o advogado. — Já separamos legalmente o que cabe a ele e ao senhor.

— Então não tenho que pagar nada a ninguém? Nem prestar contas pelo que aconteceu?

— Não. Tirando o que seria dele, ainda resta uma boa quantia de dinheiro que é do senhor. Entretanto, quanto à loja de Buenos Aires, pode esquecê-la. Todo o estoque e o prédio da loja estão confiscados pela justiça, pois estava tudo em nome do senhor Wolfgang.

— Tudo bem, dos males, o menor. Por um lado foi ótimo que tudo estivesse em nome dele. Assim não me envolvo com a lei argentina. Bem, tenho que ir atrás do passado desse homem e descobrir se ele era ou não um fugitivo nazista.

— Fiz uma declaração em nome do senhor para a imprensa, dizendo que a tragédia foi um choque para a família Wolf e para todos os demais — declarou o procurador. — Os Wolf abrem mão de todo e qualquer bem, em dinheiro, joias ou imóveis a que porventura tenham direito, por percentual societário, em Buenos Aires, e os doa às famílias dos três mortos na tragédia, assim como para as vendedoras restantes. O que acha?

— Está ótimo! Parecerá que demos até mais do que eles deveriam receber.

— E daremos. Assim que o juiz estabelecer os valores a serem pagos às famílias, todo o espólio de Wolfgang irá a leilão. Assim que a importância atingir o valor da sentença, a justiça disponibilizará o dinheiro aos envolvidos. O resto volta para o senhor. Daí é só pegar essa parte e fazer a doação. Sob forte cobertura da mídia, é lógico! — concluiu o procurador.

— Ótimo! A perda não será fatal. Estava temendo pela continuidade do meu negócio. Agora, senhores, diante disso, vamos brindar! — Isaac levantou-se e serviu champanhe a ele e aos dois homens.

— Só tem mais uma coisa que me intriga... — disse Isaac.

— O que é? — perguntou o advogado.

— É... — e Isaac hesitou em contar sobre a lista feita pelo coronel com os nomes proibidos e a agenda de Eduardo. — É uma bobagem, deixem pra lá!

capítulo 25

— E então, filho, como estão as coisas? — perguntou o pai.
— Tudo bem. Tudo está voltando ao normal — Marcos já não conseguia ver o pai da mesma forma, mas não podia falar nada sem antes comprovar os fatos.
— Que bom!
— Papai, será que Wolfgang era mesmo nazista? É tão estranho ele colocar uma bandeira nazista em sua sala.
— Não sei, realmente não sei. Mas agora eu mesmo quero descobrir.
— Você? — espantou-se Marcos.
— Sim, por quê? Fiquei quase duas décadas com uma pessoa trabalhando para mim e só agora me dizem que pode ter sido nazista. Tenho o direito de saber, não é?
— Sim, concordo! E quero muito lhe ajudar, pai!
— Mesmo? — Isaac olhou-o com um ar intrigado. — Que ótimo! Contarei com você, filho.

Mais tarde, com o pai mais alto pelo efeito do uísque, Marcos esperou o momento certo em que sua mãe fosse para a cozinha para falar-lhe.

— Papai, Maurício ainda está em Salvador, não é?

— Você sabe que sim. Por quê?

— É que acho que nós dois temos que aprender mais sobre o comércio de diamantes. Seria muito bom se Maurício acompanhasse o embarque das pedras na África. O que acha?

— Na África? Aquele garoto vai acabar levando um tiro por lá. O comércio de diamantes é lindo da joalheria para dentro, mas fora é um comércio podre, de ladrões e escravidão — e o pai já estava trocando as palavras por estar um tanto bêbado.

— Como vamos ficar preparados se nunca acompanharmos nada? Ou você acha que Maurício não é capaz de acompanhar um simples embarque de pedras?

— Não, não é nada disso. Ele consegue acompanhar um embarque. Mas o que quero dizer é que não há necessidade de expor-se. Tenho quem faça isso por mim. Gente de muita confiança.

— Tanta confiança quanto Wolfgang? — disparou o filho, acertando o alvo como uma flecha certeira.

Isaac olhou furioso para ele, mas não disse nada de imediato. Deu um enorme gole em seu drinque e finalmente disse:

— Aquele maldito! São todos uns malditos sanguessugas. É, talvez você tenha razão. Não dá para confiar em ninguém. Sim, eu posso mandar Maurício para a África.

— E para aqueles que trabalham para você lá na África, é como se estivesse dando um recado: estou de olho em vocês! Não me passem a perna! — exclamou Marcos.

— Isso! Você está virando um homem! Tome um drinque comigo — respondeu o pai satisfeito e embriagado.

— Não, obrigado.

— Olha lá, não vai dar uma de afeminado!

— Pare com isso, pai! Para provar que tenho coragem, vou lhe propor um desafio.

Isaac deu uma leve risada e interessou-se pelo assunto.

— Me diga então qual é esse desafio.

199

— Se Maurício vai para a África, eu vou sozinho para a Europa para limpar de vez a ligação de Wolfgang com a nossa família.

— Como assim? Isso não tem nexo algum.

— Lógico que tem. Imagine: você envia seu próprio filho para investigar a vida de seu ex-sócio, em busca da verdade. Eu farei um diário e ele poderá ser publicado pela imprensa. Os jornais vão dar espaço para essa publicidade e você será visto como um benfeitor no lugar de um protetor de nazistas.

— A ideia é boa, mas e se você não achar nada?

— É lógico que não vou achar, papai! A Alemanha foi reconstruída. Só temos um nome que deve ser falso. Mas o que vale não são os fatos e sim a ação. E meu diário será bem convincente, dizendo que se tornou impossível acompanhar o paradeiro desse pessoal. Se nem os norte-americanos e os grupos judaicos conseguiram capturá-los, imagine a gente! — e Marcos tinha lançado a isca.

— Do que vocês estão falando, rapazes? — Renata juntou-se aos dois.

"Droga!", pensou Marcos.

— Aceito seu desafio — consentiu o pai, estendendo sua mão para o filho para selar o acordo.

— Ótimo! Amanhã mesmo começarei os preparativos.

— Que preparativos? — perguntou a mãe.

— Ah, depois eu conto, agora minha cabeça está cheia — respondeu Isaac, bebendo mais uísque.

— Ah, só mais uma coisa. Nada de hotéis cinco estrelas, passeios de esqui e jantares luxuosos. Estamos em contenção de despesas. E é bom arrumar alguns distribuidores por lá também para mandarmos pedras brutas da África — rematou Isaac.

— Está bem, está bem — Marcos estava radiante por dentro, mas com medo de que o coronel, Zig ou quem quer que ele fosse, estivesse certo.

— Eu vou o quê? — enfureceu-se Maurício do outro lado da linha, no nordeste do Brasil.

— Vai para a África. Ficará lá uma semana para aprender com o pessoal e acompanhar os embarques das pedras — impôs o pai.

— Mas pai, a loja aqui ainda tem alguns problemas e eu...

— Chega, Maurício! Eu conheço muito bem os seus problemas. Mulheres e diversão. Já falei com Hamilton que o esperará por lá. Depois de amanhã tem um navio zarpando. Você vai nele. Tudo já foi enviado pelo malote. Amanhã receberá os documentos, dinheiro e instruções para a sua estada na África. Ligue-me assim que chegar.

O filho despediu-se do pai e sentiu como se estivesse indo para a prisão. Se soubesse que foi ideia do irmão, pegaria o primeiro avião para o Rio de Janeiro para acertar as contas com ele.

Em menos de uma semana, Marcos já havia arrumado tudo para a sua viagem à Europa. Desde passagem e documentos até vistos e roupas. Estava pronto para partir.

Na noite anterior à viagem, Marcos foi até a casa de Aninha, na esperança de conversar com ela.

— Olá, Ana.

— Oi, Marcos. O que você quer?

— Só passei para ver se você está bem.

— Estou, mas não graças a seu irmão.

— Aninha, não me confunda com o cretino do Maurício. Se você está sofrendo é por não ter me ouvido, lembra-se? As coisas aconteceram exatamente da forma como eu havia dito.

— Pare com isso. Marcos, você é muito legal, mas não entendo o seu irmão. Sinto uma forte atração por ele! Eu me entreguei a ele e fiz tudo o que Maurício queria. Agora sofro com o desprezo dele. Não sei o que fiz de errado!

201

Marcos segurou-a pelo braço.

— Me escute com muita atenção — Marcos a encarava seriamente. — Maurício não está nem aí para você. Ele tem um monte de mulheres por todos os cantos. Não se deixe enganar! Estou dizendo isso, porque me importo com você. Aliás, Aninha, se você soubesse quanto, não duvidaria das minhas palavras!

— Não é possível! Maurício disse que me ama, senão por que se importaria comigo? Por que me levaria até São Paulo para cuidar de mim? Agora, por favor, vá embora! — e Ana seguiu para sua casa.

Marcos ficou parado, sem entender como aquela jovem conseguia se iludir tanto com um canalha como Maurício. É difícil abrir os olhos de alguém para a verdade quando essa pessoa está apaixonada. A paixão cega. O amor vê além. A diferença é que toda paixão é temporal e o amor é atemporal. Não tem começo, nem meio, nem fim. É absoluto. É o que é. A paixão engana, baseia-se em crenças muito frágeis e é condicional. "Eu te amo se..." Sempre há uma condição e isso não é amor. O amor é incondicional.

Assim que o telefone tocou na casa de Isaac, dona Zinha correu para atendê-lo.

— Pois não? Residência dos Wolf.

Do outro lado da linha, havia um homem falando em espanhol.

— Ah, seu Albert, eu não entendo isso não — e entregou-lhe o aparelho, que atendeu em espanhol.

Era o delegado Martínez, da polícia argentina.

— Verificamos absolutamente tudo e não encontramos nada que justificasse o ato desesperado do senhor Wolfgang. Também não encontramos nada que o ligasse a um refugiado nazista. Mas conseguimos analisar as últimas contas telefônicas dele e notamos algo interessante.

— Prossiga, delegado.

— O senhor Wolfgang tinha uma linha própria em sua sala que nunca era usada. Mas há outra linha, a do gerente, senhor Eduardo, que era pouco usada até dois meses antes do ocorrido. Todos os dias, aproximadamente às cinco horas da tarde, horário de Buenos Aires, havia um rápido telefonema, de menos de dois ou três minutos para um número aí do Rio de Janeiro.

Imediatamente, Isaac fez a conexão com o diário que achou na sala de Eduardo. O diário e os telefonemas deviam estar relacionados.

— O senhor tem ideia de quem é esse número? — sondou Isaac, querendo alguma pista.

— Quer ouvir uma história engraçada?

— Sim — estranhou Isaac.

— Ligamos para o número aqui da delegacia. Quando atenderam, simplesmente perguntamos quem era e a pessoa falou.

— Muito eficaz, senhor delegado.

— E sabe de quem era o número?

— Não! Como poderia saber? — Isaac já estava se irritando com aquela conversa tola.

— Marcos Wolf.

— O quê? — ele não conseguiu disfarçar o embaraço e o espanto.

— Isso mesmo. Todos os dias o senhor Eduardo ligava para o seu filho. E, exatamente no momento da ligação ou após a mesma, o senhor Wolfgang atirou contra a vendedora, o senhor Eduardo e o segurança, dando início a toda a tragédia.

— Senhor delegado, não é novidade alguma que nós, aqui do Rio, façamos contato com Buenos Aires. Analisamos as

203

vendas realizadas e trocamos informações. Marcos ficou encarregado de fazer isso recentemente — mentiu Isaac, querendo que o delegado se convencesse dos argumentos referentes a essas ligações.

— Mas, senhor Wolf, não é uma grande coincidência? Justo na hora da ligação, houve o tiroteio. Não acha tudo isso muito estranho?

— Perdoe-me, delegado, mas não gosto do tom irônico que o senhor está usando. Sim, foi uma grande coincidência. Podia ser a qualquer hora e foi exatamente na hora da ligação. Se Marcos ainda estivesse falando com o senhor Eduardo, certamente teria ouvido tudo, mas ele já havia desligado. Então, o que quer provar? Que o senhor Wolfgang não gostava que o senhor Eduardo passasse os reports diários? Pode ser. O senhor Wolfgang pode ter se irritado com isso, mas bastava ele me ligar ou ligar para Marcos e esclarecer tudo e não sair matando todo mundo como fez. Posso ajudá-lo em algo mais, delegado?

— Não, por enquanto é só, senhor. Nós manteremos contato.

Isaac desligou o telefone irritado.

— Maldito! Maldito! O que aquele moleque estava aprontando?

Nesse momento, Renata apareceu na sala.

— Querida, temos um problema. Lembra-se do diário que peguei na sala do Eduardo? Parece que ele passava informações para Marcos.

— Nosso Marcos?

— É, nosso Marcos. Temos que descobrir qual é o plano do pirralho.

capítulo 26

Marcos olhou para a sua passagem para a Europa com um ar de vitória. O mais difícil ainda estava por vir, mas ele sabia que não estaria sozinho. Levava em sua bagagem, além das roupas habituais, a carta com os objetos enviados mesmo por Zig.

— Eu não volto sem a verdade — sussurrou para si assim que o avião decolou rumo a Lisboa, segurando o pingente de São Jorge em sua mão. O presente de Sabrina já estava preso a uma corrente comprada por ele.

Era dia 29 de março de 1964.

Ao chegar a Lisboa, Marcos estava muito cansado. Resolveu passar um dia inteiro por lá para dormir um pouco. Pegaria o trem rumo à Alemanha no dia seguinte.

Durante a noite, encontrou-se com Antônio.

— Olá, Antônio.

— Olá, meu filho! Fico feliz de que tudo esteja funcionando da maneira como planejou. Você precisou de muita coragem para agir!

— É, acho que sim. Mas e agora? O que vou descobrir indo até esses campos de concentração?

— É a sua história, não é?

— Na verdade não, é a história do Karl. Não entendo por que ele pede tanto para eu ajudá-lo. Se Karl é um espírito, ele mesmo poderia ir até lá e fazer o que precisa ser feito, não? É simples.

Antônio riu.

— Ah, Marquinhos, Marquinhos. Queria mesmo que fosse tão simples assim. Então lhe proponho o mesmo. Por que você não volta para casa, pede a todos que contem a verdade e tudo fica bem? É fácil, cada um fala, um perdoa o outro e começam uma vida cheia de amor e paz. Que tal, simples, não é?

Marcos ficou emburrado.

— Está bem, mas no fundo não entendo como ir até esses campos poderá me fazer algum bem. Aliás, tudo isso só está fazendo com que minha vida vire um inferno. Tudo está completamente do avesso!

— Marcos, tenha fé!

— Em Deus?

— Não, fé que tudo acontece para o bem.

— Como assim? Até mesmo as pragas, as guerras, os assassinatos? Tudo isso acontece pelo nosso bem? Me desculpe, mas isso eu não posso aceitar.

— Fé no Bem, Marcos. Se você tem fé no Bem e na sua missão de vida, qualquer coisa que você passar em sua encarnação será para o seu crescimento. Se permanecer no Bem, o que poderá dar errado? O Bem só traz crescimento e alegria. Mas, claro, coisas ruins acontecem e são seguidas por revolta, raiva, medo, ódio, luto... Quem passou por isso, afastou-se do Bem em determinado ponto o seu caminho. É dessa fé a que me refiro, meu filho. Fé é acreditar que, se algo ruim lhe aconteceu, você terá forças suficientes para ajudar a si mesmo, superar qualquer situação e continuar firme em seus propósitos, sem esmorecer.

— Então não devo lutar contra as coisas ruins? Devo aceitá-las? Se eu fizer isso, não me tornarei um conformista?

— Você deve lutar pelo que acredita em seu coração, em sua alma. Aceite o que não pode mais mudar, como o passado, mas não se acomode nem se resigne diante de algo que gostaria de mudar. Aparentemente, é muito mais fácil se acomodar a uma situação incômoda para tirar vantagem dela do que aceitar algo muito ruim em prol do que se acredita ser o melhor para você. Acreditando nesse Bem maior, você estará dando cem por cento de si, utilizando todo o seu potencial. Deus nunca desampara quem crê em sua potencialidade, então você certamente não vivenciará mais o terror e o medo do mundo. Conseguirá vê-los, mas de uma forma diferente, como um caminho para que esses seres humanos possam evoluir para, um dia, também terem o entendimento que estou ditando aqui. Verá, mas não precisará mais daquele mundo. Por isso, cada um está em seu próprio caminho. Lembre-se de que nada é por acaso.

— Ah, para mim você fala coisas muito bonitas, mas que na prática são bem diferentes. Olhe em volta! É fácil falar tudo isso aqui, neste lugar lindo. Quero ver você colocar tudo em prática no meu mundo!

Antônio olhou-o com ternura e disse:

— Tenha certeza de que, para eu lhe dizer essas palavras, é porque já coloquei tudo isso em prática no mundo material. Só se lembre de uma coisa: o medo anula nossa força e nos afasta do Bem. Os homens têm tanto medo de ficar doentes, de entrar em guerras e de morrer que se afastam do bem. Desse modo, criam todos os problemas. Eles têm tanto medo de terem medo... Acredite, toda vez que você tiver medo ou raiva, lembre-se antes de ter fé no Bem. Apenas isso. Agora vá, tenho que voltar ao meu trabalho — completou o mentor, tocando o jovem em seu rosto e acalmando-o.

— De qualquer forma, obrigado, Antônio.

— Ah, aproveite para esquiar — Antônio afastou-se, caminhando para o outro lado.

207

— Hahaha — respondeu Marcos, num tom bem irônico, mas achando boa a piada de Antônio.

Marcos acordou bem relaxado e muito disposto. Fechou a conta do hotel e seguiu direto para Munique, passando por fronteiras e sempre mostrando o seu passaporte suíço, afinal de contas, ele tinha dupla cidadania.

Desembarcou em Munique e alugou um carro. Pegou um mapa da região na locadora de automóveis, onde havia um simpático senhor atendendo os clientes.

— Vai passear por Munique, meu jovem?

— Não, vou até Dachau. O senhor conhece?

O homem fechou a cara imediatamente, virou-se de costas e disse secamente:

— Não.

Marcos pegou as chaves e os documentos sem compreender a atitude grosseira do senhor. Instalou-se em um hotel onde ficaria por uma noite. Após o café da manhã, foi até a recepção e fechou a conta. Depois, perguntou à recepcionista, uma senhora perto dos cinquenta anos:

— A senhora pode me indicar o melhor caminho para chegar ao campo de Dachau?

— Eu não sei — respondeu ela, ficando o tempo todo sem encará-lo.

— Obrigado — e saiu imaginando o que estaria acontecendo por ali.

Parecia que ninguém estava disposto a se lembrar do passado.

Pegou o carro e foi em direção a Dachau, que ficava bem perto dali, a menos de seis quilômetros de onde ele estava.

◆

No Rio de Janeiro, Isaac abriu o jornal datado do dia primeiro de abril de 1964. Soube então que o presidente havia deixado o cargo e uma junta militar havia tomado o poder.

— Veja, querida — Isaac estava radiante. — Isto é ótimo para nós! Finalmente tiraram aquele comunista do poder e colocaram gente que fala a língua dos empresários. De volta ao bom e velho capitalismo. Espero que Jango apodreça no exílio. Além disso, não falam mais nada sobre o caso do coronel. Que maravilha!

— Acha mesmo que será bom para a gente?

— Vem cá, gata! — Isaac sentou-a em seu colo. — Eu não acho. Eu tenho certeza! — Depois beijou-a longamente nos lábios.

A quase 10 mil quilômetros de distância da mansão dos Wolf, Marcos finalmente chegou ao campo de concentração de Dachau.

— Meu Deus! — assombrou-se ao chegar perto do campo de concentração. — Não, não pode ser...

Ele sentiu arrepios por todo o corpo ao ver uma longa e muito alta cerca de arame farpado. Não havia nenhum atendente, vigia, zelador... Nada. Marcos não podia acreditar, mas todo aquele lugar estava vazio. Entrou sem que ninguém o impedisse, mas sentiu que havia muita gente por lá. Aliás, estava lotado de pedidos de ajuda, lamentações e gritos de horror.

— Calma, Marcos, calma. Tenha coragem. Tenha fé!

Começou a caminhar em direção a um dos prédios e parou na entrada.

— Vamos ver — o jovem abriu o mapa que o coronel havia desenhado para ele. — Este deve ser o prédio principal. Segundo o mapa, Gabriela e Karl estavam em uma cela por aqui.

Assim que Marcos entrou no prédio, seu estômago revirou-se por completo. Vomitou todo o café da manhã. A energia que sentia era poderosíssima e muito pesada. O jovem acabou, então, saindo correndo de lá.

— Marcos, por favor, me ajude!
Ele olhou para trás e viu Karl com cinco anos de idade.
— Meu Deus! — comoveu-se Marcos, ajoelhando-se e chorando, com os braços levantados. — Por quê? Por que tudo isso?
— Por favor, você é o único que pode me ajudar! Por favor, eu quero a mamãe! — implorava o pequeno Karl, chorando e estendendo suas mãozinhas para Marcos.
— Como você está diferente de quando nos conhecemos — balbuciou para si mesmo como se fosse um pensamento expresso em voz.
O garotinho estava muito magro e sujo.
O jovem criou coragem, levantou-se e pegou na mão do garotinho. Seguiu as instruções do mapa do coronel e chegou a uma cela, destrancada, suja e empoeirada. Abriu a porta devagar. A criança entrou e foi até um dos cantos da cela apertadíssima.
— É aqui. Aqui que sua mãe ficou com você, Karl.
— Mamãe... — abaixou-se, chorando baixinho. — Mamãe, por que você deixou que aqueles malvados me levassem? Doeu muito, mamãe.
Só então Marcos teve consciência do que estava acontecendo.
— Karl, não foi a mamãe quem mandou você para o lugar do mal. Ela sabia que vocês dois iam morrer aqui. Então ela pediu a um homem bom para lhe ajudar. Mas outro homem do exército foi malvado com você, com ela e com o homem bom. Ele mandou você para Auschwitz enquanto sua mãe só queria lhe salvar.
O garoto ficou ali, parado, na mesma posição.
— Você se lembra desse nome, não é? Auschwitz.
— Me lembro. Só do nome. Mas estou com medo. Mamãe! — gritou o garoto.
— Karl, olhe para mim, vamos — Marcos abaixou-se.

Assim que Karl se virou, ele prosseguiu:

— Karl, sou seu amigo. Você confia em mim, não é? — o garoto fez que sim com a cabeça. — Então, me dê suas mãos e vamos juntos descobrir a verdade, está bem? Vamos sentir o que aconteceu aqui nesta sala. Vamos tentar?

O garotinho apenas balançou a cabecinha positivamente. Os dois deram as mãos e fecharam os olhos. Marcos respirou fundo e conseguiu sentir diversos espíritos que transitavam por lá. A maioria sem rumo. Ele fixou o pensamento naquele espacinho e em Gabriela, que não conheceu em vida, mas colocou toda a sua intenção em contatá-la.

— Veja, Karl! É você e sua mãe! — os dois flutuavam no teto da cela e podiam assistir, lá embaixo, os momentos finais da convivência entre mãe e filho.

— Mamãe! — disse Karl, flutuando com Marcos.

Eles viram a dificuldade que Gabriela tinha em manter o pequeno filho aquecido naquele lugar sombrio, úmido e gelado. Ela olhava-o com a maior ternura do mundo. Então, duas mulheres entraram na sala para levar o garoto.

A mãe sorriu e deu um beijo muito amoroso no filho, dizendo:

— Meu filho, você está em paz agora. Tenha uma boa vida. Mamãe te ama muito.

Em seguida, os dois puderam sentir a alegria da mãe ao imaginar que ela estava salvando o seu filho. Também sentiram sua tristeza por saber que não o veria novamente. Gabriela sabia que o seu tempo estava acabando.

Finalmente, a cena mudou para a noite e eles assistiram ao último suspiro de Gabriela, morta por subnutrição e hipotermia. Marcos sentiu que voltava ao seu corpo novamente e assustou-se. Olhou para a frente e só viu a cela suja. Nada mais. Levou sua mão direita até o chão e encostou-a no piso gelado.

— Gabriela.

Uma lágrima caiu no local de sua morte. Ele levantou-se e foi direto para o carro. Não queria ver mais nada daquele horror.

Seguiu para o hotel, pegou suas malas, pagou a conta e foi em direção a Auschwitz. Para isso, devolveu o carro à locadora e tomou um avião de Munique à Berlim ocidental. Lá, alugou outro carro e saiu pela cidade com um mapa comprado no aeroporto.

A cidade estava muito mudada. Da última vez em que esteve em Berlim, não havia aquele muro infame dividindo a cidade ao meio.

"Isso é ridículo!", pensou, enquanto dirigia, beirando o muro.

Foi até a fronteira e mostrou seus documentos aos guardas do lado oriental. Entrar não era problema algum, o difícil era sair do lado comunista. Não para Marcos, é lógico, mas para qualquer morador do leste europeu, dominado pela União Soviética.

Ao acessar o lado oriental, Marcos sentiu muita pena daquelas pessoas que, por força do destino, escolheram o lado errado da cidade para viver quando a guerra acabou.

— Nada é por acaso — o jovem recordou-se das palavras de Antônio.

Cruzou o país do lado oriental e chegou à fronteira com a Polônia. Novamente mostrou os documentos e foi questionado sobre o que faria no país.

— Vou para Auschwitz. Quero conhecer o local — revelou Marcos em alemão.

O oficial de guarda, que também falava alemão por estar na fronteira, olhou bem para a cara dele e para os documentos. Levou o passaporte suíço de Marcos para dentro de uma guarita e, dez minutos depois, voltou.

— Pode seguir.

— Obrigado, senhor — ele sabia que os poloneses não gostavam dos alemães, mas odiavam especialmente os nazistas. Então, se era para ir a Auschwitz, não haveria problemas em deixá-lo ir.

Ele dirigiu até metade do caminho, mas precisou parar para dormir. Na manhã seguinte, continuou a viagem.

capítulo

Ao chegar a Auschwitz, encontrou um cenário completamente diferente de Dachau. O lugar era tenebroso, mas havia sido transformado em um museu. Tudo muito bem organizado. Lá, ninguém escondia o fato dos alemães da SS serem sádicos e torturadores, muito pelo contrário. Queriam mostrar exatamente isso. Mais de seis milhões de poloneses morreram na guerra. Desses, metade eram judeus.

Estacionou o carro e dirigiu-se à entrada.

— De novo não! Respire, respire! Não deixe as más influências o atingirem! — o jovem estava sendo bombardeado por pedidos de ajuda, gritos, sentimentos angustiantes e sentiu muita tontura.

Começou a ver tudo ficar preto e mais nada.

— Vamos, amigo, falta pouco, por favor — incentivou Karl, que apareceu com a mesma idade de Marcos.

— Eu não posso! É muita coisa para mim. Não posso! — e começou a chorar.

Karl deu uma chacoalhada em Marcos e gritou:

— Pode sim! Depende de você! Reaja, vamos!

— Vamos terminar logo com isso! — Marcos sentia-se tonto e tinha a impressão de que estava entrando em um sono muito pesado.

Ao abrir os olhos, viu três pessoas em volta dele. Uma delas estava segurando um copo com água e outra abanava o seu rosto. Ele estava deitado no chão, na entrada do campo de concentração. Havia desmaiado.

— Está tudo bem, obrigado — falou em alemão, sem saber se as pessoas entenderam ou não o que ele havia dito. Marcos levantou-se e agradeceu aos três com as mãos. Virou-se e seguiu em frente.

— Vamos ver o que temos aqui — e viu que havia um mapa de todo o local. Pegou o mapa do coronel e notou que, dessa vez, ele não conseguiria fazer nada sozinho. Não sabia nem por onde começar, ou melhor, nem o que fazer.

— Eu estou aqui.

— Ai! — Marcos deu um grito e pulou para o lado, tamanho o seu susto.

Havia um garoto praticamente esquelético, careca, com enormes feridas no rosto, na cabeça e nos lábios. Vestia trapos imundos e cheirava a podridão. Vestia uma espécie de uniforme de guerra, listrado. Exatamente como nas fotos expostas ali.

— Quem é você? — perguntou Marcos.

— Como assim? Você está brincando? Sou Karl.

Marcos finalmente não aguentou, correu para um canto isolado e vomitou. Começou a chorar compulsivamente. Algumas poucas pessoas que estavam presentes assistiram ao seu choro, mas naquele lugar horrível só estranhariam quem estivesse com um sorriso no rosto.

— Venha comigo, venha — pediu Karl. Ele, apesar de magérrimo, estava mais velho. Já devia ter sete ou oito anos.
— Me dê sua mão. Vou lhe mostrar o meu quarto.

Uma sensação de horror apoderou-se de Marcos. O garoto levou-o até um alojamento. Ao entrarem, havia muitos beliches e uma atmosfera de morte. Imediatamente lembrou-se do sonho que teve há quinze anos, quando um garotinho levou-o para um lugar exatamente como esse.

— Não foi um sonho, foi? — perguntou Marcos.

— Não. Eu o trouxe para cá. Mas você saiu correndo. Eu também queria correr para longe daqui e nunca mais voltar. Olhe, esta é a minha cama. Vamos lá pra fora?

O garoto continuou a conduzir Marcos pelo tour da bestialidade humana. O jovem não precisava olhar para as fotos nos murais. Podia ver tudo ao vivo. Ainda havia ossos empilhados, roupas espalhadas e amontoadas em vários cantos por todo o campo, instrumentos de tortura, salas com bancadas especialmente construídas para experiências sádicas e macabras, enfim, coisas que ele nunca pensou que fosse possível existir.

— Venha. É aqui — Karl levou-o até uma sala cuja pesada porta encontrava-se aberta.

— São banheiros? — perguntou Marcos.

— Chuveiros. As duchas. Aqui que eles escolhiam se íamos tomar o banho da vida ou da morte — respondeu o garoto, com total inexpressividade e o olhar perdido no horizonte.

Marcos percebeu que ele precisava ajudá-lo. Teria que deixar o medo de lado e ajudar aquela pobre alma sofredora.

— Karl, me escute! Olhe para mim! — Marcos chacoalhou-o, pegando em suas mãos.

— O quê? — perguntou o garoto ainda com o olhar perdido.

— Olhe nos meus olhos, vamos. Veja, eu sou Marcos, seu amigo, lembra-se? Vamos, saia desse transe. Vimos que sua mãe quis salvá-lo de Dachau e que ela deu a vida para isso. Se houve um responsável pela sua vinda para cá, não foi ela. Foi o coronel Siegfried, que certamente não tinha consciência disso, mas também está lhe ajudando em sua libertação, ao me indicar tudo na carta que me escreveu.

Aos poucos, Karl tornava-se mais presente e seu olhar mais brilhante.

— Lembre-se, Karl, esforce-se. Nós vimos Gabriela. Ela amava muito você. Nunca lhe abandonou, nunca.

— Eu sei, eu sei que não. Eu também amo muito você, mamãe — falou o garoto chorando.

Nesse momento, uma multidão de mulheres, crianças e velhos entrou na sala onde eles estavam.

— Cuidado! — gritou Marcos, ao ver que uma senhora vinha em sua direção.

O jovem segurou a respiração e fez um barulho que pareceu um soluço quando a mulher atravessou o seu corpo, como se ele fosse transparente. Assim, todos os demais também passaram através de Marcos. Todos nus.

— Karl? Karl? — Marcos não via mais o menino.

As crianças estavam com muito frio e medo, encolhidas e agarradas às pernas dos adultos.

Assim que a pesada porta foi fechada, Marcos esperou que a água saísse dos chuveiros, porém o que desceu foi uma névoa. À medida que a fumaça descia, as pessoas começavam a ficar desesperadas e tossiam sem parar. Eram gritos de pavor. Puro horror. Marcos gritava junto, com as mãos na cabeça, vendo aquela cena. Mulheres com bebês em seus colos.

— Karl? — Marcos gritava com toda força que podia.

Finalmente encontrou o pequeno garoto, em um cantinho da sala, de joelhos, chorando e sussurrando:

— Mamãe, mamãe.

Marcos pegou o menino no colo e atravessou aquele salão marcado por cicatrizes do passado. Passou devagar pelos corpos agonizantes que iam caindo um a um.

O local passou de uma ensurdecedora gritaria para alguns murmúrios, até que mergulhou em um silêncio total e absoluto.

— Essas cicatrizes são muito difíceis de serem curadas. Eu diria que é praticamente impossível curá-las. Mas um dia elas deixarão de doer. Para alguns que estão aqui, talvez leve décadas, séculos, ou mesmo milhares de anos para que perdoem seus algozes. Para outros, que já vinham em um processo de perdão de outras vidas, pode levar segundos. Quem sabe? — afirmou Marcos ao garoto, que jazia em seu colo, sem vida.

Marcos colocou o corpinho de Karl no chão, fora da sala e ficou chorando.

— Obrigado — disse uma voz atrás dele.

Era Karl com dezenove anos.

Marcos olhou para o chão e o corpo do garoto já não estava mais lá. Voltou-se para o jovem Karl e perguntou ainda chorando, muito emocionado:

— E agora?

— Agora acabou. Você me ajudou na minha libertação — Karl abriu um sorriso de lado a lado do rosto.

— Como assim, Karl, não estou entendendo — Marcos estava aflito.

— Não tente. Você conseguiu. Um dia vai saber o bem enorme que fez por nós. Eu vou em paz agora. Obrigado, irmão — e Karl sumiu.

— Karl? Karl? — Marcos começou a gritar como um louco.

— Senhor! Senhor! Está tudo bem? — era um zelador do museu do campo, que veio correndo ao ver o jovem gritando sozinho. Nada que ele já não tivesse visto naquele lugar arrepiante.

— Me desculpe, me desculpe. — resmungou Marcos, gesticulando com as mãos e afastando-se do homem.

Na verdade, nenhum dos dois entendeu o que diziam, já que um falava alemão e o outro, polonês. Marcos continuou andando pelo local e viu latas e latas com as palavras "gás Zyklon" escritas em suas laterais.

— Deve ser o gás que o coronel comentou na carta — concluiu ele.

Logo depois, foi para o seu carro e pegou a estrada, exausto e muito confuso. Em um trecho reto da estrada, fechou ligeiramente os olhos e soltou um grito ao sentir um solavanco. Cochilara por dois segundos e o carro saiu da

217

estrada, indo para um trecho de terra. Ele conseguiu brecar a tempo antes que colidisse com qualquer coisa e procurou um local para parar.

Mais adiante, havia uma saída para o campo. Rumou para lá, andou alguns metros e virou em uma estrada rural. Parou o carro embaixo de algumas árvores, deitou-se no banco de trás e dormiu.

— Karl! — saudou Antônio de braços abertos, no centro de reabilitação de uma colônia. Ele estava sentado em uma cadeira com uma mulher à sua frente, que lhe aplicava um passe energético.

— Antônio? Que bom estar aqui novamente! — e deu um caloroso abraço em seu amigo.

— Vamos, quero que você reencontre uma pessoa.

Eles caminharam por um corredor aberto, com uma praça e uma fonte ao lado. Entraram em outra sala, com três cadeiras e outra porta do lado oposto. Antônio foi para a outra porta e abriu-a, pedindo para que a mulher entrasse.

— Quero que você conheça esta pessoa. Sabe quem ela é? — perguntou Antônio.

O jovem sorriu e lágrimas de felicidade escorreram por sua face.

— Sim, eu sei — respondeu o jovem. — É Gabriela.

— E você, Gabriela, sabe quem ele é? — questionou Antônio.

Ela olhou-o bem e chegou mais perto.

— Não, me perdoe, mas não sei... Quem é você?

— Sou seu filho, mamãe. Sou Karl.

Gabriela deu dois passos para trás.

— Não, não pode ser! Rudolph me disse que você foi para Auschwitz. Como está jovem dessa forma?

— Gabriela, o espírito escolhe a forma como quer se apresentar. Ou você queria que ele aparecesse na forma de um garotinho de sete anos? — perguntou Antônio.

— Entendo — Gabriela olhava continuamente para o rosto de Karl.

Antônio olhou para o jovem e perguntou:

— Você aprendeu algo com Marcos?

— Sim, muito. Finalmente entendi que ela — apontou o dedo para Gabriela — nunca me abandonou. Minha mãe queria o meu bem e fez de tudo para que eu tivesse um futuro longe daquele inferno todo. Foi muito duro, mas, depois de muito tempo, consegui entender que a culpa não foi dela. Tudo o que minha mãe fez foi sempre para o meu bem.

Gabriela finalmente abraçou-o, chorando de alegria.

Entretanto, ao se tocarem, algo aconteceu. Sentiram uma conexão muito forte, não como mãe e filho. Sentiram-se parte de uma irmandade maior.

Antônio perguntou aos dois:

— Lembraram-se agora?

— Sim, lembrei-me de tudo — sorriu Gabriela.

— Agora lembro que fiquei muito tempo vagando por um nível espiritual muito pesado e denso, de muita culpa e remorso. Demorou para que eu aceitasse a ajuda deste centro. E, quando finalmente entendi que eu não era o culpado por ser rejeitado tantas vezes, o perdão simplesmente veio e me libertou de amarras energéticas muito fortes, que eu mesmo havia criado — elucidou Karl.

Gabriela ficou pensativa e disse:

— Isso mesmo, agora me lembro! Eu também fiquei nesse limbo de que você falou, Karl. Parecia um purgatório ou um inferno. Carreguei comigo muita raiva por me sentir abandonada e traída. Veio então a culpa, que dilacerou o meu peito. Só então, me rendi e larguei tudo. Estava pronta para morrer naquele lugar. Então, fui acolhida pelo centro também.

— Continue, Gabriela, continue e chegará a uma conclusão — incentivou Antônio, desejando que ela finalmente se recordasse de tudo.

— Está bem. Depois que eu vim para cá, passei muito tempo até entender e aceitar que tudo que fiz era parte do meu próprio aprendizado. E que eu poderia aprender mais estando do outro lado. Sim, é isto! Não foi o destino ou o carma que fizeram com que eu renascesse para "pagar" os meus pecados. Eu apenas continuei com as mesmas crenças que tinha antes, mas estava aberta ao aprendizado e disposta a compreender as leis universais da vida para sair desse padrão repetitivo e destrutivo. Não podia deixar que minha existência ficasse nas mãos de ninguém. Isso também vale para o astral.

— Isso mesmo, Gabriela — completou Antônio. — Vocês fecharam um ciclo agora.

— Mas, Antônio, eu já havia tido uma experiência anterior de rejeição. Então por que passar por todo o horror e toda a tragédia que eu passei? Se eu soubesse que seria assim, não teria ido — perguntou Karl.

— Karl, não é a experiência em si que conta e sim a qualidade dela. Você nasceu e já foi rejeitado pelo seu pai. Não existe um destino marcado. Se Isaac ou Rudolph tivessem mudado as atitudes deles e buscado você, certamente você teria uma história muito diferente. Mas não aprenderia o que tinha que aprender. Lógico que sua encarnação teria valido a pena, e talvez você tivesse aprendido outras coisas, mas o fato de sofrer o que sofreu não cabe a nós, do mundo espiritual, e sim aos do mundo material. Eles têm o próprio destino nas mãos, mas ainda não sabem disso. E isso vale para você, Gabriela. Se, durante a encarnação, você dissesse não para Isaac, tudo seria diferente. Para melhor? Eu não sei.

— E o fato de eu reencarnar novamente como filho de Ana e Maurício? — questionou Karl.

— O trauma da experiência de guerra foi muito forte para você, principalmente quando se desencarna como criança em um ambiente desses. Para que ficasse mais centrado e focado em seu aprendizado, você fez um breve retorno para ter lucidez do que deveria aprender.

— Entendo. De qualquer forma, preciso de férias por aqui! Não quero voltar tão cedo assim! — comentou Karl, enquanto todos riam.

— Antônio, só não entendo por que temos que reencarnar como homens ou mulheres, já que aqui no astral apenas nos caracterizamos da forma que melhor nos convier.

— O espírito não tem sexo. Vai muito além desta parte apenas genética. Os seres humanos estabelecem os gêneros para os homens e as mulheres. A própria evolução determinou isso em várias espécies. Os humanos já têm discernimento para igualarem-se quanto ao gênero, porém ainda não o fazem por preconceitos culturais. Mulheres podem isso e não aquilo e vice-versa. Encarnar uma vez com um sexo e outra com outro é apenas ter uma vivência diferente, um aprendizado sob outro ângulo, nada mais. Assim como encarnar com preferências sexuais diferentes das socialmente aceitas também colocam o espírito à prova, seja para lidar com preconceitos, para desenvolver amor próprio, desenvolver um lado mais masculino ou feminino, e por aí vai. Toda e qualquer experiência é válida. Afinal de contas, a moral cósmica é completamente diferente da moral humana.

— Sem preconceitos?
— Sim.

capítulo 28

De volta a Berlim ocidental, Marcos procurou o endereço dos Eichmann em vão. A casa não estava mais lá. O local havia sido transformando em um centro comercial.

Ele pegou um táxi e pediu para o motorista levá-lo até o bosque, do lado ocidental, seguindo as instruções contidas no mapa desenhado pelo coronel.

— Bem, deve ser aqui — murmurou Marcos, caminhado pelo belo lugar.

À medida que seguia floresta adentro, sua sensibilidade ia ficando à flor da pele. Sentiu arrepios e calafrios pelo corpo. Os pelos de seus braços estavam eriçados.

Escutou nitidamente uma voz:

— Siga por aqui.

O jovem começou então a andar mais rápido. A voz parecia guiar o rapaz.

— Por aqui...

Ele andou mais e mais rápido, como se estivesse atrasado para um encontro, até que teve a impressão de ver dois vultos ao longe.

Correu para lá até quase alcançar os dois homens. Ao chegar mais perto, ouviu um estampido de tiro e as duas sombras negras sumiram imediatamente.

— O assassinato de Rudolph! — intuiu.

Marcos sentiu a energia de traição, medo, ódio e morte do local. Sim, até agora a carta do coronel estava correta. Só faltava achar vestígios de sua mãe e de seu pai para comprovar que eles não eram quem afirmavam ser.

O telefone da casa dos Wolf tocou, e dona Zinha atendeu.

— Por favor, Maurício está?

— Ah, está sim, ele acabou de voltar do estrangeiro. Quem fala?

— É Ana Cristina.

— Ah, dona Aninha. Eu já vou chamá-lo.

Dona Zinha voltou e tentou esconder a sua resignação.

— Dona Aninha, ele está jantando. Sabe, tem uma gente muito fina aqui e ele não pode ser interrompido.

Do outro lado da linha, Ana ficou paralisada, com o telefone na mão. Sentiu-se o pior ser humano da face da Terra. Desligou o aparelho, colocou uma blusa e pegou um táxi.

Chegou à mansão dos Wolf, pediu para o taxista esperar e tocou a campainha. Foi a própria dona Zinha quem a atendeu.

— Minha filha, o que você faz aqui?

Ana entrou na casa, foi até a sala de jantar, onde ouviu barulho de vozes conversando.

Assim que chegou, o murmurinho cessou. Houve um silêncio absoluto. Maurício ficou com o rosto completamente vermelho. Não teve reação alguma.

— Meus amigos, esta é Ana, uma amiga de Maurício — disse Renata, contornando a situação. — Aninha, que coincidência você aparecer hoje. Infelizmente não podemos recebê-la, pois estamos oferecendo um jantar aos nossos convidados.

— Não se preocupe comigo, dona Renata. Meu assunto é com Maurício e é rápido.

Renata dirigiu-se até Ana e colocou-se ao lado dela, pegando em seu braço levemente.

— Que bom! Maurício, leve a sua amiga para a cozinha para ver o que ela precisa. Tem comida sobrando na despensa — Renata não perdeu a oportunidade de humilhá-la em público.

Maurício levantou-se como um raio e levou-a para a cozinha. Um pouco antes de deixarem a sala, Renata ainda disse sadicamente:

— Mande lembranças para a sua mãe, querida. É uma pena que você não possa ficar conosco na comemoração do noivado de Maurício e Samanta.

Maurício empurrou-a para a cozinha e apertou forte o seu braço.

— O que você veio fazer aqui? — perguntou em tom ríspido.

— Sua mãe está falando sério? — ela segurava as lágrimas.

— Vá embora que depois ligo para você.

— Se você não me contar a verdade, eu vou até a sala e conto tudo para todo mundo!

Maurício ficou com vontade de bater em seu rosto. Então desabafou:

— É tudo verdade! Eu vou me casar. Pronto! Ficamos juntos, foi bom pra mim, foi bom pra você e acabou. Ponto final. Vou me casar com alguém do meu nível. Era isso que você queria ouvir?

— Não, não era isso... Maurício, eu te amo! Nunca fiz nada por interesse! Se fiz o aborto, era para que ficássemos juntos! E agora você me dá o fora assim, como se eu fosse um traste?

— Pare com isso! Já te disse, depois a gente conversa!

Ana colocou a mão em seu ventre e sentiu um arrependimento que ela nunca experimentara antes.

— Me perdoe filhinho, por favor, me perdoe — e correu para a porta.

Ana caiu no gramado e começou a chorar sem parar. O taxista pegou-a no colo e colocou-a no carro. A garota não disse nada durante o trajeto. Só chorava. Ao chegar, ela saiu correndo e entrou em sua casa. O motorista já havia presenciado muitas coisas em sua profissão, mas essa era a primeira vez que não recebera pelo seu trabalho. Mas, diante da situação, achou por bem ir embora e voltar outro dia.

Ela entrou em casa rapidamente, nem conversou com a mãe, passou pela cozinha e pegou uma faca em cima da pia.

Foi para o quarto e deitou-se no escuro.

— Meu filho querido! Eu nunca deveria ter feito isso com você! Ah, meu Deus, queria tanto voltar no tempo! Por favor, Deus... Que dor enorme em meu peito! — Ana chorava com o travesseiro em cima de seu rosto, abafando suas súplicas.

— Maurício, você me traiu! Como fui tão idiota a ponto de não ver nada? Como, meu Deus? Como? — e a culpa devastava o seu coração.

A raiva e o ódio do homem que a levou para a cama, sob promessas de um final feliz, misturava-se à culpa por ter permitido a morte de seu filho e por ter sido tão cega.

A respiração de Ana estava muito ofegante e, com o resto de raiva que tinha, voltou-se contra si mesma e fez o que achava que merecia. Lágrimas escorriam pelo seu rosto e molhavam o travesseiro e o lençol. Aos poucos, sua respiração foi diminuindo de intensidade. Ela foi acalmando-se e abriu os olhos, perdida na escuridão do seu quarto.

Nesse momento, a única imagem que lhe veio foi o rosto de Marcos.

— Marcos — sussurrou ela. — Marcos...

A faca escorregou por entre os seus dedos e caiu no chão, ao lado da cama.

Ana virou o rosto e uma última lágrima rolou para o chão, misturando-se a uma poça de sangue.

— Marcos...

No dia seguinte da visita à casa de Eichmann, Marcos dirigiu-se para o departamento de registro de imóveis. Ficou lá cerca de quatro horas, mas não conseguiu achar a escritura original. Era como se alguns acontecimentos na Alemanha tivessem sido apagados. Era como se nada tivesse acontecido antes de 1945. Nada. O caso de Eichmann era um deles.

À tarde, Marcos resolveu visitar uma antiga instalação que sabia que havia pertencido a Rudolph. Estava em ruínas e era usada por moradores sem-teto ou mendigos como abrigo. Marcos deu uma rápida olhada e resolveu voltar logo para o carro, com medo de ser assaltado. Ao sair do prédio, viu um andarilho vindo em sua direção.

O homem chegou mais perto de Marcos e perguntou:

— Você tem um trocado, moço?

Marcos tirou algumas moedas de seu bolso e lhe deu.

— Ô moço, obrigado! É uma bênção alguém vir aqui. Tenho que andar muito pra conseguir algum trocado ou comida.

— Eu imagino. Aqui não tem nada, está tudo destruído.

— É. Tudo destruído — consentiu o homem.

Marcos notou que ele não tinha os dentes da frente e evitou olhar diretamente para o homem, mas o andarilho continuou a falar.

— Um dia ainda vão refazer tudinho, tudinho. Aqui era muito bonito antes da guerra, sabe? A gente fazia paraquedas.

— Paraquedas? Não era uma fábrica de máquinas de tecelagem?

— Era sim, senhor, mas o senhor Eichmann entrou no negócio de paraquedas e deve ter feito um dinheirão com o governo.

— Como sabe de Eichmann? — interessou-se Marcos pelo que o homem tinha a dizer.

— Eu trabalhei aqui até o final da guerra. Até o dia em que tudo foi pelos ares. Sobrevivi por milagre.

— O que aconteceu com o senhor Eichmann?

— Sei o que o pessoal ouviu por aí. O senhor Eichmann era casado com uma mulher muito bonita. Não me lembro do nome dela, mas eu a vi uma vez. Era morena, linda — e o homem olhava para o vazio, como se estivesse relembrando toda a história em sua memória. — Acho que era Daniela. Era argentina.

— Gabriela?

— Isso! Gabriela! Como você sabe?

— Continue, por favor.

— Eles tiveram até um filho, mas depois eles se separaram. Ninguém nunca mais soube dela e do filho. Tem gente que diz que a Gestapo prendeu os dois, mas eu não acredito nisso não. Devem ter se separado mesmo, porque logo em seguida o senhor Eichmann se casou com uma moça mais bonita ainda, bem novinha. Dessa mulher eu me lembro bem, porque, depois da morte do senhor Eichmann, ela apareceu por aqui e visitou todas as instalações com um monte de gente. Depois descobri que foram aqueles homens que compraram a fábrica. Também, como uma mulher viúva ia tocar tudo isso aqui?

— Você lembra quem foi que comprou a fábrica? Os nomes?

— Foi o próprio governo. Mas ficou muita coisa para a viúva. Um empresário comprou a casa daqui, outro a casa de campo, outro ficou com o carro e por aí vai. Pra gente não mudou nada. O trabalho continuou e o salário também. Até que, depois de um tempo, às vezes recebíamos o salário e às vezes só nos davam a ração diária para comermos. Veio o final da guerra e aqui estou eu. Velho, cansado desta vida e sobrevivendo.

Marcos queria ter uma foto da mãe para mostrar-lhe, mas não tinha nada em mãos. Nunca pensaria em andar com uma foto dos pais na carteira.

— Você lembra o nome dela?

— Renata. Renata alguma coisa. Eu sei que era algum nome italiano.

— Quando ocorreram esses fatos?

— Foi em... 1941.

— E como era Renata? — agora Marcos estava aflito.

— Era uma linda loira, alta, sabe, uma mulher de porte. Me lembro que ela passou do meu lado. Tinha olhos castanhos e cheirava tão bem. Que homem de sorte aquele Eichmann. E de azar também.

— É, eu sei... — respondeu para si. — Tem mais alguma coisa de que você se lembre?

— Um montão! Depois que a fábrica foi vendida, os paraquedas foram produzidos em lotes cada vez maiores e... — e ele foi interrompido por Marcos.

— Quero dizer, alguma coisa relativa ao senhor Eichmann ou às suas esposas.

— Ah, isso não. Tínhamos pouco contato. Ele sempre aparecia por aqui, era um homem muito bom. Nos tratava com muito respeito, mas quanto à sua vida pessoal, isso era tudo o que sabíamos dele.

— E por que acabou morando aqui? Sem casa, sem nada?

— Perdi tudo na guerra. Aqui era a minha casa. E aqui estou eu — relatou como se fosse a coisa mais natural do mundo.

— Tome, muito obrigado — Marcos deu-lhe uma boa quantia em dinheiro.

— Hoje é meu dia de sorte!

— O meu também — e dirigiu-se ao carro, indo direto para o hotel.

capítulo 29

— Ana, tudo bem? — a mãe estranhou a ausência da filha e chamou-a da sala. — Filha, não quer comer nada?

Alzira entrou no quarto de sua filha e acendeu a luz.

— Ana! Ana! Pelo amor de Deus! Ana Cristina! Filha! — Alzira ficou histérica ao ver a filha com os pulsos cortados, o lençol e o chão encharcados com sangue e a garota com os olhos semiabertos. No chão, a faca da cozinha.

— Ana! — Alzira tentou pegá-la no colo e, com todo o seu esforço maternal, reuniu forças, não sabia de onde para arrastá-la até a porta de casa.

A mãe aflita e desesperada só gritava. Os vizinhos ouviram a gritaria e foram até a casa de Alzira para ver o que estava acontecendo.

Ninguém entendeu o que tinha acontecido, mas sabiam que se tratava de algo muito grave.

— Pegue um carro! Alguém pegue um carro! — gritou um dos vizinhos.

— Por aqui! — falou um homem que tinha um carro parado a uma quadra dali.

— Me dá ela aqui! — outro homem tirou-a dos braços da mãe, que estava histérica.

Correram pelo quarteirão até conseguirem chegar ao carro. Mãe e filha foram levadas ao hospital mais próximo.

Ao chegarem lá, Alzira, Ana e o vizinho, que a levou no colo, pareciam ter saído de um filme de terror. Estavam com as roupas empapadas de sangue. Ana foi encaminhada diretamente para o centro cirúrgico.

— Calma, dona Alzira. Confie que vai dar tudo certo — disse o vizinho.

O tempo parecia não passar.

Um médico aproximou-se para falar com Alzira. Assim que ela o ouviu, teve que ser amparada pelo vizinho para não cair no chão. A mulher foi ficando mole, perdendo os sentidos, até que finalmente desmaiou.

Marcos colocou todos os papéis em cima da cama de seu quarto de hotel na Berlim ocidental. Repassou tudo mentalmente. Não queria deixar nenhuma dúvida, pois provavelmente demoraria para voltar à Europa. Tinha que ter certeza de que havia feito tudo o que podia para levantar todas as provas possíveis.

Não conseguiu comprovar nada sobre o coronel Siegfried Strauss. Não havia registros, fotos ou documentos falando sobre ele. Pelo menos não havia nada aberto ao público em geral. Certamente as identidades estavam em arquivos secretos, guardados pelos russos e pelos norte-americanos.

Felizmente tinha material para mostrar ao pai, que comprovava ser impossível relacionar Wolfgang aos nazistas. Isso era prova suficiente para falar à imprensa e para justificar sua viagem ao pai.

— Bem, agora vamos ao último desejo, coronel Zig — Marcos olhou para a medalha do coronel e para a divisa do tenente.

Após marcar a viagem de volta para o dia seguinte, Marcos dirigiu-se ao bosque onde esteve anteriormente. Andou em outra direção e encontrou um lugar muito agradável. Escolheu uma árvore e abaixou-se diante dela.

— Coronel Siegfried Strauss, um homem que cumpriu ordens. Não quero julgar os seus atos. Isso fica a cargo de uma força maior e de sua própria consciência. Entrego esta medalha à terra, sua amada pátria. Que você, onde quer que esteja agora, sinta que o seu último desejo foi atendido. Descanse em paz, Zig — e Marcos, solenemente, fez um buraco no chão com uma pazinha que comprou em uma lojinha e enterrou a medalha o mais fundo que conseguiu.

Depois, levantou-se e fez um minuto de silêncio, com a mão em sinal de continência, como fazem os militares.

— Tenente Klaus, o senhor também atendeu ao chamado da guerra. Foi um lutador e um bravo homem. Infelizmente, viveu em meio a mortes, mas espero que um dia o senhor possa voltar e viver em meio à vida. Descanse em paz — e Marcos repetiu exatamente o mesmo ritual que fez pelo coronel, enterrando o emblema do tenente em solo alemão.

Sorriu e deixou o local com a sensação de dever cumprido. Ele sabia que podia ignorar o último desejo de um nazista psicopata, mas conseguiu ver Zig como um ser humano perdido em meio a um caos tremendo. Um simples ser humano.

No mesmo instante em que Marcos vibrou uma energia de amor para Zig e para o seu companheiro tenente, os dois, em um plano astral extremamente pesado e denso, pararam de atirar contra seus inimigos.

— O que foi isso, coronel?
— Eu não sei, tenente. Estou confuso.
— Por quê?

— Estou sentindo uma agradável onda de calor em vez do frio que sempre sentimos... Me sinto desencaixado deste lugar. Acho que poderíamos nos render. Não vejo mais sentido nesta guerra.

O tenente estava atônito. Largou a arma e olhou ao redor. Viram ao longe uma paisagem completamente diferente da que estavam habituados a ver. Era um campo com vegetação muito baixa, bem verde e, ao centro, um caminho. A dupla aproximou-se e o coronel sentiu o ar puro e leve em suas narinas. Haviam mudado de plano imediatamente.

— Parece que podemos continuar, tenente.

Zig começou a caminhar. O tenente fez menção de dar o primeiro passo quando, nesse instante, uma legião de espíritos fardados com uniformes de várias guerras apareceu para reforçar aquele exército de dois homens. Eram espíritos guerreiros, como Zig e o tenente.

— Homens, não se deixem enganar! É uma armadilha — disse um dos espíritos.

Os dois pensaram por um momento. O coronel mostrou-se amistoso e ia continuar em sua jornada, quando o tenente declarou:

— Coronel, deve ser uma armadilha! Não vá! Volte!

O coronel deu meia-volta e retornou com o tenente. Os dois homens encontraram uma série de espíritos guerreiros, que encarnavam e desencarnavam como soldados, assim como o próprio coronel Siegfried, que, em sua última encarnação, foi morto na frustrada campanha de Napoleão para conquistar a Rússia. Aquela legião ficaria ali, sempre lutando, presos naquele momento. O tempo estava congelado para eles; continuavam encarnando e desencarnando como soldados por muitas vidas. Guerreiros e homens dispostos a viver e morrer por um ideal. Fazia parte de suas essências e levaria muito tempo para tomarem consciência daquilo e mudarem.

O avião onde Marcos viajava pousou no Rio de Janeiro no final da tarde. Ele estava ansioso para chegar logo em casa.

Assim que entrou, Renata abraçou-o carinhosamente.

— Que demora!

— É, atrasou... — limitou-se a responder Isaac, irritado por ter que esperar o filho na sala de desembarque.

— Vamos jantar — a mãe chamou dona Zinha para que servisse o jantar especial que tinha pedido para ela preparar.

— Dona Zinha, que saudade! — Marcos abraçou-a e Renata ficou enciumada, pois parecia que o filho estava muito mais feliz em rever a empregada do que a própria mãe. — Trouxe um presente para a senhora. Depois eu pego.

— Ô seu Marcos, não precisava. Depois vai lá na cozinha e me conta do estrangeiro.

— Pode deixar.

O jantar foi servido, e Isaac e Renata estavam curiosos sobre a viagem, se ele tinha achado pistas ou indicações que pudessem levar a crer que Wolfgang fosse um nazista.

Para Marcos, foi uma situação muito estranha, pois os pais não sabiam que o filho já conhecia toda a história do coronel e sobre as suas reais identidades. O jovem teve que manter o teatro, dizendo que procurou registros da saída de Wolfgang da Alemanha, mas que não havia encontrado nada.

— Bem, assim está ótimo. Ninguém poderá comprovar que Wolfgang era um nazista — concluiu Isaac.

"Ninguém a não ser eu", pensou Marcos, que tinha a prova da carta escrita de próprio punho pelo coronel.

Depois do jantar, Isaac e Renata ficaram na sala de estar bebendo licor, e Marcos foi até a cozinha.

— Aqui está, dona Zinha. Para a senhora.

Ela abriu o presente. Era uma blusa de seda muito elegante.

233

— Ai, seu Marcos, não precisava. Eu vou guardar com muito cuidado. É coisa muito fina! Eu não tenho nem lugar para ir com uma roupa chique assim.

Marcos divertiu-se com a reação de dona Zinha.

— E quanto ao resto, tudo bem durante a minha ausência?

— Tudo, seu Marcos. Aquela gentarada parou de aparecer e as cartas também. Só Aninha apareceu outro dia, e foi justo no dia do noivado do seu irmão — e dona Zinha ficou meio sem graça.

— Aninha? Sabe o que ela queria?

— Falar com seu Maurício.

— E o que aconteceu?

— Ai, seu Marcos, não acho direito eu falar, sabe? Parece fofoca.

— Dona Zinha, só é fofoca quando a gente não pergunta e você já vai falando. Se a gente pergunta e você não fala, então é falta de educação.

— É mesmo? Então eu falo. Seu irmão ficou muito bravo com ela por ter aparecido aqui. Dona Ana não sabia que ele tinha ficado noivo e saiu daqui chorando muito.

O jovem olhou para o lado e segurou a raiva.

— Obrigado, dona Zinha — saiu da cozinha e foi direto para o seu quarto.

Telefonou para a casa de Aninha, mas ninguém atendeu. Estranhou, pois a mãe dela nunca saía de casa.

— Papai, pode me emprestar o carro?

— Aonde você vai, filho?

— Passear e tirar meu ar europeu da cara. Preciso sentir a brisa carioca no rosto novamente.

— Está bem. Cuidado com o carro.

— Obrigado, papai.

"Cuidado com o carro... Que imbecil! Maurício ganhou um carro com dezoito anos e eu vou fazer vinte no ano que vem e ainda ando de ônibus...", pensou Marcos.

Ele foi direto para a casa de Ana. Tocou a campainha, mas ninguém apareceu.

— Moço, você está procurando alguém? — perguntou uma senhora que abriu a janela na casa ao lado.

— Sim, procuro a Aninha. Sabe se ela viajou com a mãe?

— Ai, moço... — a senhora fez uma cara muito aflita. — Você é amigo dela?

— Sou sim, mas o que aconteceu?

— Olha, ela está no hospital.

— No hospital? — ele aproximou-se da janela da senhora. — O que houve?

— Eu não gosto de ficar falando, mas acho que a menina tentou se matar! Parece que cortou os pulsos. Foi a maior sangueira que eu já vi. Coisa horrível.

— Meu Deus!

— Parece que está entre a vida e a morte.

capítulo 30

Marcos saiu correndo em direção ao hospital mais próximo. Assim que chegou, foi para a recepção e descobriu que a garota dera entrada naquela noite.

— Por favor, é muito importante! — Marcos estava tremendo e quase chorando. — Me diga onde posso encontrá-la!

— Lamento. Ela foi encaminhada ao centro cirúrgico. Nem mesmo a família pode entrar — respondeu a enfermeira de plantão.

O jovem ficou desesperado. Colocou as duas mãos na cabeça e começou a chorar. Ia e vinha de um lado para outro na recepção, inconsolado. Resolveu andar pelos corredores, na esperança de encontrá-la. Só queria vê-la respirando, viva. Só isso.

Em outra pequena recepção, avistou ao longe Alzira. Ela estava olhando para baixo, chorando muito.

— Por quê, Deus? Por quê? — disse o jovem a si mesmo.

— Marcos? — Alzira o avistara.

— Sim, sou eu — e ele caminhou até Alzira.

— Ah, meu filho!

— Ela está...

— Ela está lutando, Marcos! Minha filhinha ainda está lutando pela vida!

— Graças a Deus! — Marcos respirou aliviado e agradeceu também a Antônio pela força que ele deveria estar dando nessa hora. — Eu não tenho palavras...

— Não diga nada. Hoje não sei e nem quero saber o que aconteceu, só quero que minha filha saia dessa. O médico me disse que seu estado é muito grave, mas que há esperança. Só em imaginar que posso perdê-la... — e voltou a chorar. — Marcos, uma coisa me chamou a atenção. Durante todo o caminho para cá, ela não parava de murmurar o seu nome.

— Meu nome? A senhora tem certeza?

Depois de muitas horas sob extrema tensão, foi a primeira vez que Alzira parou de franzir a testa e deu um pequeno sorriso. — É lógico que tenho certeza! Ela dizia bem baixinho: Marcos. Foi assim até a entrada dela na cirurgia.

— Eu nem sei o que pensar — disse Marcos tentando ocultar a emoção. — Estou tão feliz que ela esteja viva! — e abraçou a mãe de Ana com muito carinho e ternura.

Então, abraçados, os dois choraram e depois, recompostos, fizeram uma prece para que Ana pudesse sair viva do centro cirúrgico e se recuperasse.

— A senhora quer que eu a leve para casa? — perguntou Marcos para Alzira.

— Não, vou passar a noite aqui na recepção mesmo.

— Então ficarei com a senhora.

— De forma alguma. Já me disseram que ela não poderá receber visitas até amanhã cedo. Nem mesmo eu posso ficar com ela. Vá, meu filho. Eu ficarei bem.

— Bem... — Marcos hesitou, pois queria ficar no hospital, mas de nada adiantaria.

Pensou o seguinte: devolveria o carro e voltaria logo pela manhã, para ficar o tempo que fosse preciso.

— Eu vou, mas se a senhora precisar de qualquer coisa, por favor, me ligue neste telefone — e deu a ela um papel com seu o número particular.

Pela manhã, Ana foi transferida da enfermaria para um quarto. Ainda estava sedada e desacordada quando Marcos chegou.

— Bom dia, dona Alzira.

— Marcos, que bom que veio!

Assim que ele viu Ana adormecida na cama, seus olhos encheram-se de lágrimas. Havia tubos com soro e sangue, além dos pulsos enfaixados. O rostinho dela estava muito pálido e sua expressão era serena.

— Eu vou matá-lo, eu juro que vou! — disse Marcos com muita raiva.

— Do que você está falando?

— Do meu irmão, dona Alzira. Aquele desgraçado fez isso com a sua filha.

Alzira não disse nada. Já imaginava que deveria ter sido um ato inconsequente causado pela paixão por Maurício.

— Meu filho, sente-se aqui ao meu lado e escute. Seu irmão não cortou os pulsos de minha filha. Quem fez isso foi ela mesma. Eu não sei o que aconteceu entre eles, mas a única coisa que me importa é tê-la de volta. Deus permitiu que ela tivesse uma segunda chance.

Marcos ia prosseguir em sua ira quando sentiu uma brisa suave tocar-lhe o rosto. Fechou os olhos e sentiu a presença de Antônio.

— Aquiete seu coração, meu filho. Você tem uma vida tão feliz! O passado não pode ser mudado. Apenas o agora importa. A sua felicidade está aí — e Antônio beijou-o carinhosamente em sua testa.

— Obrigado, Antônio.

— O que foi que você disse, meu filho? — perguntou Alzira.

— Que nós também temos uma segunda chance para estarmos com ela — respondeu Marcos, beijando as mãos de Alzira.

Antônio passou por Ana, tocou-lhe levemente a testa e beijou-lhe o rosto.

— Fique em paz, minha querida. Vocês ainda vão ser muito felizes. Acredite.

Em seguida, o espírito esvaneceu no ar. Nesse exato momento, Ana respirou profundamente e virou o rosto, esboçando um sorriso. Os dois levaram um susto.

— Ai, meu Deus, veja se ela está respirando, Marcos!
— Está sim! Está tudo bem.

Os dois tranquilizaram-se e sentaram-se novamente. Foi então que Ana abriu os olhos e murmurou:

— Marcos...
— Estou aqui, Aninha.
— Eu... sei...
— Filha, calma. Descanse. Marcos ficará conosco, não é mesmo?
— Sim, descanse.

Ana tentou manter-se lúcida, mas caiu em um sono profundo novamente.

Durante o dia, o médico passou para examiná-la.

— Como ela está, doutor? — perguntou Alzira.
— Seu quadro é estável. Até ontem o caso era crítico. Houve muita perda de sangue e quando deu entrada no hospital estava quase sem pulso. Mas vamos aguardar o decorrer desta semana. Acredito que tudo ficará bem.

No final da tarde, Ana acordou novamente. Dessa vez, estava bem melhor, mais desperta.

— Aninha, que bom vê-la! — disse Alzira, beijando-lhe a testa.
— Oi, mamãe. Desculpe-me pelo que fiz.
— Minha filha, às vezes passamos por umas provações e nem mesmo entendemos por que fazemos coisas, mas o que importa é que estamos todos bem, não é mesmo?
— É sim, mamãe.

239

De repente, Ana viu um jovem que estava mais ao fundo, em pé.

— Marcos?

— Oi, Ana — respondeu meio sem jeito, com o rosto corado. — Estou tão feliz de te ver bem!

— Mamãe, pode me dar licença por um minuto? Tem uma coisa que preciso dizer ao Marcos.

— Claro! Ficarei lá fora.

Assim que ela saiu do quarto, Ana fez menção de esticar sua mão para que ele a pegasse. Marcos segurou-a e sentiu o calor de seu corpo.

Os dois ficaram apenas se olhando.

— Marcos, agora eu sei.

— O que, Aninha?

Ela não lhe respondeu. Fechou os olhos e fez um carinho na mão do rapaz.

Marcos aproximou-se cada vez mais. Olhou para o rosto de Ana, deitada naquela cama. Estava pálida, mas parecia muito mais bonita do que antes.

— O que...? — ia começar a falar algo, quando a garota apenas fez com a boca: — Shhhh.

O coração de Marcos parecia que ia sair pela boca.

Ele chegou bem perto de seu rosto, fechou os olhos e foi se aproximando cada vez mais dela. Suas respirações ofegantes encontraram-se e, finalmente, seus lábios tocaram-se pela primeira vez.

Sentiram um turbilhão de emoções: paixão, êxtase e muito amor, tudo misturado.

De um tímido beijo, o casal abraçou-se e beijou-se como dois amantes. Nem se importaram com os tubos que saíam do braço de Ana nem com a bagunça que aprontavam.

Finalmente, Marcos olhou-a como se fosse o homem mais feliz do mundo.

— Eu sei que você é o homem da minha vida, Marcos. Só agora descobri isso e estou feliz por estar viva para dizer isso para você.

— Ah, Aninha. Você não sabe como eu te amo! Sempre me preocupei com o seu bem-estar, mas foi durante a minha viagem que aprendi que existem ligações eternas... E descobri que a nossa é uma delas!

Eles ficaram juntos por um tempo, sem dizerem nada, apenas se acariciando e olhando um para o outro, naquele mar de amor.

Alzira entrou no quarto e encontrou o casal abraçado. O clima no quarto era sereno e de muita paz.

— O que vocês dois aprontaram? — Alzira estava feliz por ver a filha tão bem.

Os dois riram.

— Nada, mãe. Apenas estou feliz por estar viva. Só isso!

Às dez horas do dia seguinte, assim que as visitas foram liberadas, Marcos entrou no quarto com um buquê enorme de flores e um lindo urso de pelúcia.

— Bom dia!

Ana abriu um sorriso como há muito ninguém via.

— Mãe, pode me dar um minuto com Marcos, por favor?

Alzira estava nitidamente cansada por dormir em uma poltrona ao lado da cama. Ela saiu, e Marcos entregou-lhe o ursinho.

— O nome dele é Quinho.

— Quinho?

— Isso, de Marquinho. Quinho, entendeu?

— Que bonitinho! — a garota fez um biquinho com seus lábios.

O casal beijou-se demoradamente. Marcos acariciou os cabelos de Ana e deixou o ursinho ao seu lado.

— Quando você recebe alta?

— Eu não sei. Espero que muito em breve. Não aguento mais ficar aqui. O médico disse que foi um milagre eu sobreviver. Perdi muito sangue e, se demorassem mais cinco minutos, eu estaria morta. Só que ainda tem uma coisa que está me incomodando muito. O filho que perdi. Eu o matei! Não posso nem contar para minha mãe, senão ela morre do coração, me expulsa de casa ou me manda para um convento. Convivo todo dia com uma culpa que você nem imagina.

Marcos colocou a mão na barriga dela.

— Eu não tenho como imaginar ou mensurar sua dor e a sua culpa. Você precisa entender que fez o melhor que pôde, Aninha. Se pudesse fazer outra escolha...

— Manter a gravidez?

— Sim. Se você tivesse consciência de manter a gravidez e ter o filho, teria tido a criança, mas na época você fez o que podia dentro dos seus limites. Se foi certo ou errado, não cabe a mim julgá-la. Quem sou eu para atirar uma pedra em você... Eu não sou Deus.

— Mas parte da sociedade sempre vai dizer que sou uma assassina.

— Você vai dar voz ao mundo ou dar voz ao que sente? Se acertou ou errou, o melhor é aprender com essas experiências. Você tem que sentir e perceber o que é ou não é melhor para você. Se quer saber, acho que chegou o momento de parar de se martirizar por isso. Agora você tem consciência dessa situação. Posso lhe fazer uma pergunta bem pessoal?

— Pode.

— Se você engravidasse agora, tiraria a criança?

— De forma alguma, ainda mais agora que estou apaixonada por você e quero ter muitos filhos seus!

— Eu também quero ter muitos filhos com você.

Ana sentiu-se mais serena e tranquila ao perceber que Marcos dizia a verdade, que não era só uma conversa para que ela se isentasse de culpa.

Por conta do aborto feito, Ana passaria o resto desta encarnação culpando-se pelo ato praticado e, por mais que ela tentasse esquecer o que aconteceu, seria muito difícil conseguir perdoar-se.

É importante ressaltar que isso foi feito pela mente de Ana e não por vontade divina. O pensamento negativo foi tomando forma, ficando denso e, ao longo do tempo, como não fora modificado, acabou por comprometer seus órgãos reprodutores. E Ana continuou a martirizar-se.

capítulo 31

Pela manhã, Marcos chegou ao hospital e viu Alzira chorando no corredor.

— Dona Alzira, pelo amor de Deus, o que aconteceu? — perguntou extremamente assustado.

— O que você fez com a garota, rapaz? — interrogou o médico.

— Como assim? Eu não fiz nada! Não estou entendendo! O que houve?

— Marcos, — respondeu dona Alzira — Ana teve uma melhora completamente inexplicável de ontem para hoje. Ela está ótima. Receberia alta só daqui a quatro dias, mas vai sair hoje logo depois do almoço — completou a mãe, muito emocionada com o retorno de sua filha para casa.

— Rapaz, seja lá o que você falou para essa garota, funcionou — proferiu o médico, colocando a mão no ombro do rapaz.

Marcos respirou aliviado e estava muito feliz. Entrou no quarto e foi beijar Aninha, que já estava sentada, totalmente corada e descansada.

— Você me dá uma carona, nobre cavalheiro?

— Mas é claro, milady!

Ao chegarem à frente da casa de Alzira, alguns vizinhos apareceram para cumprimentá-la. Outros observavam Ana de longe, com olhar de reprovação, como se ela tivesse virado uma pecadora da noite para o dia.

— Olá, seu Armínio — Ana cumprimentou o vizinho, que, por coincidência, passava em frente à sua casa, assim que ela saiu do carro.

Ele não a olhou e seguiu em frente.

— Não ligue para eles, Ana, são julgadores que um dia serão julgados pelo próprio preconceito — afirmou Marcos.

— Realmente algo aconteceu comigo. Eu não sei o que é, mas já não me importo com a opinião dos outros, sabe? Meu querido, eu renasci. É ótimo tê-lo ao meu lado!

— Querida, tenho que ir até a loja de Ipanema. Volto à noite. Pode ser, dona Alzira?

— Lógico que sim! — confirmou a mãe, que ficou feliz com a aproximação da filha com Marcos.

— Então até mais.

O jovem foi embora, deixando mãe e filha ambientarem-se novamente ao lar e à situação pós-traumática.

Em Ipanema, Marcos fez um esboço do layout da loja e da vitrine. Depois tirou algumas fotos e checou o relatório de vendas. Usou a sala do gerente emprestada e ficou por lá por cerca de três horas. Acompanhou discretamente três atendimentos e um fechamento de venda.

— Alô, papai?

— Marcos, onde você está? — perguntou Isaac, irritado.

— Ora, estou em Ipanema! — afirmou o filho, como se tivesse passado o dia todo por lá.

— Ah... Bem, o que você quer?

— Quero fazer alguns ajustes aqui na loja para usá-la como modelo. Uma experiência.

— Experiência? E quanto isso vai me custar?
— Esta é a melhor parte! Nenhum centavo. Deixe comigo.
— Está bem, mas se o faturamento cair, vou tirar do seu salário.
— Combinado, mas se o faturamento subir, vou tirar um percentual para mim.

O pai ficou em silêncio e depois respondeu:
— Está aprendendo bem, meu filho! Vá em frente.
— Só mais uma coisa: vou jantar com uns amigos.
— Pode deixar que aviso a sua mãe. Até mais.
— Até mais, pai.

Mais tarde, Marcos voltou a se encontrar com Ana. Jantou por lá e, assim que ficaram sozinhos na sala, ele tirou uma caixinha comprida de seu paletó.
— Tome, para você.
— Um presente? — a garota abriu o embrulho.

Era uma pulseira. Ana ficou de olhos arregalados.
— Nossa! São diamantes?
— Lógico que sim!

Aninha não sabia o que dizer. Por fim, fechou a caixa e gentilmente devolveu-a para Marcos, dizendo:
— Obrigada, mas não é uma boa ideia. Não preciso disso, Marcos. Enquanto eu estiver em seu coração, nenhuma joia precisará preencher espaço algum em meu coração.
— Eu te amo, Ana! — Marcos nunca havia admirado alguém assim em toda a sua vida.
— Eu também te amo, Marcos.

Marcos assumiu o namoro com Ana e passou a frequentar a casa de Alzira diariamente.

Certa tarde, uma semana depois dela ter saído do hospital, Marcos e Ana saíram para tomar sorvete.
— Aninha, minha família é louca. Maurício contou coisas horripilantes sobre a escravidão e as precariedades do comércio de diamantes e descobri que meu pai já sabia

de tudo aquilo. Pior, minha mãe também sabia! Ela nunca acompanhou nenhuma negociação diretamente na África, mas meu pai sempre contou tudo para ela, que também achou tudo muito normal. Há escravidão, muita pobreza e assassinatos no mercado de diamantes.

— E você, o que acha?

— Acho que é uma insanidade!

— Então por que não larga tudo e vai trabalhar em outra coisa?

Marcos abaixou a cabeça e respondeu:

— Eu não sei...

— Marcos, eu amo muito você. Sempre irei apoiá-lo em qualquer situação, mas, enquanto você não se libertar das amarras de sua família, nunca será um homem livre. Sempre será conivente com tudo isso que não concorda. Venha cá — e ela abraçou-o carinhosamente. — Não se preocupe, tudo dará certo. O importante é que estamos juntos.

Na volta, os dois caminharam abraçados para a casa dela.

Naquela noite, Marcos sonhou com Antônio.

— Estava com saudades! Tenho tantos questionamentos!

— Então compartilhe-os comigo, meu filho.

— Quando venho aqui, parece que minha consciência se amplia. Tudo fica mais lúcido e é muito mais fácil encontrar respostas para os problemas que me afligem. Por que não pode ser assim na Terra?

— No mundo físico tudo é muito mais denso e, portanto, mais lento. Aqui o processo é imediato. Por esse motivo, quando você quer respostas imediatas, corre para cá.

— Entendi... O que você acha que devo fazer? Batalhar ao lado de Ana e ter uma vida difícil ou ficar com meus pais, levando uma vida muito confortável economicamente? Ainda penso muito sobre isso e, quanto mais penso, mais confuso fico.

— Só você tem o poder de saber o que é bom ou não para si mesmo, e mais ninguém. Eu não estou em seu coração. Se perguntar para mim, vou opinar sobre o assunto a partir de minha experiência. Se perguntar a Karl, ele falará da experiência dele. Não dê atenção às experiências ou aos palpites alheios. Siga o seu coração.

— Obrigado pela resposta, amigo. Já está muito claro para mim. Vou continuar seguindo o meu coração. Enfrentarei a verdade e continuarei com Ana ao meu lado.

— É isso mesmo, meu filho. Você e Ana foram feitos um para o outro. Assim que um de vocês desencarnar, o outro também desencarnará. Se não for junto, será em um intervalo de dias, talvez semanas. Felizmente vocês dois puderam enxergar e bancar esse amor.

— E quanto a você, Antônio? Nunca me contou sobre seus amores!

Antônio olhou bem para Marcos e respondeu:

— Está bem, vou lhe falar um pouco sobre meus amores. Foi há muito tempo. Eu morava na Espanha, no início das grandes navegações. Lá, conheci Leonor, o amor da minha vida na época. Nós nos casamos e tínhamos uma vida muito boa. Fazia comércio no sul do Mediterrâneo e passava metade do ano viajando e a outra metade junto de minha amada. Então, em 1577, fui convidado para fazer parte de uma expedição ao Novo Mundo. Não poderia deixar de ir. Com o coração em frangalhos, parti e deixei Leonor. Voltaria em dezoito meses. Desembarcamos em Santo Domingo e seguimos para o norte, posteriormente. Três meses depois, conheci Kaiá, uma mestiça de índia com espanhol. Ela trabalhava com a mãe como servente em uma vila espanhola. Logo percebi que ela não era apenas uma escrava. Falava espanhol fluentemente e aprendeu a ler sozinha. Veja, Marcos, a maioria daqueles homens não sabia nem escrever o próprio nome.

— Quantos anos ela tinha? — perguntou Marcos.

— Deveria ter quinze ou dezesseis anos. Ela mesmo não sabia. Nem sua mãe. Comecei a me encontrar às escondidas com ela para lhe dar livros. Se alguém nos pegasse, era morte certa. Mas, à medida que a conhecia melhor, comecei a ver os nativos como seres de alma muito mais elevada do que os homens civilizados. Entendi o seu respeito à natureza e muitas coisas mais. Mas eu amava loucamente Leonor. O que fazer então?

— E o que você fez? — Marcos estava acompanhando o relato como alguém acompanha uma novela.

— Um dia, me declarei a Kaiá e sabe o que ela fez?

Marcos acenou negativamente com a cabeça, e Antônio prosseguiu:

— Ela simplesmente se levantou, pegou a minha mão e me levou para um lugar afastado na floresta, onde havia um rio por perto. Um lugar paradisíaco. Então ela se virou e tirou a roupa na minha frente. Ficou nua. Seu corpo era maravilhoso. E deitou-se ali, diante de mim, com as pernas abertas.

— E então?

— Então, eu a amei como nunca havia amado alguém antes. Não foi só sexo, foi paixão, puro amor. Mas o tempo passou e eu sentia uma falta enorme de Leonor. Seu cheiro, seu corpo, suas roupas, seu modo de falar. Tudo nela me encantava. E tudo em Kaiá também me encantava. Sim, para mim foi possível amar duas pessoas simultaneamente, meu querido Marcos. Mas Kaiá... — e Antônio olhou para o chão, como se estivesse em um transe. — Bem, agora é hora de ir. Lembre-se, tenha fé em si mesmo. Faça o que sente em seu coração e estará no caminho certo. Um dia você entenderá a ajuda que Karl lhe deu.

— Não, Antônio! Quero saber o final da história!

— Marcos, minha vida não é tão empolgante quanto a sua!

— Antônio, juro que vou fazer um pacto com o diabo para te infernizar até o final dos tempos se você não me contar o final da sua história!

Antônio riu muito para ocultar a sua emoção, pois essa vida, em particular, o afetara profundamente, em todos os sentidos. Fora um divisor de águas para o seu espírito, uma vida no planeta que lhe valerá por muitas experiências.

— Cuidado quando falar do capeta por aqui, hein?! Bem, o tempo passou e eu tinha que tomar a difícil decisão de ficar ou partir. Continuei meu relacionamento com Kaiá de forma secreta, mas ela ficou grávida. De um filho meu. Kaiá escondeu o fato até não poder mais para disfarçar sua barriga. Os espanhóis queriam a todo custo descobrir quem era o pai para julgá-lo por relacionamento proibido e imoral, contra as regras da Igreja naquela época. Eu me calei. Escolhi partir e voltar para Leonor. Deixei para trás outro amor, que me defendeu até o último minuto. Quando meu navio partiu, ela estava quase prestes a dar à luz. Acabei meus dias ao lado de Leonor, a qual sempre amei, mas nunca mais fui o mesmo desde então. Uma parte de mim morreu, entende? Em vida, nunca mais soube dela e de meu filho. Só mais tarde compreendi tudo.

— E o que aconteceu com ela e o bebê?

— Me desculpe, Marcos, mas isso é um aprendizado que não compete compartilhar com você nesse momento, por uma série de razões, está bem?

— Sim, Antônio, respeito isso.

— Vá, Marcos. Faça o que fizer, se for na fé, estará certo.

— Obrigado, querido amigo.

E Marcos voltou a dormir profundamente, sonhando com diamantes e escravos.

capítulo 32

— Marcos, preciso que você vá para São Paulo esta semana — ordenou Isaac.

— Tudo bem, será bom viajar um pouco.

— Sabe que suas mudanças na loja de Ipanema deram resultados?

— Lógico que sei, pai! O senhor acha que não estou acompanhando tudo de perto? Tenho um ótimo tino comercial.

— Calma, não fique muito convencido. Faça o mesmo em São Paulo e me mostre resultados. Daí conversaremos.

— Está bem. Quando devo partir?

— Amanhã está ótimo. Deixarei seu irmão a cargo das lojas de Ipanema e Leblon.

— Como quiser.

Na manhã seguinte, Marcos foi para São Paulo. Logo que desembarcou no aeroporto de Congonhas, pegou um táxi e foi direto para a loja da Rua Augusta.

De volta ao Rio de Janeiro, Marcos desembarcou no aeroporto e foi para casa.

— Filho? — assustou-se Renata ao ver Marcos entrar em casa. — Por que não nos ligou dizendo que chegaria hoje? Iríamos buscá-lo no aeroporto!

— Assim que chegarem, quero conversar com todos. Mas não agora — completou o rapaz, com voz firme e dirigindo-se para o quarto.

— Está bem — Renata ficou sem reação alguma.

"O que será dessa vez?", pensou ela.

Assim que Maurício chegou, Renata comunicou-o sobre a conversa com Marcos.

Finalmente Isaac chegou, e Renata avisou a todos sobre a reunião.

— Ah, o que vai ser agora? — irritou-se o pai.

Dona Zinha bateu na porta do quarto de Marcos para avisá-lo de que todos haviam chegado. Ele saiu do quarto e desceu as escadas. Tinha vários papéis em mãos.

Marcos sentou-se à mesa de jantar e apenas olhou para todos, esperando que eles o acompanhassem.

— O que foi? Fale logo! Estou cansado — falou Isaac.

— Sentem-se! — ordenou o rapaz.

— Ora, escute aqui, eu sou... — Isaac começou a dar-lhe uma bronca.

— Sentem-se agora! — Marcos bateu a palma da mão na mesa.

Os três ficaram abismados com a sua atitude. Sentaram-se com movimentos bem gentis e calculados.

— Hoje estou aqui para saber da verdade. Vocês querem me contar ou eu vou ter que falar?

— Como assim, filho? — perguntou a mãe.

— Só quero a verdade. Acho que o idiota do meu irmão também deveria saber, mesmo que isso não o afete em nada, já que ele é tão imoral quanto vocês.

— Cale-se! Isso já foi longe demais! — ordenou o pai, enfurecido.

— Onde o senhor nasceu mesmo, Albert? — interrogou Marcos, em tom irônico.

— Que pergunta ridícula! Em Zurique, na Suíça.

— Pois tenho certeza de que não, senhor Isaac Krupney. E quanto à senhora, Renata Biotto?

O casal ficou pálido e mudo.

— Que idiotice é essa? — perguntou Maurício.

— Cale a boca! — ordenou o próprio pai para Maurício.

— Que mais você tem a dizer? — perguntou Isaac, perturbado.

— Sei de tudo. Do golpe contra Rudolph Eichmann e sua esposa na época, Gabriela; da prisão dela e de seu filho Karl; e da morte dos dois em campos de concentração. Aposto que isso vocês não sabiam, não é?

O casal permanecia calado e estarrecido.

— Renata Eichmann, que aqui se encontra, vendeu toda a fortuna e fugiu com o amante, o judeu Isaac, que também está aqui, sentado ao meu lado.

Em seguida, virou-se para Maurício e disse:

— Sabe, irmãozinho, você é judeu! E toda a nossa família por parte de pai morreu nos campos de concentração, graças a nazistas como o senhor Wolfgang, ou melhor, o coronel Siegfried Strauss, também conhecido por Zig, que nosso pai tanto ajudou.

— O que você... — Maurício não conseguiu terminar a frase.

— Isso mesmo. Eles fugiram para cá, com todo o ouro, diamantes e dinheiro que conseguiram roubar de Rudolph, que, a propósito, foi assassinado, deixando a nossa "pobre" mãe uma viúva milionária. Mas o mundo é mesmo um lugar pequeno. Quem diria que o coronel acabaria vindo justamente para o Rio de Janeiro. E que um judeu estaria dando cobertura a um grupo de nazistas em troca de favores e dinheiro.

— Chega! Chega! — gritou Renata.

— Papai, que história é essa? — perguntou Maurício, com ar de assustado.

— Você não tem provas. Mesmo que tivesse, o que ganharia com isso? A nossa falência? É isso que você quer? — falou Isaac.

— Tenho provas sim. O que acha que fui fazer na Europa? Caçar borboletas? Tenho testemunhas e a cópia da certidão de casamento de mamãe com Rudolph — Marcos blefou, pois não tinha certidão alguma, apenas a carta do coronel.

— Está bem, estou ouvindo. O que quer? — perguntou o pai.

— A verdade, apenas isso.

— Você não pode nos encurralar assim. Somos seus pais. Quem lhe coutou essas coisas? Já pensou que podem estar mentindo e nós falando a verdade? — contestou Isaac.

— Já pensei sim, por isso fui atrás de tudo. Não deixei escapar nada. Até levei uma foto sua, mamãe, que um ex-funcionário da fábrica de Rudolph reconheceu como sendo a belíssima viúva italiana de Eichmann — novamente Marcos blefou. — Há também as fotos do senhor, pai, fazendo sexo com Gabriela. Sim, eu sei de tudo. Fui a Dachau e a Auschwitz, levantei pistas, fui até a antiga casa de Rudolph, onde a senhora morou, e também fui à antiga fábrica de Rudolph. E então, querem me contar a verdade agora ou vão continuar com a farsa?

Isaac olhou para Renata incrédulo, depois se voltou para o filho e indagou:

— O que você quer, Marcos?

— Só a verdade! Se um filho não pode nem confiar nos pais, em quem poderá confiar?

— Está bem — concordou Isaac. — Você tem que entender que era época de guerra. Eu havia fugido da Holanda e estava na Alemanha. Conheci Rudolph e me apaixonei por sua esposa, Gabriela. Tivemos um caso até que tudo terminou. Não sei se Rudolph desconfiou, mas ele se desentendeu com Gabriela e ela foi presa. Não havia nada que eu pudesse fazer a respeito disso. Em seguida, sua mãe o conheceu, eles se apaixonaram e se casaram, até que ele morreu em um atentado. Não há mistérios na história. Fui ao funeral de Rudolph e conheci sua mãe. Ela estava carente e assustada, assim como eu. Nós nos aproximamos e fugimos da guerra. É só. Não neguei ter parentesco judaico, mas nunca fui praticante, então para mim foi mais prático dizer que eu era católico. Lógico que, para sairmos da Alemanha, tive que mudar meu nome judaico. Por isso, falsificamos nossos passaportes. Viemos para cá e estamos vivendo muito bem até hoje. E agora você nos traz essas acusações absurdas e sem fundamento algum. Se você queria a verdade, pronto, você a teve. Só queríamos poupá-los de uma crise de identidade, apenas isso.

Marcos não pôde acreditar na cara de pau do pai.

— Isaac, — pela primeira vez Marcos chamou-o pelo seu nome verdadeiro — não insulte a minha inteligência. Tenho provas de que isso não aconteceu. Vocês dois armaram um tremendo golpe contra os Eichmann, destruindo suas vidas e roubando tudo o que era deles. Acredito até que você o assassinou e que Karl era o seu filho! Você condenou seu próprio filho à morte. E tudo por dinheiro!

— Que provas são essas? — protestou Renata.

— Antes do coronel morrer, ele deixou uma série de documentos, fotos e versões que pude comprovar em minha viagem. Montei um dossiê com toda a verdade.

— Então, o que quer? Dinheiro? — perguntou Isaac.

Marcos bateu forte com sua mão sobre a mesa e gritou:

— A verdade!!!

— Ora, Marcos, você já tem a verdade! De que adiantaria dizermos algo diferente? Hein? Você acreditaria?

Lógico que não! Preferiu acreditar em um louco nazista. Muito bem, e daí se fugimos da guerra e assumimos novas identidades? Isso muda o que somos? Muda o que eu e sua mãe conseguimos construir ao longo do tempo? Muda? — Isaac estava visivelmente alterado.

— Escute aqui, Marcos — rebateu a mãe. — Você não tem ideia do horror que foi viver na Europa em tempos de guerra. Tivemos que fugir para não morrermos. Tudo o que fizemos foi para nos proteger e, principalmente, para proteger vocês dois. Demos muito duro, suamos muito para termos o que temos hoje. Se você quiser acabar com tudo, vá em frente, acabe. Mas agora eu tenho uma pergunta para você: por quê, Marcos? Por que criou uma guerra particular contra mim, seu pai e seu irmão?

— Eu criei uma guerra? Meu Deus, vocês estão loucos!

— Papai, mamãe, o que ele está dizendo é verdade? — Maurício estava atordoado e não estava absorvendo o que acontecia naquele ambiente.

— Fique quieto, Maurício! — ordenou a mãe.

— E você, Marcos, se faz de vítima, mas quer voltar no tempo e deixar de ter tudo o que teve? Quer abrir mão da escola, das mordomias, das viagens, das aulas de línguas, de esqui, de equitação? Não venha nos culpar por oferecer a vocês dois o melhor que pudemos dar! — enfureceu-se Renata.

— Eu tenho o direito de saber a verdade! Quem sou eu?

— Você é nosso filho. É Marcos Wolf e vai continuar sendo até o momento em que não quiser mais acreditar nisso. Depois, será problema seu! — bradou o pai.

Maurício estava calado. Não sabia o que fazer ou dizer.

— Gostaria de saber o que as autoridades brasileiras diriam se soubessem de seu passado — ameaçou Marcos.

Isaac levantou-se e preparou-se para dar um soco no rosto do filho, mas Renata o impediu.

— Muito bem, Marcos, pode dizer, vamos! Diga! Ligue agora para eles. Chame a polícia, chame quem você quiser. Vamos! — desafiou Isaac.

— Isso não será necessário. Não por enquanto. Só queria a verdade. E, dentro de todas as mentiras ditas aqui e agora, finalmente obtive todas as respostas que queria.

Marcos encaminhou-se para o quarto. Isaac estava possesso e Renata preocupadíssima. Só Maurício ficou ali, sem saber o que fazer.

— Calma, querido, calma. Sempre agimos corretamente — ponderou Renata, tentando tranquilizar o marido.

No quarto do casal, Renata disse:

— Onde você acha que ele guardou essas provas?

— Em casa certamente que não. Realmente não sei. Mas não entendo como ele se virou contra nós, seus próprios pais! Filho meu não me trata assim! Vou deserdá-lo! Não vai receber um único centavo de nossa fortuna! — decretou Isaac.

— Como? Se fizer isso, ele nos entrega às autoridades.

— Tenho uma ideia.

O casal ficou por mais de duas horas conversando sobre o que fazer.

capítulo 33

O resto da semana passou e Isaac e Renata evitavam a todo o custo qualquer contato com Marcos. Já Maurício partiu para a agressão verbal e psicológica.

— E aí, irmãozinho? Vai nos levar à falência?

— Cale a boca! Você realmente não se importa em descobrir a verdade, não é?

— Verdade? A única verdade que me interessa é termos as joalherias, muito dinheiro e uma vida inteira pela frente para desfrutarmos de tudo isso. A menos que você ponha tudo a perder, é lógico.

Marcos não disse nada. Levantou-se e saiu da sala.

Naquele final de semana, Isaac chamou Marcos de lado e tiveram uma conversa.

— Filho, vamos acertar tudo. Afinal de contas, o que você quer?

— Só quero que você admita que o que eu disse é verdade.

— Eu nunca farei isso.

— Então, pai, não me resta alternativa a não ser levar toda a história para a polícia e para a imprensa. Mesmo que todos nós sejamos deportados, ficarei com a consciência livre.

— Você me acha um completo idiota, não é mesmo? — enfureceu-se Isaac. — Você sabe muito bem que se alguém fosse deportado seríamos apenas eu e a sua mãe. Você e seu irmão são brasileiros e maiores de idade. Teriam direito de ficar com tudo que é meu. Acha que não sei que este é o seu plano?

— Plano? Se você tem uma ideia dessas, certamente é porque pensa assim e não eu — concluiu o filho.

— Pois aqui está algo que possa lhe interessar — ele entregou-lhe um documento. — É o meu novo testamento. Eu retirei você dele.

— O quê? — Marcos não podia acreditar.

— Além do mais, tenho isso aqui — e entregou-lhe o comprovante das ligações telefônicas realizadas pelo gerente da loja de Buenos Aires para o quarto de Marcos. — Estranho, não é mesmo? Tenho comigo uma agenda e uma lista de nomes de clientes judeus a que só você e o coronel tinham acesso. A polícia ainda está investigando, mas eu disse que você não poderia ter qualquer envolvimento no caso. Não poderia... Mas pode vir a ter. Vou dizer que eu estava sendo chantageado pelo meu próprio filho e que você era protetor de nazistas e apoiava a lista de clientes banidos de Zig. E o coronel só enlouqueceu porque você contou para ele que eu os entregaria às autoridades. Viu? Também tenho cartas na manga, seu ingrato miserável!

Marcos estava atônito. Seu pai era a pior víbora que já encontrara na terra. Pior até do que os nazistas.

— E então, como vai ser? Do seu jeito ou do meu? — atacou Isaac, sentindo-se no poder novamente.

Marcos subiu correndo as escadas e trancou-se no quarto. O jovem sabia que não poderia combater as provas que o pai tinha apenas com seus blefes e com uma simples carta de um homicida-suicida. Fez suas malas, pegou boas roupas, calçados e objetos de valor, como relógios e uma boa quantia de dinheiro que possuía.

Desceu as escadas, foi direto para a porta de entrada e saiu, sem olhar para trás.

Isaac, Renata e Maurício viram toda a cena e não fizeram um só movimento para impedi-lo. Parece que tinham resolvido seus problemas.

Na rua, andou até achar um táxi e pediu ao motorista que o levasse até a casa de Ana.

— Querida, está feito. Saí de casa.

— E agora?

— Não sei, mas eu me viro. Vou procurar um hotelzinho bom e barato até pensar no que fazer.

— Não importa o que faça, estarei sempre com você — e a garota deu-lhe um beijo cheio de amor.

No dia seguinte, o casal estava novamente na sorveteria do bairro.

— Aninha, quero lhe contar algo pois acho importante você saber. É sobre um fato que aconteceu em minha vida, mas preciso contar do início.

— Está bem, mas se começar a ficar muito chato, falo para você e vou embora — brincou ela.

— Combinado!

— Tudo começou quando eu tinha cinco anos e tive um sonho.

— Nossa, você não estava brincando quando disse que começaria bem do início, não é? — finalmente ela estava descontraída.

Marcos riu e disse:

— Ah, vou lhe contar tudo. Espere até o final para poder me chamar de maluco, está bem?

Ela também riu e acenou com a cabeça. Marcos contou toda a sua história de vida. Até mesmo os encontros com

Karl e Antônio. A viagem para a Europa e todas as descobertas sobre sua família até culminar em sua saída de casa. Passaram cerca de três horas juntos, e Aninha praticamente não perguntou nada, tamanho era o seu espanto diante dos fatos. Depois de muito tempo, Marcos finalmente terminou seu relato:

— Agora estou aqui, contando tudo isso para a mulher que amo. Esta é toda a minha vida.

— Marcos, nem sei o que dizer... Parece um romance policial, sabe? Desses que a gente só vê nos livros ou no cinema.

— Não diga nada. Nada mesmo. Só queria compartilhar minha história com você.

Na volta, Maurício estava em frente à casa de Alzira, encostado em seu carro, um luxuoso Cadillac cheirando a novo, encarando-os ofensivamente.

— O que é isso, Aninha? Vai ficar com um perdedor? — e Maurício avançou para cima do irmão.

Marcos empurrou-a para trás e preparou-se para brigar com o irmão.

— Parem vocês dois! — gritou ela.

— Ana, esse moleque não tem nada para lhe oferecer. O que você quer? Morar em uma casa de taipa? — questionou Maurício.

— Escute aqui, seu fedelho imprestável... Onde está a sua noivinha?

— Ela não tem nada a ver com isso!

— Muito pelo contrário, ela tem tudo a ver! Eu não sou uma vagabunda e você não pode mais mandar em mim! Você me traiu, assim como traiu outras tantas como eu. Sua noiva é mais uma vítima, pobre coitada! Mas deixei de ser boba. Agora o otário é você, que fica pegando dinheiro do papai para brincar de moço rico. Você não vale nada! Por mais que tenha dinheiro na vida, você não vale um centavo.

Até mesmo o retrovisor do seu carro vale mais do que você. E veja só o que acontece com ele! — nesse momento, Ana pegou um pedaço de cano que estava no chão e empunhou-o com toda força, espatifando o espelho em pedacinhos.

— Meu Deus! — Maurício ficou sem reação alguma.

— E agora? Quem é a otária, hein? Seu traidor! Assassino! Fui induzida a fazer coisas abomináveis, graças às suas promessas mentirosas — e deu outra pancada no vidro traseiro do carro, quebrando-o instantaneamente. — Você queimará no inferno, Maurício! — e começou a bater em toda a lataria do carro.

Marcos ficou paralisado diante da reação de Ana.

Finalmente, Maurício saiu de sua letargia, não acreditando na força daquela garota e gritou:

— Pare com isso! Você é louca! Todos estão olhando!

E Ana gritou:

— Sou louca sim! Adoro ser louca! Amo ser maluca! Eu me amo e não ligo pra mais ninguém! — e, nesse momento, pulou para cima do capô do carro e começou a pular. Depois foi até o teto e pulou até que ele ficasse completamente amassado.

Maurício não sabia onde esconder o rosto. Estava envergonhadíssimo e com muita raiva da atitude de Ana. E também sentia ódio por ver Marcos gargalhando com outros vizinhos, que acharam a atitude da moça realmente hilária.

— Saia daí! Vou chamar a polícia! — ameaçou ele.

— Então, chame! Chame, pois vou te matar, seu nojento! — e Ana saltou do carro e partiu para cima dele com aquele pedaço de cano para espancá-lo. Maurício saiu correndo, e, mesmo assim, ela ainda conseguiu bater em sua cabeça. Ele entrou pela porta do passageiro e desesperou-se, tentando ligar o carro.

— Você é louca! Você é louca! — gritava descontroladamente.

Ana ainda conseguiu quebrar o resto das janelas, até que ele saiu cantando pneu.

As pessoas em volta aplaudiam sem entender nada do que havia acontecido. Até Alzira ficou na porta de casa, totalmente perplexa.

Ana, com o cabelo todo despenteado, voltou-se para Marcos, que, sem perceber, deu um passinho para trás assustado, pois parecia haver outra pessoa diante dele. Ela colocou o cano com cuidado no chão e falou com muita amabilidade:

— Querido, sabe que estou com fome? Vamos comer?

— Tudo o que você quiser, querida. Tudo o que você quiser...

— Tem alguma coisa para comer, mamãe?

— Faço algo rapidinho — e Alzira olhou aquele doce de menina passar, lembrando-se da história do famoso romance *O Médico e o monstro*.

Marcos não seria louco de contrariá-la. Entrou de cabeça baixa, mas no fundo estava exultante com a atitude de Ana, ao deixar seu irmão sair como um ratinho amedrontado e com o carro todo arrebentado pela cidade.

Marcos encontrava-se com Ana todos os dias. Duas semanas depois, ela disparou:

— Vamos, faça a pergunta logo!

— Que pergunta? — indagou ele.

— Ah, qual a pergunta que você mais quer fazer para mim?

— Meu Deus, essa é uma pergunta perigosa! E agora? Estou com a boca seca! — respondeu Marcos, pego de surpresa.

— Faça logo ou mudo de ideia — Ana olhava-o seriamente.

Marcos ficou com muito medo, mas respirou fundo e perguntou:

— Aninha, você quer se casar comigo?

— Sim, Marcos! Eu quero! Quero muito!

Os dois abraçaram-se e beijaram-se apaixonadamente. Ana viu, ao longo dos dias e também por todo o tempo em que Marcos acompanhou sua gravidez, o quanto ele se importava com ela. E que não queria simplesmente conquistá-la e impressioná-la com sua riqueza, ao contrário de Maurício.

— E quando será o casamento? — perguntou ela.

— Só depois que eu estiver trabalhando e comprar um apartamento para nós dois. Antes disso, só noivado mesmo! E sua mãe, desconfia de algo?

— Lógico! Ela vê sua cara de bobo quando está comigo. Quero que você peça a minha mão em casamento para ela, combinado?

— Claro, meu amor! — Marcos abraçou-a, e uma sensação de felicidade invadiu-o.

Em seu pequeno quarto de hotel, Marcos planejava como refazer a vida. Trabalho, casa, carro... Estava completamente deserdado da família Wolf. Não tinha nada em seu nome, então agora precisava começar do zero.

Certa noite, Antônio e Marcos encontraram-se no astral. Antônio olhou bem para o seu pupilo e disse:

— Você progrediu muito, muito mesmo. Fico feliz com o seu amadurecimento. O dia em que suas angústias terão uma resposta está cada vez mais próximo. Você mesmo está chegando perto da resposta. Lembre-se bem, apenas tenha fé, meu amigo.

— Eu tenho sempre! Mas as coisas estão difíceis. Não gosto de me queixar, mas confesso que ter saído de casa foi muito pior do que imaginei. Mesmo com toda a rede de mentiras, sinto falta do meu lar, do meu pai e da minha mãe. Sinto saudades das lembranças do passado, do tempo em que éramos crianças.

— Eu sei, meu filho. A família é o berço que nos cria, seja ela boa ou má. Nós nos acostumamos a ela, mas um dia temos que sair desse berço para amadurecermos. É um renascimento. Esse processo é demorado e dolorido, e você está passando por ele. Mas cuidado, filho, você está com saudades de uma ilusão e não da realidade. Lembre-se bem disso.

— Às vezes tenho tanto ódio e raiva que parece que vou explodir. Pensamentos de vingança aparecem em minha mente, principalmente à noite. Quando me dou conta, os pensamentos já invadiram minha mente — confessou Marcos.

— Já tive muitos pensamentos assim também. Mas você tem a opção de realizar a vingança ou não. Pode também fazê-la sutilmente, ou seja, dando a volta por cima, enriquecendo e mostrando a eles que não precisa de ninguém. Mas e daí? O que ganhará? Se quiser sair da vingança, apenas aceite o que passou, e tudo o que fizer, faça somente por si mesmo e não por mais ninguém. Lembre-se de que só há liberdade quando há perdão e amor-próprio.

Os dois conversaram mais sobre trabalho e depois se despediram, encontrando-se eventualmente em noites em que Marcos precisava de orientação ou tinha muitas dúvidas com relação à vida e à espiritualidade. Antônio sempre tinha muita paciência com o seu pupilo.

capítulo 34

Depois que saiu de casa, Marcos arrumou um emprego, um mês após o noivado com Ana, para trabalhar como gerente em uma joalheria concorrente dos Wolf. Usou todo o seu conhecimento para passar aos novos patrões segredos e truques que eles ainda não conheciam.

Para o jovem Marcos, trabalhar com horário fixo e sob supervisão foi muito desgastante. Sentia-se humilhado e isso fazia com que sua raiva da família ficasse ainda maior. Entretanto, com a ajuda de Antônio, Marcos entendeu que aquele trabalho fazia com que o seu orgulho se dissolvesse e sua vida fluísse melhor.

Aos vinte anos, Marcos foi convidado para trabalhar na sede da joalheria, situada na capital paulista. Foram dois anos difíceis de muito trabalho e pouco contato com Ana. Ele dormia em um pequeno depósito na própria joalheria e tudo o que ganhava economizava para a compra de um apartamento. Geralmente se pegava chorando à noite, seja por saudades da família com quem não tinha mais contato, seja da noiva ou apenas por se sentir vítima de uma fatalidade.

Dois anos depois, finalmente comprou um apartamento na região da Bela Vista, em São Paulo. Marcaram a cerimônia de casamento para novembro do mesmo ano e realizaram uma cerimônia bonita em uma pequena igreja do Rio de Janeiro com uma recepção simples. Ninguém da família de Marcos estava presente nem sequer foi convidada.

Após a lua de mel em Poços de Caldas, o casal começou uma vida nova em São Paulo. Marcos, com a ajuda de Ana, deixou a tristeza de lado e transformou um pouco de sua raiva em combustível para o trabalho. O jovem casal, de apenas vinte e dois anos, começava uma vida juntos, com muito amor e cumplicidade, dispostos a encarar quem viesse pela frente com toda a garra e disposição.

Maurício casou-se com Samanta, uma moça da alta sociedade de Guanabara. O casamento foi um dos grandes acontecimentos do ano na cidade carioca. Os dois passaram quarenta dias viajando pela Europa e, na volta, Maurício assumiu as lojas das regiões Nordeste e Sul do país.

— Como foi a lua de mel, filho? — perguntou Isaac para Maurício, no primeiro dia em que se encontraram no escritório após o retorno do filho.

— Foi ótima. Cansativa, mas muito boa. Samanta é uma boa moça.

— Isso é bom. Mantenha-a sempre como sua aliada e nunca deixe de agradá-la com mimos, entendeu?

— Sim, pai, entendi. Amanhã vou para Porto Alegre para ver as lojas. Pai, queria muito programar uma volta para a África. Acho que posso dar uma impulsionada em nossa produtividade por lá.

Isaac ficou pensativo e respondeu:

— Eu já não tenho mais idade para embarcar nessas aventuras e você acabou de se casar. Vamos esperar um pouco. Vá para o Sul e depois de alguns meses falaremos sobre isso novamente.

Maurício concordou com o pai.

Em São Paulo, Ana e Marcos foram a uma ginecologista para descobrir o motivo pelo qual a moça não engravidava. Estavam casados há quase dois anos e vinham tentando desde então. Era a segunda visita à médica. Na primeira, ela solicitou uma série de exames, que o casal levava em mãos.

— Espere aqui, senhor Wolf — solicitou a médica. — Venha, senhora. Vista essa roupa e deite-se na maca.

Após o exame clínico, a médica pediu para que ela se vestisse e analisou os resultados dos exames laboratoriais. Então, chamou Marcos e perguntou a Ana:

— Senhora Ana Cristina, a senhora já fez algum aborto?

Ana ficou sem saber o que responder.

— Sim, doutora, já passamos por essa situação. Por quê? — foi Marcos quem respondeu.

— Quem fez a operação trabalhou muito mal. Danificou boa parte das trompas. Infelizmente, isso é irreversível. Por isso, a senhora não conseguiu mais engravidar — respondeu a médica.

— Então minha esposa é estéril?

— Sim, senhor Wolf.

— Marcos! — Ana apertou a mão do marido e ficou em estado de choque.

Toda a culpa voltou no mesmo instante. Sentiu-se suja e castigada por Deus.

— Calma, querida.

— Doutora, a senhora tem certeza? Existe algum tratamento? Hoje em dia a ciência está tão avançada.

— Bem, senhor, do meu ponto de vista, não há nada a se fazer. É lógico que podem procurar outros profissionais. Seria até recomendável que fizessem isso, mas duvido que discordem de minha opinião.

Ambos saíram arrasados. E a médica tinha razão. Todos os profissionais procurados disseram que não haveria qualquer chance de Ana engravidar novamente.

Ela entrou em profunda depressão. Marcos ofereceu-lhe o suporte necessário. Mandou a sogra vir do Rio de Janeiro para ficar com Ana durante o dia. E assim passaram-se oito meses até conseguirem aceitar a ideia de viver sem filhos e deixar a culpa de lado. Alzira voltou para casa no Rio de Janeiro, e o casal retornou à sua vida com muita coragem, mas o fato de não poderem ter filhos sempre lhes assombrava.

Certa noite, Marcos sonhou com Antônio.

— Amigo, Ana está muito frustrada e triste porque não pode ter filhos. Tem algo a ver com o aborto que ela fez?

— Sim e não.

Marcos olhou-o com reprovação, e Antônio riu.

— Meu querido Marcos, sim, sua tristeza vem do fato de Ana ter tomado consciência da decisão que tomou ao fazer o aborto. O problema está em ver a decisão do ponto de vista da moral humana e não do astral. Quem se pune é o próprio espírito, que, por vezes, entra em um estado de perturbação tão grande que a única forma que encontra para se purificar é se punindo. Isso não significa que ele se perdoará. Só que esse espírito estará um pouco mais calmo consigo mesmo ao longo do tempo.

— Não entendo, Antônio.

— Ana alimenta uma culpa tão profunda que ela mesma lesou seus órgãos internos a ponto de eles absorverem essa energia de culpa, que ela tanto carregava. Tudo isso é feito de uma forma inconsciente, não é pensado claramente. Mas, no fundo, é como se ela dissesse a si mesma que, por não permitir trazer alguém ao mundo, a sua consciência se sentiria menos culpada.

— Então ela mutilou o seu próprio corpo?

— Sim.

— E você sempre me diz que não existe o conceito de aqui se faz, aqui se paga. No caso de Ana, está ocorrendo isso!

— Só ocorre porque o espírito dela assim o quer e não porque a vida deseja. A vida nos presenteia com o livre-arbítrio para fazermos o que quisermos. Se quisermos viver a culpa, viveremos. Senão, não há nada que nos impeça de mudar o rumo de nossas vidas. Conheço inúmeros casos de mulheres que fizeram vários abortos e tiveram muitos outros filhos. Vivem bem e não carregam culpa alguma.

— Então Aninha poderá ter filhos?

— Se ela continuar com a cabeça que tem, não poderá ter filhos. Para viver em paz, Ana acredita piamente que precisa viver seca, lesada. A paz dela está construída sob este sistema de crenças. Se é bom ou ruim, não nos cabe julgar. O importante é que agora está fazendo bem para ela pensar assim. Felizmente ela tem você como companheiro, que a entende e não vai cobrá-la jamais.

— Só que neste momento ela não está feliz!

— Hoje ela não está, mas, com o passar dos anos, Ana vai entender. Ficará em paz com ela mesma. Lembre-se de que estamos falando dela. Cada caso é um caso.

— Poderíamos adotar uma criança, mas...

— Não há problema algum em adotar uma criança, Marcos. Entretanto, no caso de vocês dois, a situação é outra. Lembra-se de que eu disse que vocês foram feitos um para o outro?

— Lógico que sim. Aliás, disso eu não tenho dúvida alguma!

— Aproveite o que vocês dois têm, meu filho. Você e Ana vieram ao mundo para viver plenamente um grande amor. Ambos têm um plano de reencarnação vanguardista e vão mesmo sucumbir aos valores da sociedade, que diz em que vocês devem se casar, ter filhos, uma casa, um cachorro e dois carros? Ora! Onde já se viu um espírito de luz, forte, ligar para o que a sociedade determina?

Marcos ficou abismado com aquela declaração.

— Nossa, eu não havia percebido isso! Muito menos Ana! Estamos tão cegos no meio de tantos cegos que não sabemos mais a quem seguir. Basta seguirmos os nossos corações.

— Sim e o sentimento materno sempre estará presente, independentemente de ter um filho ou não. Contudo, acredito que em algum momento vocês poderão exercer esse sentimento.

— Como, Antônio? O que você quer dizer com isso?

— Ah, surpresas da vida, Marcos. Nada de ansiedade. Viva agora a sua lua de mel com Ana e não pense em filhos. Aliás, não pense em nada. Vocês batalharam tanto para ficarem juntos! Apenas vivam esse momento!

Antônio e Marcos abraçaram-se calorosamente.

— Obrigado mais uma vez, meu amigo.

Pela manhã, Marcos surpreendeu Ana com o café na cama.

— A que devo a honra?

— A nada, meu amor. É apenas para dizer que te amo.

Ele beijou-a com muito carinho e desejo.

— Tenho uma proposta a lhe fazer.

— Qual? — perguntou ela, sem entender nada.

— Vamos viver nosso amor, querida. Foi tão difícil ficarmos juntos. Tivemos que batalhar tanto para chegar até aqui. Agora vamos aproveitar a companhia um do outro. Só nós dois. O mundo já está abarrotado de gente para conceber e receber os espíritos que chegam aos milhares por aqui a cada dia. Vamos simplesmente nos curtir, só eu e você, pelo resto de nossas vidas. Que tal?

Aninha emocionou-se e deixou que as lágrimas corressem livremente pelo rosto. Por ora, aquele sentimento de culpa deixou de oprimir o seu peito, deixando-a mais leve.

Colocou a bandeja de lado e puxou Marcos para a cama, beijando-o ardentemente, e então entregaram-se ao amor.

Freetown, Serra Leoa, África.

Maurício estava desviando uma quantidade enorme de diamantes para ele. O pai não sabia de nada, e, enquanto isso, o rapaz acumulava uma fortuna em uma conta secreta na Suíça. Depois de passar dois meses em Serra Leoa, voltou ao Rio de Janeiro. Ficou um mês e meio com sua esposa e seu filhinho, Cláudio, que tinha quase um ano de idade. Samanta era quem cuidava dele com o auxílio de uma babá. O pai mal via o filho. Certa noite, jantando em casa com Samanta, Maurício tinha bebido além da conta e disse:

— Sam, vou viajar.

— Maurício, de novo? Você voltou faz um mês e meio! Eu mal vejo você, amor!

— O que quer que eu faça? Largue tudo? Ou você acha que para pagar esta cobertura basta eu estalar os dedos e tudo se arranja? — rebateu mal-humorado.

— Não, sei que não é assim, mas nós sentimos sua falta.

— Nós?

— Sim, querido, eu e o Claudinho.

— Ah, Sam! Deixe de bobagem! O bebê tem seis meses de idade.

— Oito! Oito meses! Está vendo? Você não conhece nada do próprio filho — Samanta ficou irritada.

— Escute aqui, Sam, um dia eu lhe prometo que vou diminuir o ritmo, mas não agora. Estou com uns negócios ótimos na África. Coisa muito grande. Prometo que lhe compensarei mais adiante — chegou perto da esposa para beijar-lhe a boca.

— Ah, saia daqui, está com bafo de uísque. Além disso, minha gaveta tem tantas compensações que nem sei mais o que faço com tantos diamantes. Acho que trocaria tudo por um marido presente.

Maurício deu um tapa no rosto da esposa.

— Nunca mais diga isso!

Samanta começou a chorar e correu para o quarto, batendo a porta. Claudinho começou a chorar também, assustado com o barulho. Ela foi até o berço, pegou-o no colo e ficou com ele.

— Ah, meu bebezinho... Mamãe está aqui.

Maurício arrependeu-se, porém seu orgulho jamais permitiria que pedisse desculpas à esposa. Ele simplesmente pegou as chaves do carro, bateu a porta do apartamento com muita força e saiu.

Dois dias depois, entrou na sala do pai, no escritório da empresa.

— Papai, semana que vem vou viajar. Não devo demorar.

— Maurício, vai deixar sua esposa de novo? Não sou de me meter no casamento de ninguém, mas não há quem resista ao abandono! O que vai fazer na África que algum empregado de confiança não possa fazer?

— Pai, o senhor sabe que não confio em ninguém. Além disso, Sam está bem acompanhada e tem consciência de que tudo isso é para termos um bom capital para quando ficarmos mais velhos.

— Muito bem, vou com você.

— O quê? Está louco? Pai, o senhor já não é tão jovem. Fique aqui, aproveite o ar-condicionado de sua sala e deixe que eu ganho dinheiro para todos. Que tal?

— Não! Quero saber onde estou colocando o meu dinheiro. Vamos juntos. Você ainda verá como tem coisas a aprender comigo.

Maurício não sabia o que fazer.

— Está bem, pai, se quer assim. Providenciarei tudo.

273

— Muito bem, filho.

Na véspera da viagem, Maurício ligou para o pai e inventou uma desculpa muito peculiar:

— Papai, só havia um lugar no voo. Sabe como é concorrido, tem um voo por semana...

— Concorrido? Está brincando comigo? Como ir para o meio do nada na África pode ser concorrido? Maurício, assim que você voltar, quero ver os relatórios de venda, as pesagens e tudo mais, entendeu?

— Sim pai, entendi.

Dois dias depois da partida de Maurício, Isaac pegou um voo para Natal e foi ao endereço da filial da joalheria. Só Maurício tinha acesso a Natal. Nem Marcos nem Isaac se preocuparam em conhecer o local, já que Maurício sempre se prontificou a administrar aquela região.

— Me desculpe, acho que me enganei de endereço — deduziu Isaac, conversando com um rapaz muito novo e sem camisa, usando somente shorts e chinelos.

— O que procura? — perguntou o rapaz.

— As joalherias Wolf.

— Ah, é aqui mesmo. Seu Maurício, o dono, não tá não. Quer deixar recado?

— Posso entrar para tomar água? — perguntou Isaac.

— Pode sim.

Isaac entrou e viu que era um galpão velho e sujo, longe das vistas da alfândega ou da polícia. Disfarçadamente, olhou para uma mesa e reconheceu um documento de ordem de venda de pedra para outros países.

— Que calor, hein? Você se importa se eu me sentar um pouco? — perguntou Isaac.

O garoto deu de ombros e disse:

— Fique à vontade.

— Olhe, pode ficar à vontade também. Eu já vou embora, é só o tempo de esticar as canelas. Se quiser fazer algo, faça. Depois eu lhe chamo — Isaac tentou parecer o mais calmo e casual possível.

— Já volto então — e o rapaz saiu do galpão.

— O que é isso? Ordens de compra? Venda para Nova Iorque? Tudo em nome de Maurício Wolf! Ele está me passando a perna! Aquele miserável! — concluiu o pai, ao analisar os documentos que estavam por lá.

Ele colocou tudo no bolso e saiu, sem esperar o rapaz voltar. Teve que dormir em Natal e aguardar dois dias até que tivesse um voo de volta. Ao chegar ao Rio de Janeiro, mostrou tudo para Renata, que ficou chocada.

— Que canalha, Isaac. Nosso próprio filho! O que vai fazer?

— Farei o mesmo que fiz com Marcos. Não terá um centavo meu. Se quiser roubar alguém, roubará dinheiro de outra pessoa.

Ao voltar para o Rio de Janeiro, Maurício foi direto para a empresa antes de ir para casa, para rever o pai e deixar alguns relatórios falsos com ele. Chegando lá, foi barrado pelo segurança. Armou um escândalo até que um dos gerentes desceu da sala de Isaac e entregou-lhe uma carta.

Rio de Janeiro, 23 de setembro de 1972.

Maurício, esta foi a última vez que me roubou. Parece que você e seu irmão quiseram deixar o conforto e a proteção do ninho para se aventurarem em uma vida de riscos e perigos. Pois a escolha foi sua. Espero que tenha acumulado muito, pois, após a minha morte e de sua mãe, todo o meu dinheiro e os bens irão para uma instituição de caridade. Você e sua família estão banidos de minha casa. Não merecem o sobrenome que conquistei.

Maurício rasgou a carta, deu um enorme grito na cara do segurança e saiu do prédio com a cabeça fervendo. A família estava definitivamente em frangalhos.

capítulo 35

Depois de dez anos no mercado de joias e diamantes, Marcos conseguiu finalmente largar o emprego para montar o seu próprio negócio. Contrariando tudo, ele abriu uma loja de bijuterias.

— Querida, aqui está! *Ana Semilla Design*! Seu próprio estúdio, suas produções e meu toque gerencial. Vai ser um arraso, meu bem! — gabou-se Marcos, olhando para o letreiro que acabara de ser colocado em frente à loja alugada na Rua Augusta da capital paulista, onde havia uma joalheria Wolf.

— Que friozinho no estômago, amor! — revelou ela.

— Que nada! Nossas produções ficarão muito mais bonitas e vistosas que as joias verdadeiras. Acredite! Assim que fizermos nome, o Brasil inteiro venderá a nossa marca. Deixe de grilo. Até Antônio gostou da ideia. E olhe que ele sempre vem com aquelas retóricas ou respostas vagas e intrigantes.

Ela riu, mas confiou na intuição de Antônio, embora nunca tivesse abertura para a espiritualidade. Acreditava nas palavras de Marcos e para ela isso já bastava.

Os anos passaram-se e o casal Marcos e Ana conseguiu manter-se no mercado de bijuterias. Viraram referência de design de vanguarda. Nunca mais tiveram contato com a família Wolf. Ana e Alzira eram toda a família de Marcos.

Conseguiram juntar dinheiro suficiente para passar duas semanas na Europa em 1979. Marcos não voltou para lá desde que rompeu com os pais há quinze anos. E para Aninha foi um sonho que se realizou.

A década de 1980 chegou com esperança de abertura política para o Brasil.

Cláudio, filho de Maurício e Samanta, estava com quase nove anos, e tinha a mesma mediunidade de Marcos, seu tio. Certa noite, encontrou-se no astral com o amigo que conheceu quando tinha cinco anos.

— Oi, Toninho!

— Oi, Claudinho! Como vai?

— Estou ótimo! Na semana que vem minha mãe vai me levar para fazer um teste de dança, lá no Teatro Municipal. Nossa, é tão lindo lá! Você conhece?

— Não, não conheço, mas imagino que seja divino mesmo.

— Toninho, meu pai odeia quando minha mãe me leva a essas audições. Ele diz que é coisa de gente frutinha. Mas eu gosto de fruta. Fruta é uma coisa tão boa! Se for pra ser frutinha, quero ser um moranguinho.

Antônio gargalhou e disse:

— Gente frutinha significa um homem que tem uma parte feminina muito aflorada. Pode ser para desenvolver um lado que em outra vida foi muito reprimido, por exemplo. Mas, para os encarnados, ser chamado assim normalmente é uma provocação, um xingamento, entendeu?

Cláudio ficou chateado.

— Então meu pai está me xingando?

— De certa forma, sim. Infelizmente, esse é o seu desafio. Continuar com o que a sua alma diz que é certo, sem medo de ser quem você é, em vez de ouvir os outros e fazer o que eles querem que você faça.

— Ah, eu não tenho medo não! Vou me dar bem na audição! Depois lhe conto.

— Eu tenho certeza. Confio muito em você.

— Obrigado, tio Toninho! — e Cláudio deu um grande abraço e um beijo naquele que chamava carinhosamente de Toninho.

— Sabe, tenho um amigo que certamente vai gostar muito de você.

— Que legal, me apresente para ele! — animou-se o garotinho.

— Um dia vocês vão se encontrar. Mas, para que isso aconteça, ouça a sua alma. Caso contrário, deixará passar uma ótima oportunidade de aprendizado nesta encarnação. Vá agora. Fique em paz.

— Você também, tio. Tchau.

Antônio ficou tocado pela ingenuidade e alegria do garoto, apesar de toda a infância marcada pela negligência por parte do pai e pela superproteção da mãe. Cláudio nem tinha ideia de que tinha um tio, Marcos, e nunca ouvira nada de Maurício a respeito de seus avós paternos, Isaac e Renata. Era uma alma muito querida e cada vez mais evoluída.

— Meu Deus, se você soubesse o que já viveu e o que representa para mim... — disse Antônio, sumindo num jardim de rosas, cujas pétalas exalavam um delicado perfume.

Samanta continuou incentivando o filho a dançar. Cláudio foi crescendo e sua paixão era mesmo a dança. Apesar de ser protegido pela mãe, a ausência do pai fez com que ele aprendesse a se virar sozinho. Sua mãe sempre o incentivou, mas nunca o mimou. Muito pelo contrário. Sempre fez questão de que ele se virasse quando estavam viajando pelas Américas ou pela Europa, durante as férias.

Começou a desempenhar alguns papéis na categoria infantojuvenil e destacou-se em um concurso realizado no Rio de Janeiro em busca de novos talentos. Continuou estudando e treinando até que, em 1985, Cláudio recebeu uma ligação.

— Alô? Cláudio de Vasconcellos Willy Wolf?

— Isso, sou eu.

— Meu nome é Guilherme e sou da Academia Paulista de Dança. Estamos formando nosso próximo elenco juvenil e gostaríamos que participasse de nossa seleção.

Cláudio ficou eufórico. Enquanto milhares de jovens vão atrás de novas oportunidades, ele estava sendo chamado.

— Uau! É lógico que sim! Só preciso combinar com a minha mãe. É aqui no Municipal?

— Então, Cláudio, talvez este seja o único empecilho para você. A audição para escolha do elenco é aqui em São Paulo.

— Bom, posso até faltar um dia de aula, mas depois os treinos e as apresentações serão aí também?

— Sim, mas só no ano que vem. É um projeto financiado pelo governo e a verba só sai em um ano. Mas até lá, para que o dinheiro seja liberado, temos que formar o grupo. Em que série você está?

— No primeiro colegial.

— Espere aí. Quantos anos você tem? — perguntou o homem da Academia Paulista.

— Catorze.

— Nossa, me disseram que você tinha dezessete! Suas recomendações são tão boas que imaginei que fosse mais velho e estivesse terminando o colegial. Puxa Cláudio, me perdoe, mas você pode tentar daqui a dois anos e...

— Não! Por favor! Me dê a chance de fazer o teste. Se eu for mal, para mim é muito importante que eu conheça os meus erros para melhorar. Se não for, vocês ficam conhecendo a minha dança. Por favor! Please!

Guilherme riu do outro lado da linha.

— OK, por mim tudo bem, desde que tenha autorização dos seus pais e apareça aqui no mês que vem. Fique tranquilo que os testes serão em um sábado, portanto não precisará perder aula.

— Autorização dos pais? — preocupou-se Cláudio.

— Sim, eles devem autorizar que você faça um teste para a Academia Paulista de Dança. As assinaturas têm que ser com firma reconhecida em cartório. Em alguns dias, eu enviarei a ficha com todas as informações pelo correio.

Cláudio passou-lhe seu endereço, anotou a data da audição e, depois de desligar o telefone, foi falar com Samanta.

— Mamãe, precisamos conversar.

Após a conversa, Samanta disse:

— Não adianta esconder, filho. Você tem que tentar convencer seu pai a deixá-lo ir, mas nós o conhecemos bem. Ele quer que você largue a dança e só estude, para depois ir trabalhar com ele.

— Aquilo é um antro de escravidão! Lembra quando fomos para a África no ano passado? Achei que íamos ver animais nas savanas, máquinas extraindo diamantes e os povos com roupas coloridas dançando e recebendo os turistas com alegria. Vimos homens armados, pobreza e muita tristeza. E olha que papai tentou amenizar as coisas, não deixando que nos afastássemos do hotel.

— Eu sei, mas fazer o quê? Fale com ele assim que ele chegar — sugeriu a mãe.

À noite, Maurício chegou cansado e mal-humorado, como de costume. Cláudio veio com um copo de uísque e ofereceu ao pai.

— Tome, papai.

Maurício olhou-o e deu uma risada com o canto da boca.

— Desembucha, filho. O que você quer?

— Papai, tem um concurso de dança muito importante em São Paulo e fui convidado para participar da audição. Ninguém é convidado, mas eu fui. É uma honra! Preciso da sua autorização. É só uma assinaturazinha!

— Ah, vai continuar com essa coisinha de bichinha? Isso é coisa para menina! E você é menino! — enfatizou o pai.

— Papai, por favor. Se eu não for bom, eles vão me rejeitar e daí largo tudo.

— Não! Você é bom e sabe disso. Dificilmente vão lhe rejeitar.

— Então? Se sou tão bom assim, por que não posso seguir a minha vida dessa forma? Tenho que virar um escravo dos diamantes como você? Qual a diferença entre aqueles pobres coitados em Serra Leoa e você? Só as roupas que vestem, pois a sua alma está tão aprisionada como a deles. Talvez até mais ainda.

— Sai daqui, Cláudio. Que papo mais idiota! Não vai e ponto final.

O filho saiu bufando da sala e trancou-se no quarto.

"Ah, ninguém vai me impedir, nem que eu vá a pé, de joelhos ou mesmo rastejando até São Paulo!", pensou o garoto.

Na semana seguinte, recebeu um envelope grande com as informações sobre o teste e a autorização dos pais.

— Mamãe, chegou tudo. Você vai comigo para São Paulo?

— Como? Seu pai não vai assinar a autorização. E tem que ter a firma reconhecida.

— Ah é? — Cláudio pegou o papel e, na frente da mãe, assinou no lugar reservado para o pai.

Samanta pegou o papel em suas mãos e surpreendeu-se:

— O que é isso? É a assinatura de seu pai!

281

— Tive muitos dias para aprender a copiá-la. O que não falta é um bocado de documentos assinados por ele aqui em casa para que eu treinasse. Deve estar melhor do que a original!

A mãe ficou pensativa por um tempo e perguntou:

— Você falou a data da audição para ele?

— Não, ele nem prestou atenção no que eu disse. Sua única preocupação era me impedir de fazer qualquer coisa que eu goste. Por quê?

— Ele vai desconfiar se eu for junto. No final de semana do teste, posso convencê-lo de que precisamos viajar para descansarmos um pouco. Você diz que não quer ir e vou só com ele.

— Será que ele vai topar?

— Quando ele souber que irá só comigo, topará.

— Será que dará tempo?

— Lógico! Eu compro sua passagem de ida e de volta pela ponte aérea no mesmo dia. Em uma hora estará em São Paulo e vice-versa. Se precisar dormir lá de sábado para domingo, escolha algum hotel perto do local do teste e se vire por lá de táxi. Dará tudo certo! Só preciso que você assine a autorização em nome do seu pai para viajar de avião sozinho.

Cláudio riu e disse:

— Tá vendo? Vou virar procurador oficial do papai! Mas e depois? E se eles realmente gostarem de mim e tudo der certo, mamãe? O que vou fazer?

— Meu filho, vamos passo a passo... Passo a passo...

capítulo 36

Ao chegar o final de semana, Maurício e Samanta estavam de partida para Búzios, enquanto Cláudio disse que ficaria em casa.

— Olha lá, hein, filho. Nada de bagunça ou festinha por aqui — repreendeu Maurício.

— Aposto que você devia ser assim na sua juventude, pai!

Maurício riu e confessou:

— É melhor eu nem contar o que já aprontei, filho. Ia perder o pouco de moral que ainda tenho.

Cláudio deu um longo abraço no pai.

"Que pena que ele não pode ser sempre assim, espontâneo, sem medo de ser ele mesmo...", pensou o filho.

O casal deixou o Rio de Janeiro na sexta-feira à tarde. Cláudio pegou o primeiro voo para São Paulo no sábado pela manhã. Foi direto ao teatro onde aconteceriam os testes e ensaios.

— Oi, pessoal! Sou Cláudio, do Rio. Aqui está a minha papelada — o garoto mostrou os documentos, incluindo a assinatura falsificada do pai, que havia sido autenticada em cartório.

— Cláudio, venha aqui e fique com os outros garotos. Este aqui é o papel que encenaremos. Queremos algo básico para começar. Alongue-se e o que importa agora é ver seu nível de desembaraço e improviso.

— Está bem — e ele ficou com mais onze garotos em um canto do palco, estudando.

Antes de iniciarem os testes, perguntou a alguém que parecia ser do teatro:

— Tem alguma lista telefônica por aqui?

— Deve ter uma ali — apontou para uma sala onde funcionava a secretaria.

Cláudio chegou lá, procurou um pouco e achou. Seu coração estava palpitando acelerado. Abriu-a e foi logo para as páginas finais, mais precisamente na letra W.

— Wolf, Marcos Wolf — dizia.

"Achei!", pensou Cláudio. Ele olhou para os lados e não viu ninguém. Fingiu tossir para fazer barulho e arrancou a página da lista, guardando-a dentro da cueca, já que usava um collant.

— Garotos de um a seis. Tomem posição. E... Agora!

Era o grupo de Cláudio. Ele fez o que mais sabia, entregar-se ao ritmo da música. O diretor de cena e o coreógrafo ficaram boquiabertos com o seu desempenho. Ele era definitivamente o melhor dali. Melhor que muitos profissionais já em início de carreira. Era só lapidá-lo e teriam uma nova estrela no cenário artístico. Depois da audição, perto da hora do almoço, Cláudio foi chamado por uma mulher.

— Cláudio, pode nos dar um minuto?

— Lógico.

Foram para uma sala reservada. Lá estavam outros três homens.

— Olá, Cláudio! Eu sou JC, este é Carlão e aquele, Eduardo. Flávia você já conhece, certo?

— Oi, pessoal. Nossa! É notícia boa ou ruim? — Cláudio era muito despachado e acabava quebrando o gelo em qualquer ambiente.

— Nem uma, nem outra. É uma notícia ótima! Como você já sabe, esse teste é só para uma vaga no ano que vem. E, meu caro amigo, você já foi aceito — anunciou JC.

Cláudio levantou o punho direito em sinal de vitória, muito satisfeito com a notícia.

— Só que isso não é novidade, meu jovem. Você é muito bom. A novidade é que queremos que você participe de outro processo seletivo para um musical com adultos. É uma oportunidade de ouro. Estrearemos em menos de sete meses e existe um pequeno papel em aberto que foi feito para você. O que acha? Aceita participar da seleção?

— Eu adoraria, mas estudo no Rio. Se o papel rolar, eu teria que transferir meus estudos para cá.

— Bem, seu potencial é excepcional para alguém com tão pouca idade assim. Pense até o final da semana que vem e nos dê uma resposta — pressionou JC.

— Está bem. Obrigado! Obrigado por tudo! — respondeu Cláudio extasiado, retornando direto para o aeroporto e para a sua casa no Rio de Janeiro.

— Toninho? Preciso falar uma coisa.
— Diga, Cláudio — respondeu Antônio.
— Não sei o que fazer. Estou entre a cruz e a espada.
— Hum... Cruz e espada... Não pode se proteger com a força da cruz?
— Só ela não é suficiente. Se eu fizer isso, serei morto por outro guerreiro com a espada.
— E se você ficar com a espada no lugar da cruz e se defender? Não ganhará? — instigou Antônio.
— Não, pois abandonarei a cruz, que são os meus princípios.
— Então, querido filho, a única solução é ficar com os dois. Não ficar com nenhum deles é fazer o que você está fazendo agora. Isso lhe traz conforto?

— Não, muito pelo contrário.

— Então, você já está na pior situação possível. Pensando em abandonar seus princípios e o que sua alma lhe diz que quer e achando que não possui armas suficientes para brigar pelo que quer. Ou seja, sem cruz e sem espada. Qualquer caminho que escolha já será melhor do que não escolher nada.

— E então, a cruz ou a espada? — Cláudio estava completamente aflito.

— Que tal a cruz e a espada? Siga os seus princípios. Se tiver fé em suas escolhas e em você mesmo, a vida lhe ajudará para que tenha ferramentas e armas para proteger-se de quem quiser lhe fazer mal. Aprenda a defender os seus princípios sem criar uma guerra para isso.

Cláudio acordou sobressaltado.

"A cruz e a espada!", pensou ele, no escuro de seu quarto.

Esperou que a semana passasse para ligar para JC. Assim que ele atendeu, Cláudio respondeu:

— Eu vou!

— Que ótimo! Vou lhe mandar tudo via correio. As audições começam daqui a um mês. Vamos nos falando.

O garoto não tinha a menor ideia de como faria para conciliar as coisas, mas escolheu levantar sua cruz ou sua causa. Agora era descobrir onde estava a espada.

Cláudio contou tudo para a sua mãe, até mesmo a conversa com o seu mentor espiritual, Antônio. Samanta não se ligava muito em religião, mas, assim que o filho começou a ter contato com a espiritualidade e a falar coisas que dificilmente uma criança conseguiria elaborar sozinha, começou a acreditar que havia alguma ligação entre o filho e o mundo invisível, seja lá o que isso fosse.

— Mamãe, o que faço?
— Você quer mesmo saber?
Cláudio riu e disse:
— Não! Eu já sei o que fazer. Então, vou mudar a pergunta: como farei?
— Vamos pensar... Bem, ligue para JC dizendo que você aceita participar do processo de seleção. Depois, deixe que as coisas apenas se encaminhem, OK?
— Ah, mamãe, só você para brecar minha ansiedade! — e Cláudio deu-lhe um beijo cheio de amor.

***

No mês seguinte, Maurício estava na África, então foi muito fácil para Cláudio ir a São Paulo. No sábado, fez todos os testes e a audição final. Ele dormiria em um hotel, mas conheceu uns amigos no teatro e ficaram bebendo e fumando até às quatro horas da manhã de domingo na casa de Arthur.
Cláudio mal conseguia manter-se em pé. Estava muito cansado e bêbado. Após todos saírem, ele disse a Arthur:
— Vou arrumar um hotel.
— Nada disso. Se estique em qualquer canto aqui no apartamento.
Tanto Cláudio quanto Arthur se jogaram no chão e apagaram.
— Cláudio? Cláudio? — chamou Arthur.
— O quê? — não se lembrava de onde estava e ficou desorientado.
Arthur riu e disse.
— Cláudio, sou eu, Arthur. Você está no meu apartamento, lembra?
— Ah... — e o garoto riu, sentindo a boca muito seca e uma terrível dor de cabeça. — Que horas são?
— Peraí... São sete e meia. — respondeu Arthur.
— Sete e meia da noite? De domingo?

Arthur achou muito engraçada a confusão do novo amigo e respondeu:

— Sim!

— Nossa! Tenho que ir. Foi muito legal conhecer você. Vou deixar o número do meu telefone no Rio — e Cláudio escreveu seu número de telefone em um papel.

— Caso perca o avião, volte para cá.

— Está bem. Nos vemos por aí! Tchau.

— Tchau! — e os dois despediram-se com um aperto de mão.

Cláudio conseguiu pegar um lugar no último voo do dia. Na segunda pela manhã, mesmo com um resto de ressaca e morrendo de sono, foi obrigado pela mãe a ir à escola.

Quase quarenta dias depois do processo de seleção, Cláudio recebeu a ligação que tanto esperava.

— Cláudio, você passou! — anunciou JC, ligando de São Paulo. — Adoraram você e seu papel será aquele que eu disse que tinha a sua cara. Viu como não me engano?

— É isso aí! — gritou Cláudio.

— Agora, para fecharmos o contrato, preciso que você venha para cá. Se realmente quiser o papel, terá que se virar para transferir a sua escola para São Paulo e seus pais terão que autorizar o trabalho perante o Juizado de Menores.

— Ai, meu Deus. Puxa, JC, agora você me colocou contra a parede — desesperou-se Cláudio.

— Não me venha com essa, Claudinho. Você sabia disso desde a nossa primeira conversa. Se acha que vai dar para trás, preciso saber já. Tenho outras pessoas que ficaram como substitutas, mas elas precisam ser avisadas com antecedência, caso contrário, elas também se comprometerão com outros trabalhos e eu fico a ver navios.

— JC, me dê uma semana! Uma semaninha é só o que eu peço — insistiu Cláudio.

— Uma semana. Nem um segundo mais. Eu mesmo vou ligar para você.

Assim que Samanta chegou das compras, Cláudio chamou-a na sala.

— Mamãe, precisamos conversar muito seriamente. É sobre a minha alma...

Mãe e filho ficaram mais de duas horas conversando sem parar. Finalmente, à noite, Samanta exprimiu seus sentimentos:

— Agora entendo você, meu filho. Vou ajudá-lo em tudo o que eu puder. Nunca seria tão egoísta a ponto de pedir para você viver os meus sonhos frustrados ou os do seu pai em detrimento dos seus.

A conversa fez com que Samanta visse o filho como um ser humano cheio de expectativas, que tinha um talento excepcional e que se atirava de corpo e alma ao que queria.

— Não se preocupe, seu pai vai permitir. Esta semana vou usar minha diplomacia para lhe transferir para a melhor escola de São Paulo. A sociedade paulistana conhecerá a socialite Samanta de Vasconcellos Wolf.

— Calma, mãe, a melhor escola onde eu não tenha que estudar muito! — e riu. — E como fará para o papai concordar com tudo isso?

— Deixe por minha conta. Ligue esta semana para o agente teatral e diga que você estreará nessa peça. Você será o dançarino mais jovem do cenário atual.

— Sim, ele me disse isso. E me disse também que isso atrai muita publicidade — concluiu o filho.

Assim que Maurício voltou de viagem, no mês seguinte, não encontrou o filho em casa, e Samanta chamou-o para uma conversa.

— Querido, sente-se. Vamos conversar.

— Onde está Cláudio?

— É sobre isso que vamos falar. Ele está morando em São Paulo.

— O quê? — Maurício começou a ficar alterado. — Como assim? E a escola?

— Calma! Se você me der chance para falar, vai entender tudo. Ele foi aceito em uma das mais prestigiadas companhias de dança do país para fazer parte do elenco.

— Que bobagem! E você ainda o incentiva nessa porcaria!

— Bobagem? Você só nos desvaloriza mesmo! Seu filho é aceito como um dos melhores artistas do país e você não consegue ver nada, pois está tão imerso em seus malditos diamantes cheios de sangue que nem nos vê!

— Cheios de sangue? Quer começar a pagar as contas? Quer?

Os dois começaram uma discussão sem fim. Iniciaram um bate-boca cheio de ofensas, palavrões e ameaças. Finalmente, Samanta gritou:

— Eu quero o divórcio!

Maurício parou e perguntou em um tom mais baixo:

— O quê?

— Isso mesmo. Eu quero o divórcio. Isto não é vida! Nem para mim nem para o nosso filho. Chega!

— Por mim, tudo bem! Pode sair já! — e Maurício dirigiu-se à porta, abrindo-a.

— Ah, só um minuto, meu querido — respondeu em um tom irônico. — Você é quem vai sair. Não se lembra de que estamos casados em regime de comunhão de bens? Metade de tudo isto é meu. Até mesmo da conta bancária e da sociedade, da qual faço parte, pois na hora de formá-la, você precisava colocar um sócio no contrato social para poder constituir a empresa. Então, meu caro, já que a porta está aberta, saia você!

Maurício bateu a porta com força e levantou o braço para agredir sua esposa. Ela protegeu-se instintivamente e alertou:

— Vamos, bata! Meu advogado vai adorar! Bata, seu covarde!

Maurício urrou como um animal selvagem e foi para a outra sala, onde era o seu escritório. Trancou-se por lá e só saiu na manhã seguinte.

— Bom dia. Sam, precisamos conversar — manifestou-se Maurício.

— Não sei se temos algo a dizer um para o outro — o olhar de Samanta era triste e os seus olhos estavam inchados, mostrando que ela havia chorado a noite toda.

— Não quero me separar de você. Nem quero que nosso filho seja o pivô de um desastre. Muito pelo contrário, ele deve ser o motivo de nossa união.

— Então, o que pensa em fazer, Maurício?

— Vou apoiá-la no que fizer. Se você está feliz, eu também ficarei. Perdoe-me, querida — Maurício abraçou-a como há muito não a abraçava.

Ela chorou e abraçou-o de volta.

— Ah, Maurício. Por quê? Por que chegamos a esse ponto?

— Eu não sei, querida... Não sei.

Cláudio estava estudando em um excelente colégio em São Paulo e encaminhava-se para o final do primeiro colegial. Toda tarde ia para a companhia de dança, onde treinava e praticava até a noite. Algumas vezes, saía de madrugada, com o corpo todo dolorido, mas, na manhã seguinte, estava na aula. Nunca faltava. Morava em um pequeno apartamento alugado. Recebia uma boa quantia de dinheiro para lavanderia, faxineira e táxi, além de almoços e jantares. Sem muito luxo, mas com algumas mordomias. O final do ano chegou e finalmente a peça estrearia. Se tivesse uma boa crítica, as apresentações seriam estendidas. Caso contrário, o espetáculo ficaria mais alguns dias em cartaz e encerraria as suas apresentações.

Cláudio reservou dois lugares na terceira fileira do teatro e abraçou seus pais assim que os viu.

— Mamãe, papai! Que bom que vieram! Depois apresento todo mundo a vocês. Agora eu tenho que ir.

A peça transcorreu melhor do que o esperado. A atuação de Cláudio foi magistral. Era uma peça que mesclava o balé clássico com dança contemporânea. No final, a plateia foi ao delírio. Finalmente, a primeira peça de Cláudio, aos quinze anos de idade. Era um prodígio, como alguns jornais e críticos relataram nos dias seguintes à sua estreia.

— Venha, mamãe! Papai! Tem um monte de gente que eu quero apresentar para vocês!

— Não, querido! A festa é sua! É para você. Aproveite! — retrucou a mãe.

— Obrigado! Obrigado do fundo do meu coração! — o jovem olhou bem para os olhos de sua mãe e deu-lhe um grande beijo no rosto. — Eu te amo, mamãe.

— Eu também te amo, meu filho!

— Papai, obrigado! — e abraçou-o carinhosamente.

— Agora, vá! — ordenou o pai. — Nós nos falamos por telefone durante a semana.

— Vocês já vão? E amanhã? Podemos almoçar juntos!

— Seu pai tem uma série de coisas para fazer. Vamos para o Hotel Maksoud Plaza agora e pegaremos a ponte aérea amanhã cedinho — anunciou Samanta.

— Puxa vida, compromisso no domingo?

— Alguém tem que pagar por suas extravagâncias, não é? — desdenhou Maurício.

— Querido, pare! — protestou Samanta, puxando-o pelo braço.

Cláudio olhou para os dois por mais alguns segundos enquanto se dirigiam à saída e voltou para a comemoração. Em menos de um minuto, já estava no clima festivo novamente.

capítulo 37

Cláudio passou a virada de ano com os pais, no Rio de Janeiro.

Ficou dez dias por lá e voltou para São Paulo. Em fevereiro, iniciaram as aulas do segundo colegial. Estava conciliando bem o trabalho com a escola. Era cansativo, mas muito prazeroso no que se referia à dança.

— Alô, mamãe?

— Oi, filho! Como estão as coisas? Não foi para a companhia hoje?

— Me deram uma folga. Estou colocando um monte de trabalhos da escola em dia.

— Já almoçou, filho?

— Já, já almocei! Que papo de mãe, não é? E você, já almoçou? Comeu tudinho?

Samanta riu e respondeu:

— Não, ainda não. Seu pai inventou de fazermos um jantar especial hoje à noite e estou preparando a comida.

— Nossa, que mudança! Jantar especial?

— É, coisa do seu pai... Ele até me mandou pegar um terno na tinturaria. Daqui a pouco vou pegá-lo.

— Espero que aproveitem. Só queria falar com você um pouquinho. Um beijo, mamãe.

— Um beijo, meu filho.

Samanta pediu à empregada que olhasse a comida que estarei no forno.

— Pode deixar, madame.

— Bem, se alguém ligar, anote o recado. Em meia hora estarei de volta.

Foi até a garagem e saiu com o carro. Enquanto dirigia, pensava no filho. "Seria tão bom se ele viesse morar aqui novamente. Se ele enveredasse para a televisão, seria muito mais fácil. O Rio de Janeiro é a capital das novelas. Ah, mas aposto que ele já está virando um paulista! Ainda mais ele, que nunca foi muito de praia mesmo..."

Samanta estava absorta em seus pensamentos, quando ouviu alguém falar a seu lado:

— Passa a bolsa! Vai, passa a bolsa!

Era uma moto com duas pessoas. O que estava atrás apontava uma arma para ela.

— Calma, moço, vou pegar, está aqui no chão, calma! — ela abaixou-se delicadamente para pegar a bolsa. — Tome. Tem muito dinheiro aí. Pode levar tudo.

Assim que o carona pegou a bolsa, apontou a arma para a cabeça de Samanta e efetuou um disparo à queima-roupa, fugindo em seguida.

Samanta caiu sobre a buzina, disparando-a. Sua morte foi instantânea.

Maurício foi contatado em seu escritório.

— O quê? Assaltada? Ela está bem?... Um tiro?... Para qual hospital a levaram?... Ela o quê?

O marido correu para o IML, onde a polícia já se encontrava.

— Não pode ser! Vocês têm certeza de que é a minha Samanta? — perguntou Maurício, desesperado, para o investigador.

— Temo que sim, senhor. Mas precisamos que o senhor faça a identificação do corpo.

— Eu... Eu não posso! — e Maurício começou a chorar.

— Sem a sua identificação, não há como liberar o corpo de sua esposa e, consequentemente, não teremos como pegar os bandidos que fizeram isso — afirmou o investigador.

— Está bem — Maurício entrou em uma sala onde havia um corpo coberto.

O médico legista descobriu parte do corpo da mulher, deitava na fria mesa de alumínio, e Maurício gritou ao constatar que era Samanta. Dois policiais tiveram que entrar para tirá-lo de lá.

— Não! Não pode ser! — gritava sem parar.

Um dos policiais segurou-o com força e disse:

— Calma, amigo, vamos pegar os desgraçados que fizeram isso. Tenha coragem! Força, homem!

Maurício ligou para algumas pessoas mais próximas e pediu a eles que avisassem ao restante dos amigos, fazendo com que a notícia logo se espalhasse por toda a rede de relacionamento do casal. Durante a noite, Maurício seguiu com toda a burocracia da autópsia, liberação do corpo e velório para o dia seguinte. Faltava contar para Cláudio. Decidiu que ele mesmo contaria ao filho sobre a morte da mãe na manhã seguinte.

Cláudio acordou com o telefone, estranhando o horário da ligação.

— Alô?

— Filho? Sou eu.

— Papai? Está tudo bem?

— Não. Sua mãe sofreu um acidente.

Cláudio ficou assustado e perguntou:

— Acidente? Foi grave?

— Muito... Ela morreu.

O jovem largou o telefone no chão e sentiu que tudo ficava escuro. Antes que desmaiasse, conseguiu segurar-se no sofá e deitar no chão. Precisou de alguns minutos para voltar à consciência. O pai já esperava por uma reação semelhante e ficou pacientemente aguardando na linha até que ele voltasse a falar.

— Papai, como? Meu Deus!

— Pegue o primeiro voo para cá. Já mandei uma autorização para a Varig comunicando o caso. Basta você chegar ao balcão de atendimento e se apresentar. Ao chegar aqui no Rio, vai encontrar um motorista esperando por você. Venha logo.

Cláudio embarcou na ponte aérea e fez a viagem mais terrível de sua vida.

Assim que chegou no Rio de Janeiro, Cláudio foi direto para o local do velório.

— Mamãe... Mamãezinha querida... — o filho debruçou-se sobre o corpo gelado de sua mãe, beijando seu rosto e chorando muito.

O velório transcorreu em um clima de muita revolta, pelo motivo fútil da morte. Ela já havia dado a bolsa aos assaltantes. Por que então atiraram? Depois do enterro, pai e filho seguiram para a cobertura sem pronunciarem uma só palavra. Quando chegaram ao apartamento, Maurício recomendou ao filho:

— Vamos, volte para casa. Termine seus estudos aqui e vamos recomeçar as nossas vidas juntos.

— Não, papai. Minha vida já começou. Uma parte dela morreu ontem e acabou de ser enterrada. Não posso voltar — e Cláudio começou a chorar.

— Cláudio, temos que ser fortes! Não vou continuar sustentando sua ideia delirante. Isso era coisa da sua mãe. Você me conhece.

— Então vai fazer o quê? — desafiou o filho. — Vai me deserdar? Acha que pode me ameaçar com isso?

— Ah, o rapazinho cresceu um pouquinho e já se acha um homem, não é? Vamos ver então! Se vire! Vai, caia fora daqui! Este apartamento é meu! Volte daqui a três anos, quando fizer dezoito anos e puder reclamar a parte do dinheiro da sua mãe. Mas, por enquanto, ou é aqui ou é rua!

— Nem sei por que me dei ao trabalho de vir até aqui com você. Pode deixar, vou me virar sozinho. Já me virei até hoje e vou continuar assim.

Maurício riu e esbravejou:

— Se virou até hoje? Com a mamãe pagando tudo? Acabou! Semana que vem vou deixar tudo nas mãos de um advogado para entregar o apartamento em São Paulo. E pode considerar a sua mesada cortada, assim como o pagamento daquele colégio caríssimo onde você estuda.

Cláudio saiu chorando do apartamento e nem fechou a porta. Caminhou pela rua até chegar à praia. Foi até perto da água e suas lágrimas misturaram-se aos grãos de areia.

— E agora? — o rapaz estava prestes a ter um ataque de nervos.

Foi caminhando até a casa de Valquíria, a melhor amiga de sua mãe, e contou-lhe toda a história.

— E agora, o que eu faço?

— Claudinho, minha opinião é que volte a morar com seu pai. Com ele você pode ter uma vida boa, vai se formar, entrar em uma boa faculdade e trabalhar no comércio de joias. Dê a volta por cima, rapaz!

Cláudio olhou para Valquíria com nojo de sua atitude. Ia completamente contra os seus princípios, que sua mãe tanto batalhou para que ele mantivesse.

— Tia, pode me arrumar o dinheiro para eu voltar para São Paulo? Tenho um monte de coisas por lá e vou pensar no assunto.

— Que bom que vai pensar, Claudinho. Você vai ver, mudará de ideia e tudo se acertará aos poucos.

Cláudio saiu de lá e foi para a estação de ônibus. No caminho, em um pequeno cochilo, encontrou-se com Antônio.

— Toninho, por quê? Me diga, por favor! Eu só quero morrer! — comoveu-se o garoto, chorando.

297

Antônio abraçou-o e disse:

— Filho, finalmente ela está livre agora. Você não entende e pode não acreditar em mim, mas ela acaba de se livrar de uma prisão de séculos e séculos.

Cláudio olhou para Antônio, tentando entender o que ele havia dito.

— Todos nós, encarnados ou não, temos uma missão, um propósito. Sua mãe tinha como propósito de existência aprender a amar. E ela fez isso muito bem. Tão bem, que morreu por esse propósito.

— Não entendo.

— Nem tente. A história dela só pertence a ela, assim como a história de seu assassino também é só dele. As vidas encontram-se aqui e ali, mas cada um vai vivendo seu próprio aprendizado. No caso dela, em sua existência, ela sempre usou as pessoas, criando situações para usurpar poder e dinheiro dos outros. Sempre sob o disfarce da paixão e do amor. E, nesta encarnação, ela veio para amar. Finalmente, conseguiu. Fique muito feliz por ela, Cláudio.

— Por que você disse que ela aprendeu tão bem que ela morreu por esse propósito?

— Não me cabe julgar nem comentar esse fato. O assunto está encerrado, filho. Apenas saiba que ela está, neste exato momento, sendo muito ajudada por entidades de muita luz, força e amor.

Cláudio acordou com o solavanco do ônibus e olhou pela janela. Lágrimas escorriam pelo seu rosto, mas seu coração estava mais sereno agora.

Assim que chegou a São Paulo, ligou para a primeira pessoa que lhe veio à cabeça.

— Alô, Arthur?

capítulo 38

    Os meses passaram-se e, para Cláudio, foi um verdadeiro inferno. Ele entregou o apartamento onde morava e largou a escola, em pleno segundo colegial.
    Foi acolhido por Arthur, que ficou extremamente sensibilizado com a história do amigo. Cláudio não tinha dinheiro nem para comprar um pão, pois havia deixado o espetáculo em que estava atuando por não ter condições psicológicas para trabalhar. O que Arthur ganhava mal dava para ele mesmo, mas foram se ajeitando. Às vezes, faltava-lhes o jantar, e ambos acabaram emagrecendo um pouco.
    — Hoje nosso jantar será macarrão instantâneo! — comemorou Arthur.
    — Nossa, qual a ocasião especial?
    — Fiquei sabendo que dentro de dois ou três meses vai sair aquele trabalho que dependia da verba do governo, lembra?
    — A que eu passei o ano passado?
    — Isso!
    — Então é bom comemorarmos mesmo — Cláudio pegou o prato de macarrão e saboreou-o bem devagar, como se fosse uma rica especiaria.

Depois do jantar, Cláudio sentiu-se melancólico. Percebendo isso, Arthur chamou-o para sentar-se ao lado dele. Cláudio ficou deitado no colo de Arthur, que acariciava seus cabelos. O jovem sentiu-se protegido, da mesma forma que se sentia quando estava com sua mãe ou quando sonhava com o espírito de Antônio.

Ficaram por um bom tempo assim, apenas trocando carinho e afagos. Cláudio fixou os olhos nos de Arthur encarando-o por alguns segundos, que pareceu durar uma eternidade. Depois, desprendeu-se do colo do rapaz, voltou para o seu lado e novamente o encarou. Chegou bem perto dos seus lábios e deu-lhe um beijo. Arthur retribuiu e ambos selaram a união.

Cláudio finalmente sentiu-se livre por completo, podendo voar, como sua mãe costumava dizer-lhe. A noite acabou assim, com muito amor, paz e harmonia.

O jovem Cláudio, mais maduro pelas experiências da vida, foi finalmente chamado para o trabalho para o qual havia sido aprovado um ano antes. Praticou muito e o espetáculo acabou sendo um sucesso. Arthur também estava atuando em pequenos papéis e conseguia algum dinheiro. Finalmente colocaram uma linha telefônica no apartamento.

Na festa de seus dezesseis anos, Cláudio convidou muita gente para comemorar o seu aniversário na danceteria Madame Satã, um dos pontos mais agitados de São Paulo.

Cláudio subiu em uma mesa e gritou:

— Eu te amo, Arthur! — e pulou sobre o rapaz, beijando-lhe.

O pessoal aplaudiu, jogou cerveja nos dois e pularam sobre o casal. Arthur, bem mais reservado, não sabia onde esconder o rosto, o que instigava ainda mais Cláudio e seus amigos a aprontarem com ele.

Quase ao amanhecer, entrando no apartamento, Arthur ponderou:

— Cláudio, a gente precisa pensar sobre isso. Cara, você só tem dezesseis anos!

— E daí, você só tem dezenove!

— Eu posso ser preso!

— Então venha aqui. Vou lhe dar um bom motivo para ser preso — e Cláudio levou Arthur para a cama.

Maurício seguiu com a sua vida. Seis meses depois da morte de Samanta, ele já estava com outra mulher, de vinte e três anos de idade. Uma modelo pouco conhecida, tentando obter fama com o patrocínio de um marido rico.

A morte da socialite foi notícia em todos os jornais do Brasil, pois, além de ser algo chocante, ela era uma figura conhecida da alta sociedade carioca. Mesmo assim, nem Isaac nem Renata enviaram qualquer sinal de condolência ao filho.

Entretanto, naquela noite, Maurício recebeu uma ligação de um antigo amigo da família.

— Olá, Maurício, fiquei na dúvida se deveria ou não ligar. Espero não ter tomado a decisão errada.

— O que foi, senhor Almeida? — perguntou Maurício, intrigado, por não falar mais com esse senhor há mais de vinte anos.

— Sua mãe faleceu hoje pela manhã. Ela estava com câncer.

Maurício ficou mudo por alguns segundos e finalmente respondeu:

— Obrigado, apreciei o seu gesto, senhor Almeida.

— Maurício, você quer saber onde o corpo está sendo velado?

— Não, não quero. Obrigado de qualquer forma. Adeus — e desligou o telefone.

— Quem era? — perguntou a nova esposa de Maurício.
— Nada de importante.

Em São Paulo, no início da noite seguinte, Arthur atendeu a uma ligação para Cláudio.
— Pra você, Cláudio.
— Alô?... Oi, tia Valquíria!... Estou ótimo!... O quê?... Minha avó morreu ontem?... Você viu a nota de falecimento na coluna social dos jornais? — nesse momento, Cláudio começou a rir. — Mas não pode ser, meus avós já morreram bem antes da minha mãe... Ah, a mãe do meu pai! Bem, obrigado, tia, mas eu nunca a conheci. Eles cortaram relações com a gente quando eu tinha um ano de idade.
Cláudio e Valquíria conversaram sobre mais algumas futilidades até que desligaram o telefone.
— O que foi? — perguntou Arthur.
— Sinto que tem algo que preciso que fazer — Cláudio apanhou a lista telefônica e novamente procurou por Wolf, Marcos Wolf. — Preciso de coragem dessa vez, querido!
— Seja o que for, faça!
Cláudio discou os números e seu coração estava palpitando mais do que em suas estreias.
— Alô? — ouviu do outro lado uma voz feminina.
— Por favor, Marcos está?
— Sim, quem quer falar?
— Cláudio.
— Só um minuto.
Logo em seguida, ouviu:
— Pois não?
— Marcos, aqui é Cláudio. Olha, você não me conhece, mas sou filho do Maurício, seu irmão. Então sou seu sobrinho — e deu uma risadinha sem graça. — Sei que a gente nunca se falou, mas achei importante ligar hoje.

— Nossa! — Marcos estava sem fôlego. — Você é filho do Maurício? Puxa, é um prazer, Cláudio. Não sei o que seu pai lhe falou a meu respeito, mas só peço que mantenha a minha privacidade. Tive tantos problemas na vida por causa deles que hoje só quero ficar aqui no meu cantinho, tocando minha vida.

— Não, Marcos, não se preocupe. Eu também não falo mais com o meu pai. Minha mãe morreu recentemente e nós também rompemos relações.

— Eu sinto muito... — Marcos ficou tocado por sentir muita dor na voz do garoto. — Se serve de consolo, sei que ela está bem em outro plano neste exato momento.

— Gozado você falar nisso, pois eu também sinto a mesma coisa. Mas só estou ligando para lhe dar uma notícia desagradável, que talvez você até já saiba, mas como seu nome era assunto proibido em nossa família, achei direito contar para você.

— Então me diga o que todos sabem, menos eu.

— Sua mãe faleceu ontem.

— Verdade? — Marcos sentiu um pouco de ressentimento. — O que houve? Você sabe?

— Só me disseram que foi câncer, mas eu não a conhecia. Me desculpe se o aborreci.

— De modo algum, felizmente parece que alguém da família se importa comigo de novo. Bem, de qualquer forma, muito obrigado. Ela já estava com... Deixe-me ver... Setenta e cinco anos. Isso mesmo, ela era dois anos mais nova que meu pai. E, pelo visto, o velho ainda está respirando.

Cláudio achou engraçado ele debochar assim do pai.

— Bem, sobrinho, quando vier a São Paulo, venha nos visitar.

— Eu moro em São Paulo!

303

— Ora, então podemos nos conhecer. Que tal neste final de semana? Eu lhe passo o meu endereço e você vem à minha casa para comermos uma pizza.

— Combinado! Vou lhe passar meu telefone. Marcos, posso ir acompanhado?

— Lógico que sim!

E assim combinaram de se encontrar no sábado.

— Você vai para o Rio para se despedir de sua mãe, Marcos? — perguntou Ana.

— Não, eu já me despedi dela há muito tempo.

O sábado chegou e tanto tio quanto sobrinho estavam muito ansiosos para se conhecerem. Assim que abriram a porta do elevador, Marcos já o esperava.

— Cláudio?

— Marcos? — os dois cumprimentaram-se com um aperto de mão.

— Marcos, este aqui é Arthur.

— E esta aqui é Ana, minha esposa.

Feitas as devidas apresentações, os quatro entraram no apartamento. Ana, percebendo o constrangimento de todos, disse:

— Bem, quem quer beber algo? Suco, refrigerante, água...

— Eu tomo uma cerveja, se tiver — respondeu Cláudio.

— Eu também — disse Arthur.

— Quantos anos você tem, Cláudio? — perguntou Marcos.

— Idade suficiente para me cuidar, tio! — e riu.

Finalmente o clima de tensão estava quebrado.

— Cerveja para todos saindo! — disse animadamente Ana.

— Marcos, nem sei como começar, mas gostaria de ouvir de você tudo sobre a minha família. O que sei é que meu pai e meu avô brigaram quando eu tinha um ou dois anos, não sei ao certo, e nunca mais se falaram. Minha mãe não conheceu você nem tia Ana e até ela mesma não sabia de detalhes dos Wolf.

— Cláudio, posso contar, mas certamente será uma versão diferente do que ouviu ou ainda ouvirá do seu pai ou do seu avô. Então, acredite no que quiser, mas espero que esteja com tempo livre, porque a história é longa.

— Oba! Adoramos uma boa conversa, não é, querido? — Cláudio olhou para Arthur, dando-lhe a mão.

Marcos e Ana trocaram um olhar de estranheza entre si. Foi totalmente natural e automático. Em seguida, Marcos começou a sua história, mas não entrou em detalhes sobre a verdadeira identidade de Albert Wolf, que era Isaac Krupney, e como ele e Renata aplicaram um golpe milionário durante a Segunda Guerra Mundial. Também ocultou o fato do ex-sócio de Isaac ser um ex-coronel nazista e também os motivos que o levaram a deixar a casa dos pais. Mesmo assim, a noite passou de forma muito agradável, regada a pizza, cerveja e muito papo.

— Nossa! Já são duas horas da manhã! Fiquem por aqui, podem dormir na sala — convidou Ana.

— Não, vamos para casa. É tranquilo a esta hora — respondeu Arthur.

— Deixe que eu os levo — Marcos levantou-se meio tonto com a cerveja toda que bebeu.

— Pode deixar, tio. Sério, vamos numa boa! — Cláudio deu um caloroso abraço no tio, beijando-lhe o rosto.

Marcos sentiu muito amor nesse abraço e retribuiu o carinho, sentindo as batidas do coração do jovem.

— Somos uma família agora! Nós quatro! — disse espontaneamente Cláudio.

— Somos uma família! — e os quatro abraçaram-se coletivamente.

— Bem, tio, já vamos.

— Quando quiserem, passem na loja. Tome o cartão com o endereço e o telefone de lá. Fica perto daqui, na Rua Augusta.

— Pode deixar, tio.

Cláudio e Arthur partiram. Marcos e Ana foram para o quarto, deixando a bagunça para ser arrumada no domingo.

— Puxa, sabe que estou muito feliz?

— Sim, querido, eu sei sim — Ana deu-lhe um longo abraço e foram se deitar.

capítulo 39

Em um encontro com Antônio, Cláudio questionou-o sobre um assunto que o incomodava há muito tempo.

— Toninho, tem uma coisa que queria muito te perguntar. Está me incomodando demais...

Antônio ficou em silêncio.

— Quando me encontro com você, tudo parece fazer sentido. Aqui tudo é especial, sereno. Mas na Terra é tão diferente. Sei que você já me disse que tudo tem uma razão, mas realmente não entendo como minha mãe pode ter sido assassinada de forma tão cruel e eu ter que sofrer assim. Até meu pai, da forma dele, sofre com essa perda. Eu queria tanto que você me dissesse qual o sentido de todo esse sofrimento, por favor!

— Imagine uma plantinha. Ela tem vida. Mas qual o sentido da vida dela? Apenas viver. Qual o sentido de um animal estar vivo? Novamente, apenas viver. Se ele quiser se acasalar, ele se acasala ou se quiser mudar de um lugar para o outro, ele se muda. O grande problema não vem da vida e sim da mente humana, que teima em arrumar sentido para tudo. Quem dá sentido à vida é você. Se você der sentido à vida pela mente, ficará perseguindo ilusões. Se der pelo coração, estará em sintonia com a sua essência, sua alma, e a vida terá muito significado para você. Ou seja, se você viver remoendo o sofrimento, a vida será uma desgraça e nada parecerá ter sentido. Se viver pelo desapego e pelo perdão, sua vida terá alegria e paz de espírito. No caso de sua mãe, quem disse que ela morreu? Você chora pelo seu sofrimento em não tê-la por perto e não por ela. Viva sentindo o carinho e o amor de sua mãe e não a revolta de uma coisa que não lhe pertence.

— Puxa, olhando por esse lado, até que faz sentido.

Antônio riu e disse:

— É, sei algumas coisinhas, não é mesmo? — e continuou. — Veja, estou aqui desencarnado e não possuo mais as crenças da mente humana. Por isso, faço o que tem sentido aqui no astral, que é trabalhar para ajudar espíritos encarnados e desencarnados em seu amadurecimento. E isso me ajuda também a amadurecer, pois é uma troca muito grande e me faz bem. Mas há muitos espíritos vagando por aí ou em outras dimensões, que simplesmente não querem largar suas crenças de quando estavam encarnados. Muitos deles nem se dão conta de que não estão mais na matéria. Continuam sem sentido.

Cláudio suspirou profundamente e sentiu-se bem mais tranquilo.

Tudo foi sumindo aos poucos. Cláudio não queria sair dali, mas já era hora. Encaixou-se novamente em seu corpo, que estava deitado ao lado de Arthur, e abriu os olhos. Tudo estava escuro. Ouviu a respiração do companheiro à sua frente, deu-lhe um beijinho no nariz e virou-se de lado para dormir novamente.

O casal Marcos e Ana e o casal Cláudio e Arthur viraram amigos inseparáveis. Arthur começou a trabalhar com Ana e Marcos em seu tempo livre, e Cláudio recebia mais e mais trabalho.

Finalmente, quando Cláudio completou dezoito anos, convidou todos os amigos do meio artístico e fez uma tremenda festa no Aeroanta, uma danceteria no bairro de Pinheiros, em São Paulo. Cada um pagava a sua conta e o local ficou lotado com tantos conhecidos. Marcos e Ana também estavam lá.

— Aninha, como ele conhece tanta gente? Nem nos meus tempos mais badalados de juventude eu tinha tantos amigos — gritou Marcos para Ana, pois o som era muito alto e o local estava lotado.

— Ah, querido, é que ele é um rapaz iluminado mesmo! Agora vamos dançar!

— Já não tenho mais pique para isso não!

— Pois venha cá que eu mostro quem é a gatinha mais assanhada da festa — e Ana começou a dançar animadamente.

Marcos e Ana saíram às duas e meia da manhã da danceteria.

Na segunda-feira, quando Cláudio foi visitar o ateliê, Marcos perguntou-lhe:

— E agora? Já é maior de idade. Você pensa em entrar com uma ação para pegar parte dos bens que eram de sua mãe?

— Não. Não quero nada daquele homem.

— Cláudio, isso é orgulho. Você tem direito a esse dinheiro.

— É verdade, tio, pode ser orgulho sim. Mas aquele dinheiro é maldito. Estou muito mais feliz hoje do que quando vivia em um mundo cheio de mentiras e maldades.

— Só que se você conseguir parte dos bens de sua mãe, o mundo será diferente. Terá o mesmo mundo de amor e verdade, porém com muito dinheiro, que, convenhamos, facilita e muito a vida.

Cláudio ficou pensativo e finalmente encerrou o assunto:

— Você tem razão, mas eu não vou pegar esse dinheiro. E ponto final.

No fundo, Marcos sabia o que ele sentia. Ele mesmo tinha feito isso, ao escolher enfrentar a ira do pai em prol do que achava correto.

Enquanto isso, Maurício já tinha um advogado pronto para agir assim que seu filho entrasse com uma ação de obtenção de herança. Não deixaria Cláudio pegar um centavo e tinha condições de brigar, comprando juízes e pagando o melhor escritório de advocacia do Rio de Janeiro.

À medida que os meses se passavam, Maurício ficava cada vez mais irritado e impaciente, imaginando que o filho estivesse tramando uma estratégia diferente e fazendo pressão psicológica no pai. Ficou tão estressado que desenvolveu uma úlcera.

Mudanças políticas, o Plano Collor e a liberação da importação fizeram com que alguns concorrentes de bijuterias no segmento de semijoias quebrassem e isso deu mais espaço para Marcos e Ana abocanharem os clientes dessa massa falida.

No Natal de 1990, houve uma grande comemoração no apartamento de Marcos. Cláudio e Arthur levaram vários amigos, que não tinham parentes em São Paulo, para unirem-se a eles.

Na entrega de presentes, Marcos deu um envelope para Ana. Ela o abriu e havia apenas um bilhetinho dizendo: *Vale uma passagem para Paris*.

Ana olhou para o marido e abraçou-o, pulando e soltando gritinhos.

— Deixa eu ver! — o sobrinho pegou o envelope e deu mais gritinhos ainda, como se ele mesmo tivesse ganhado o presente.

— Quando vamos? — perguntou Ana.

— Estou pensando em abril. É fora de temporada e é bem mais barato.

Ana mal podia acreditar. Estava nas nuvens...

No início de 1991, Cláudio foi chamado pelo diretor da peça que estava encenando para que fosse à sua sala.

— Cláudio, sente-se. Tenho que lhe dar uma notícia triste.

O garoto sentiu um frio no estômago.

— O que foi?

— Acho que vamos perder você.

— Estou sendo demitido? — Cláudio estava chocado.

O diretor entregou-lhe uma carta, deixando-a em sua frente, em cima da mesa. Cláudio pegou a carta e leu o seu conteúdo. Era de uma renomadíssima escola de dança de Nova Iorque.

— Você sabe falar inglês?

— Sim, fluentemente — Cláudio havia estudado inglês, espanhol e alemão, quando era criança.

Cláudio deixou a carta cair sobre a mesa e olhou para o diretor, que disse:

— Parabéns, meu caro! Você é o primeiro bailarino desta companhia a ser convidado a estudar nessa escola norte-americana.

Cláudio não sabia se ria ou se chorava de emoção. Deu um pulo de alegria e abraçou o diretor.

— Posso ir para casa mais cedo?

— Vá, vá agora!

Cláudio saiu correndo e foi direto para a loja de Marcos.

— Querido, olhe! Olhe! — repetia ele, esbaforido, para Arthur.

— Calma! O que é isso? — Arthur pegou a carta e não entendeu nada. — Está em inglês. O que diz aí?

— Vou estudar em Nova Iorque!

311

Arthur sentiu medo. Não ficou feliz nem entusiasmado. Ficou desesperado.

— E agora? Vai me deixar? Nós vamos nos separar? — entristeceu-se Arthur, que começou a chorar.

— Não, não vamos! Pensaremos em alguma coisa.

Marcos e Ana estavam eufóricos com a notícia, mas abraçaram Arthur, que estava inconsolado.

Nesse momento, uma cliente entrou na loja. Arthur não tinha a menor condição de atendê-la, então imediatamente Cláudio deu-lhe um grande olá e um sorriso, que encantou a moça. Mesmo sem entender nada do produto, ele mostrou à cliente novidades e o que chamou de a última moda na Europa, posicionando-se como se ele próprio fosse europeu. A mulher gastou e saiu satisfeitíssima. Cláudio voltou para Arthur e disse:

— Viu? A gente se vira! Sempre damos um jeito.

Arthur, já mais calmo, respirou fundo e enxugou os olhos.

Foram jantar na casa de Marcos e conversaram sobre a viagem.

— Como isso funciona? — Ana perguntou para Cláudio.

— É uma bolsa de estudos concedida por uma escola norte-americana. Há vários caça-talentos espalhados pelo mundo todo, que só acompanham espetáculos. Um deles, que atua em São Paulo, passou meu nome para essa escola e mostrou a eles vários vídeos de minhas apresentações. Eles aprovaram minha indicação e vou fechar um contrato com esse agente. O caça-talento subsidia o curso para mim e, em troca, ele recebe durante algum tempo um percentual de tudo o que eu ganhar após me formar.

— Uau! Então é tudo grátis! Eu também quero ir — brincou Marcos.

— Bem, tio, nem tudo. Só tenho a escola paga, que é muito cara. Mas ninguém me paga passagem, estadia e comida. Vou ter que me virar. Lá o estudo é em período integral e a duração do curso é de dois anos.

Os quatro ficaram em silêncio.

— Quando você tem que estar em Nova Iork, Cláudio? — perguntou o tio.

— No começo de março.

Arthur começou a chorar.

— Pare com isso, Arthur — irritou-se Cláudio.

Ana olhou para Marcos com uma expressão muito serena. Marcos olhou-a de volta com um pouco de reprovação, como quem diz não com o franzir da testa.

— Cláudio, querido, seu tio e eu vamos pensar em algo, está bem?

Os quatro jantaram, mas ninguém tinha fome. Logo em seguida, o casal de jovens foi embora e Marcos falou para sua esposa:

— Eu sei muito bem o que você quer fazer, mas nós demos tão duro para juntar esse dinheiro! E é para você, querida! Sempre sonhou em viajar para Paris! Eu amo Cláudio, mas amo muito mais você!

Ana colocou as mãos no rosto do marido e disse:

— Eu também amo muito você e amo Cláudio. Mas se quer mesmo me presentear, já sabe como.

Marcos emocionou-se e chorou. Depois disse para a esposa:

— Eu te amo tanto, Ana! Tanto!

No dia seguinte, Marcos e Ana pediram para Cláudio e Arthur irem ao apartamento deles à noite.

— Tome. É um presente nosso — entregaram-lhe um envelope com um bilhetinho.

Vale uma passagem para Nova Iorque com direito a acompanhante.

— Não, tio. Não posso aceitar.

— Pode sim, basta dizer sim. — refutou Ana.

— Tio, tia... — Cláudio começou a chorar. Arthur pegou o envelope, leu-o e chorou em seguida.

— Ah, que choradeira é essa? Hoje é dia de comemoração! — Marcos trouxe uma garrafa de champanhe. — Cláudio, eu e Aninha faremos o máximo para mandar dinheiro durante esses dois anos para você. Arthur, acompanhe-o em sua ida e depois volte para esperá-lo. Se o amor de vocês realmente for sólido, nenhum tempo ou distância irá separá-los. Nada destrói o verdadeiro amor. Nada.

Assim foi. Cláudio preencheu a documentação que parecia nunca ter fim e Arthur obteve o visto de turista para entrar nos Estados Unidos.

— Minha primeira viagem internacional! — maravilhou-se Arthur, ao embarcar.

Deram-se as mãos, e o avião decolou para a maior aventura da vida de Cláudio.

capítulo 40

Os dois anos passaram com uma rapidez tremenda. Arthur, Marcos e Ana trabalharam como nunca para ganhar o suficiente e enviar dinheiro para Cláudio. Também tiveram que vender o bom e confiável Fusca.

Cláudio não tinha um só minuto de folga. O curso foi muito puxado e exigia dele muito esforço físico e mental. Houve momentos em que pensava em desistir, mas, ao lembra-se do sacrifício daqueles que o amavam, dos raros telefonemas, que eram caríssimos, e das cartas carionhosas trocadas entre eles, levantava o ânimo e seguia em frente.

Antônio, do lado astral da vida, continuou prestando ajuda a Cláudio, orientando-o e transmitindo forças para que ele não esmorecesse.

Finalmente, Cláudio recebeu seu diploma. Agora tinha formação e status de dançarino profissional internacional e também tinha o mundo pela frente.

Antes mesmo de se formar, Cláudio havia recebido alguns convites de companhias em Boston e Chicago. Deixou todas as possibilidades em aberto, dizendo que precisaria voltar para casa e em dois meses responderia.

Logo que desembarcou no Aeroporto de Cumbica, viu Marcos e correu em sua direção, dando-lhe um enorme abraço.

— Querido tio! Nossa, achei que este dia nunca chegaria!

— Ah, Claudinho! Como você está diferente! Virou um homem!

— Eu não era antes? — e riu. — Onde está Arthur?

— Em casa esperando por você com Ana. Vamos lá, eu carrego as bagagens — e levaram os carrinhos com as malas até um carro.

— Nossa, tio, que carrão! As coisas estão indo bem!

— Estão sim, Cláudio, mas este carro é emprestado. Eu o peguei com um amigo só para vir buscá-lo. Vendemos o Fusca.

— Por quê?

— Para mandar dinheiro pra você.

Cláudio sentiu-se mal, com uma culpa que lhe apertava o peito.

— Nossa, tio, não sei nem o que falar... Eu não queria mesmo ter dado tanto trabalho para vocês. Perdoe-me, assim que eu...

— Pode parar! Fizemos isso de coração. Isso é o que nos motiva a viver. Não é estar atrás do volante de um carro como este que daqui a dez anos será sucata. Isso vale a pena? — e bateu levemente no capô do carro. — Para mim, não mais. Primeiro, a alma e o coração. Depois... Depois a gente dá um jeito.

Marcos abraçou o sobrinho, que começou a chorar. Assim que entraram no carro, o tio virou-se para ele e revelou-lhe:

— Tenho uma coisa muito séria para lhe contar. Muito séria mesmo. Fiquei muito tempo imaginando como lhe falar. E se eu era a melhor pessoa para falar, mas nós decidimos que sim.

— Vai, tio, está me assustando.

— Arthur está com HIV.

Cláudio sentiu que seu mundo colapsava. Olhou para o lado e parecia que tudo aquilo era cena de um filme.

— Como? Você tem certeza?

— Sim. Contraiu o vírus há um ano. Ele mora com a gente agora. Entregou o apartamento para sobrar dinheiro para mandar pra você.

— Como ele pegou o vírus?

— Cláudio, isso é com vocês.

— Não, tio, já que me deu o choque, agora me diga tudo! — enfezou-se Cláudio.

— Ele estava arrasado com sua ida para Nova Iorque. Estava deprimido, sentindo-se abandonado e com a autoestima extremamente baixa. Também não ia bem no trabalho. Frequentou uma sauna gay e relacionou-se com alguns rapazes. Não usou preservativo... Só descobrimos há dois meses quando ele fez uma série de exames para se tratar de uma virose. Foi pura coincidência o médico ter solicitado o teste de HIV. Mas ele está ótimo, sem sintoma algum.

— Tio, só me leve para casa, por favor.

Marcos deixou o aeroporto e foram para o seu apartamento.

— Bem, Cláudio, agora esta é a sua casa. Seja bem-vindo! — afirmou Marcos.

Ana e Arthur estavam no meio da sala, sem saber qual seria a reação de Cláudio. O rapaz deixou as malas no chão, olhou para Arthur e correu para abraçá-lo.

— Que saudades! Meu amor, por quê? Por quê?

Os dois choraram muito. Ana juntou-se ao abraço do casal e ficaram ali na sala, compartilhando a felicidade do retorno e, por outro lado, a tristeza pela possibilidade de Arthur ficar doente a qualquer momento. Depois que todos se acalmaram, tudo o que Arthur pedia era que Cláudio o perdoasse.

— Você parece um disco riscado! Pare já com isso! Agora é hora dos presentes. Pessoal, sou eu, Cláudio, lembram-se? Se a gente ficar nessa choradeira, eu pulo da janela, hein? — e Cláudio saiu da situação de impotência e de vítima traída. — Além do mais, a gente sempre dá um jeito, não é mesmo, tio?

— É assim que gosto de ouvir!

Os quatro passaram a madrugada conversando até que o assunto do vírus veio à tona. Cláudio mostrou-se vitimado e traído.

— Agora, Cláudio, é você quem decide se quer ou não ficar comigo. Não tenho explicação para dar. Pisei na bola. Fiquei com outra pessoa. Não significou nada, além de sexo — lastimou Arthur.

— Mas e o nosso acordo? De que seríamos fiéis? Passei por tantas tentações em Nova Iorque, mas nunca fiquei com ninguém!

Arthur estava com os olhos marejados e a voz emocionada.

— Lembra-se do que Marcos disse antes de sua partida? De que o verdadeiro amor supera tudo? Parece que eu e você estamos passando por uma prova para saber se isso realmente é verdade ou não.

Cláudio ficou chocado com a veracidade desta frase e constatou que o que sentiam um pelo outro era real, autêntico.

— Arthur, vamos dar um jeito! Venha cá! — e beijou-o amorosamente.

— Bem, agora aqui é o quarto de vocês! — brincou Ana, apontando para o chão da sala.

— Por pouco tempo. Em menos de dois meses, vou trabalhar em Boston.

— O quê? — espantou-se Arthur.

— Isso mesmo que você ouviu. Então temos pouco tempo para obter um visto para você morar comigo por lá!

Os dois abraçaram-se e choraram juntos. Marcos e Ana estavam felizes e aliviados. Não sabiam como Cláudio reagiria, mas felizmente estava tudo bem agora.

Ao dormir, Cláudio encontrou-se com Antônio e perguntou-lhe:

— Eu estou com medo.
— De quê?
— Dessa tal de HIV. Será mesmo que é um castigo para nós que transamos com gente do mesmo sexo?

Antônio riu.

— Que foi? — perguntou Cláudio.
— Conforme vou me encontrando com você, vou me atualizando nas gírias. Transar! Que palavra engraçada para "fazer sexo"! Achei muito bonitinha.
— Toninho, não me enrole! É um castigo ou não?
— Meu filho, que ideia mais idiota! O único castigo que existe é aquele que você mesmo pode se aplicar. A humanidade é composta de espíritos encarnados, mas as sociedades são constituídas por mentes e ideias. Essas ideias só existem para proteger o modo de vida de determinados grupos, que possuem afinidades. A mente humana não gosta de mudanças e busca sempre o prazer em primeiro lugar. Se, em algum momento, uma sociedade se vê ameaçada em seu poder por um grupo com ideias inovadoras, diferentes e ousadas, ela vai se proteger, disseminando o medo e o preconceito. Inventa e espalha a notícia de que isso é um vírus dos homossexuais, por exemplo. Se essa é a notícia do momento a ser espalhada, é assim que vai ser. Mas só na mente dos encarnados. Não aqui no astral. Tudo isso são apenas experiências carnais. Preconceitos como outros tantos. Antigamente, o alvo dos preconceituosos foram os negros. Hoje, são os homossexuais. Quem sabe amanhã não serão os heterossexuais? Não pense, filho. Vá e viva. Aprenda com os erros, conheça os riscos e defenda-se. Tenha responsabilidade com seus atos e lembre-se de que todo ato gera uma consequência.
— Mas ele pode morrer. É pior do que o câncer! Não encontraram uma cura ainda!
— Sinto informá-lo de que ele vai morrer, assim como toda a humanidade vai morrer um dia.

— Não é disso que estou falando. Você me entendeu muito bem!

— Está bem, meu filho, mas quem lhe garante que ele vai morrer por causa desse vírus? Enfermidades de qualquer espécie nunca aparecem à toa. Sempre tem uma explicação científica. Se a cura não vem a tempo de curar o físico, em último caso ela vai curar o espírito. Não tenha dúvidas disso. De qualquer forma, a cura vem. O HIV surgiu, em um primeiro momento, entre os homossexuais, certo? Por que será?

— Eu não sei.

— Os gays sempre foram marginalizados. A maioria dos homossexuais não se aceita. Ficam inseguros, sentem-se párias na sociedade. Isso vai virando um ciclo, ou seja, quanto mais se escondem, mais inseguros se tornam e mais baixa se torna a sua autoestima. Vão se rebaixando como ser humano e com isso também baixam sua imunidade. Entendeu? Seu espírito está implorando para que ele se acolha, que se ame! Mas quanto mais ele se afasta de sua essência, maior se torna a sua debilidade. O HIV foi mais um sintoma da sociedade para alertá-los disso. Essa baixa autoestima já se espalhou, assim como o vírus, que não é exclusivo dos homossexuais. No caso de Arthur, ele sempre se sentiu desencaixado, inferior em relação aos outros. Isso influiu em sua situação financeira, profissional e familiar. Mas como Deus sempre deixa uma porta aberta, sua parte amorosa foi abençoada com você. E vice-versa.

— Então me diga de forma clara, Antônio — perguntou Cláudio de forma afoita. — Existe cura para Arthur?

— Claro que sim. Arthur tem a chance de se valorizar. E, com isso, de se curar. Tudo é possível aos olhos de Deus.

Cláudio sentiu um grande alívio e sorriu. Agradeceu ao amigo e ficou sozinho em um belo lugar, refletindo por um tempo toda a explicação maravilhosa sobre o vírus, sobre doenças e sobre Deus. Aos poucos, sentiu-se mais leve e flutuou de volta para o seu corpo. Continuou tendo uma ótima noite de sono e acordou muito bem no dia seguinte.

E a vida continuou. Cláudio entrou como coadjuvante em várias peças na companhia de Boston e, em menos de dois anos, já havia recebido uma proposta para ir para Nova Iorque, como bailarino de primeiro escalão de uma importante companhia. Arthur continuava com seu companheiro, mas tinha que voltar ao Brasil para renovar seu visto como turista e fazer seu tratamento. Usava um coquetel de remédios e, por ter sido diagnosticado desde cedo, ainda não apresentava nenhum sintoma do vírus.

Marcos e Ana sempre mantinham contato por carta ou telefone com o casal nos Estados Unidos.

Foi então que Marcos e Ana receberam uma carta com instruções para pegarem duas passagens de ida e volta para Nova Iorque para assistirem à estreia de Cláudio na Broadway.

Eles ficaram eufóricos e, no dia seguinte, foram à agência de turismo para pegar a relação de documentos e confirmar realmente se havia uma reserva em nome deles.

— Aqui está. Senhor e senhora Wolf. Ida e Volta. Classe executiva — informou a atendente.

Marcos maravilhou-se com o presente e Ana não conseguia tirar o sorriso do rosto.

O casal Wolf chegou a Nova Iorque e encontrou um rapaz de terno e quepe pretos com um cartaz na mão escrito: *Mr. & Mrs. Wolf / Brazil*.

— Nós somos os Wolf — apresentou-se Marcos, em inglês.

— Sejam bem-vindos! — saudou o sorridente rapaz, pegando as malas que estavam com o casal.

Na saída, uma reluzente limusine aguardava-os.

— Bem, realmente não sei para onde vamos, sabe, o nosso sobrinho... — e Marcos foi educadamente interrompido pelo rapaz.

— Senhor, o destino é o The Plaza Hotel.

321

O casal entreolhou-se espantado.

— Vamos ao Plaza! — entusiasmou-se Marcos.

Chegaram ao hotel e dirigiram-se direto para a recepção. Cláudio os esperava por lá e, quando o casal o avistou, correram para abraçá-lo.

— Querido, você ficou louco? Deve estar ganhando bem, mas gastou uma fortuna com a gente! — protestou Ana, com um olhar de muita felicidade.

— Estou, mas isto é tão pouco perto do que vocês merecem! Eu amo vocês! — respondeu Cláudio. — Vamos sair daqui. Tem um lugarzinho muito charmoso aqui pertinho. Lá eu vou contar todas as novidades pra vocês.

Entraram em um café, fizeram seus pedidos e começaram a conversar:

— E Arthur? — perguntou Ana.

— Ele está ótimo. Trabalha como designer para uma estilista da revista *Vogue*, desenhando colares e acessórios com temas tropicais. Ideia de quem? Adivinha? — Cláudio olhou para Ana, que ficou muito feliz em saber que, de alguma forma, contribuiu para que Arthur se estabelecesse em algum trabalho.

— Quando o veremos? — perguntou Marcos.

— Só amanhã. Tomem, guardem com carinho — e entregou os ingressos do casal. — Amanhã a limusine virá buscá-los no hotel e levá-los para o teatro. Vocês se sentarão ao lado de Arthur, logo nas primeiras fileiras.

Despediram-se, e Marcos e Ana olharam para a rua em que estavam, ao lado do Central Park, imaginando como teriam chegado até ali.

— Um dia eu estava acompanhando você na calçada da rua onde morava, lá no Rio de Janeiro. Em outro, caminhando pelo centrão de São Paulo e imaginando como comprar um apartamento para a gente. Agora estamos aqui, passeando por Nova Iorque. A vida é estranha, não é? — divagou Marcos.

— Não, não é não, seu bobão! Você é que é estranho! — Ana saiu correndo, como uma menina travessa.

Marcos saiu atrás dela, gritando que a pegaria. Estavam muito felizes.

No dia seguinte passearam muito e, à noite, o casal estava pronto para ir ao espetáculo. Ela usava um vestido de gala e ele, um elegante terno. Limusine, teatro lotado, champanhe na entrada, tapete vermelho. Tudo reluzia à ostentação. Marcos e Ana estavam se divertindo muito.

— Tio? Tia?

O casal virou-se. Era Arthur.

— Querido! — e abraçaram-se fortemente. — Você está muito bem! — elogiou Ana.

— Estou ótimo! Não vou me entregar fácil não! Aguardem-me! — enfatizou o rapaz. — Vamos nos sentar antes que o auditório encha.

As luzes piscaram indicando que o espetáculo estava prestes a começar e todos se sentaram.

Depois de quase duas horas de espetáculo, a plateia ovacionou a peça. Foi um sucesso absoluto.

— E agora? — perguntou Marcos.

— Agora vamos deixar Cláudio com a turma dele. A pressão foi gigantesca e, se tentarmos entrar lá, seremos expulsos. Provavelmente eles vão beber, gritar e brindar nos bastidores e só depois é que sairão para comemorar com a gente — explicou Arthur.

— Bem, para mim isso é demais. Querida, vamos voltar ao hotel — falou Marcos, olhando para a esposa, que acenou positivamente com a cabeça. — Amanhã nos vemos, Arthur. Mande um beijo ao Cláudio.

— Pode deixar, tio.

Eles, então, despediram-se e foram para o hotel completamente extasiados.

Durante o resto da semana, Ana e Marcos fizeram de tudo na cidade. Caminharam até ficarem exaustos, e no último dia, Marcos encontrou-se com Antônio.

— Antônio, estou muito feliz hoje. Não por estar aqui em Nova Iorque e sim por ver Cláudio tão bem.

— Eu sei disso. Se pegarmos a história de vocês dois, verá como as semelhanças são impressionantes.

— Como assim?

— Você, por exemplo, foi criado com viagens e mordomias até os vinte anos, mas, de uma forma ou de outra, foi renegado pelos pais. Viveu em uma mentira até ter coragem de descobrir tudo. Escolheu quebrar o ciclo familiar e criou a sua própria história. Cresceu e aprendeu. Cláudio também foi abandonado e renegado. Escolheu outro caminho, dentro de seus próprios princípios, e quebrou o mesmo ciclo familiar que você havia quebrado antes. Achou seu caminho e hoje está aí, brilhando e sendo feliz. Livre.

— Eu tenho muito carinho por você, Antônio — e abraçou-o.

Antônio abriu um enorme sorriso e desapareceu.

Dias depois, no aeroporto, a partida foi marcada por choro de ambas as partes.

— Em breve nos veremos! — chorava Ana.

— Até mais! Quando der, vamos passear de novo no Brasil — despediu-se Cláudio.

Foram se despedindo até entrarem na área de check-in. Depois, cada casal tomou o rumo de casa.

capítulo 41

Em outro encontro com Antônio, Cláudio recebeu uma proposta.
— Quais são os seus maiores desejos, Cláudio?
— Puxa, não sei. São vários.
— Cite um, pelo menos.
— Fazer uma turnê mundial com o musical.
— Não, não, isso é muito fácil porque são coisas palpáveis, planejáveis. Quero que me diga algo que lhe pareça impossível.
Cláudio não entendeu muito bem o que Antônio queria dizer.
— Queria ter minha mãe de volta.
— Isso mesmo! Você pegou a ideia. O quê mais?
O dançarino ficou um bom tempo conversando com Antônio. Dessa vez, a viagem astral pareceu levar o dia todo. O conceito de tempo foi perdido e, finalmente, no desfecho da conversa, Antônio prescreveu:
— Escreva o que desejou. Depois eu lhe digo como fazer para que isso se materialize, se você realmente quiser, é lógico. Deixará as cartas guardadas, como vou lhe indicar. É uma prova de que, se você realmente quiser algo, com muita fé em si mesmo, seus desejos se materializarão.

— Considere feito, Toninho. Pretensões à parte, o que não me falta é fé em mim!
— Por que você disse isso?
— Ora, porque eu tenho mesmo fé em mim.
— Não, por que falou em pretensão?
— Porque fico pretensioso por ter fé em mim. Orgulhoso, sei lá! Ah, você sabe, já viveu muito encarnado. É como se diz por aí, gente assim é egoísta, esnobe, arrogante... Só pensa em si mesmo.
— Jovem, vou lhe dizer algo para que nunca mais se esqueça. Egoísta é aquele que se importa tanto com a opinião dos outros que deixa de viver a sua própria vida para agradar ao mundo. É aquele que se afasta da própria vida e que, consequentemente, se afasta de Deus. Esnobe é aquele que esbanja os recursos próprios, que os joga fora em favor dos outros. Sabe aquela velha expressão? Jogar pérolas aos porcos? Isso é ser esnobe, é dar o seu potencial aos outros quando você assim não o deseja. E arrogante é não enxergar a grandeza que você tem. É ver os outros como grandes e você pequenininho. Por isso, quando você se vê bem, legitimamente, em sua luz, vibrando em Deus, isso se chama boa autoestima.
— Uau! Antônio, quando eu crescer quero ser como você!
E os dois riram e abraçaram-se.
Cláudio desceu novamente ao seu corpo, que estava deitado na cama. Olhou para o relógio. Duas e meia da manhã. Era a primeira vez que tivera uma experiência tão diferente assim.

Cláudio continuava a experimentar com uma ascensão meteórica em sua carreira profissional.
O tão aguardado ano 2000 chegou, e Cláudio e Arthur comemoraram com muito frio e festa na Times Square, em Nova Iorque.

O ano foi de muitos shows e seu grupo conseguiu apoio de uma grande empresa para que finalmente pudesse realizar a turnê mundial com a qual tanto sonhavam. Estava prevista para dali a dois anos.

Em 2001, Arthur já se adiantou e perguntou o que Cláudio queria fazer em seu aniversário de trinta anos. Provavelmente seria algo que exigiria meses de preparação.

— O quê? Ah, a gente come um bolinho e janta fora.

— Cláudio? Você não é a mesma pessoa que conheci!

Ele olhou para o companheiro e caiu na gargalhada.

— Nossa, olha só o monstro em que eu me transformei! — e os dois caíram na gargalhada.

O trabalho era extenuante, mas Cláudio estava felicíssimo. O esforço valia a pena por ele e pela saúde de Arthur, que estava muito bem.

Finalmente, faltando alguns meses para o início da turnê, Cláudio foi ao escritório do patrocinador oficial do evento para fechar os últimos detalhes. No final do dia, jantaria com Arthur.

— Olá, bom dia. Sou Cláudio Wolf. O senhor Waterman me espera para uma reunião às nove horas.

— Ah, bom dia. Sou Andrew Brown. Chegou mais cedo?

— É! Não sabia quanto tempo levaria de metrô de casa até aqui e acho que me precipitei.

— Bem, isso é ótimo, assim não tomo meu café sozinho. Me acompanha?

— Claro!

Ambos dirigiram-se para uma máquina automática de café.

O escritório era muito luxuoso. Havia carpete e alguns tapetes persas. As portas eram feitas em madeira nobre, delicadamente esculpidas, com maçanetas douradas, todas polidas e limpas.

— Que droga! A máquina não está funcionando. Que horas você disse que é a sua reunião? — perguntou Andrew para Cláudio.

— Às nove.

— Bem, são oito e meia. Quer subir até o restaurante no topo do prédio e tomar um café por lá? Ainda não abriu, mas conheço tomo mundo.

— OK, vamos.

Ao chegarem ao restaurante, Ramírez, um cubano foragido de seu país, limpava o chão.

— Ramírez! Meu amigo! — saudou Andrew. — Este aqui é Cláudio. Tem um café para dois renegados?

— Esperem. Já volto! — Ramírez respondeu sorrindo.

Cláudio podia ver Nova Iorque inteira, naquele lindo dia de céu azul.

"O mundo finalmente cabe em minhas mãos", pensou ele, fazendo uma concha com sua mão direita e aproximando-a de seu rosto, como se segurasse Nova Iorque em sua mão.

— Aqui estão os cafés — Ramírez entregou duas xícaras.

— Andrew, que tal descermos? São quinze para as nove.

Nesse momento, houve um enorme estrondo seguido de um tremor assustador.

— O que é isso? — perguntou Andrew.

— Terremoto! — gritou Ramírez.

Os cozinheiros saíram do restaurante atônitos.

— Explodiu alguma coisa na cozinha? — perguntou Cláudio.

— Não, nada! — respondeu um rapaz assustado.

— Calma! Chamem o elevador — disse Cláudio.

— Ai... o que é aquilo? — Cláudio olhou pela janela no fundo do corredor e, em vez de ver o céu azul, tudo estava escuro.

Correram para lá e só se via uma densa fumaça negra.

— Fogo! Fogo! O prédio está pegando fogo! — gritou Ramírez.

— Rápido! Vamos para a escada! Todo mundo para a escada! — orientou um senhor que saiu da cozinha.

Todos tentavam evitar o pânico, mas havia muita tensão entre as pessoas. De repente, uma onda de ar quente subiu pelo corredor estreito da escada e queimou o rosto e a pele dos primeiros a descerem.

— Subam, subam! — gritou alguém lá embaixo.

Ar quente e fumaça subiram pela escada. Imediatamente o último a sair fechou a porta para que a fumaça não invadisse o local. Ouviram alguém bater na porta.

— Meu Deus! Sobrou alguém na escada!

Ao abrirem a porta, o bafo estava tão quente que queimou o cabelo do rapaz que a abriu. Uma pessoa quase em chamas saiu do interior da escadaria e muita fumaça entrou. Rapidamente fecharam a porta e voltaram-se para o homem estendido. Estava quase sem roupas, queimadas pelo ar quente. Era Ramírez.

— Por favor, cuidem da... — Ramírez tentou fazer seu último pedido, mas sua cabeça pendeu para o lado e ele morreu.

— O que ele disse? — perguntou Andrew para Cláudio, que estava abaixado ao lado dele.

— Eu não sei... — Cláudio estava em estado de choque.

Andrew puxou Cláudio pela camisa e levou-o para o outro lado do restaurante. As pessoas tentavam descobrir os locais de evacuação, mas perceberam que era impossível descer. Só restava subir. Cláudio pegou seu telefone celular e ligou para Arthur.

— Alô? — atendeu Arthur.

— Querido, estou em uma situação muito séria!

— O que foi?

— Eu não sei! Acho que o prédio está pegando fogo!

— Peraí, vou ligar a televisão... Ah, não!

— O que foi? — perguntou Cláudio, em meio ao caos.

— Parece que um avião bateu no prédio. Em que andar você está?

— No 107º, no restaurante.

Arthur sentiu uma pontada no peito e disse:
— Corra para a escada de incêndio e saia já daí!
— Já tentamos, tem fumaça e fogo subindo por ela. O elevador parece não estar funcionando.

A ligação caiu. O sinal do telefone celular variava muito, e Cláudio procurava outras rotas de fuga com os demais.

Vinte minutos depois, Arthur conseguiu falar novamente com Cláudio.

— Cláudio, é um ataque terrorista! A outra torre acabou de ser atingida por outro avião. Você tem que sair daí! — gritou Arthur.

— Não dá! — gritou ele. — O ar está esquentando muito e tem uma nuvem de fumaça preta, que está entrando aos poucos pelas frestas.

Cláudio estava no topo do mundo. Tão perto do céu que quase podia tocá-lo. E tão perto do inferno, que já podia senti-lo.

— Arthur, me escute. Não me interrompa, OK?
— OK! — e Arthur começou a chorar.
— Não vou conseguir sair daqui vivo. Infelizmente não vou jantar com você esta noite. É uma bênção eu poder me despedir da pessoa que mais amo neste mundo. Considere-se abençoado também. Escute, a ligação está com ruídos. Vou falar rápido. Repita o que vou dizer! Tem quatro envelopes na última gaveta da minha escrivaninha. Estão embaixo de um livro de fotografias. Cada um tem um nome. Quero que você os entregue pessoalmente aos destinatários. Vamos, repita!

— Vou pegar quatro envelopes na sua última gaveta, embaixo de um livro de fotos e entregá-los. Mas como vou fazer isso?

— Você dá um jeito, meu amor. Arthur, eu te amo! Não se entregue nunca! A vida é muito preciosa. Um dia nos veremos novamente. Disso eu tenho certeza. Tenha fé, meu amor.

— Não! Não faça isso comigo! — Arthur chorava copiosamente.

— Arthur — e a ligação começou a falhar. — Não estrague a nossa despedida. Deixe-me ir. Vamos, por favor, me liberte. Deixe-me ir! Eu te amo!

A ligação caiu. Arthur tentou ligar incessantemente por mais de meia hora, mas, depois de um tempo, nem a caixa postal funcionava mais. O sistema telefônico de Nova Iorque ficou sobrecarregado. Assim que a ligação caiu, Cláudio tentou ligar para o Brasil, mas a chamada não se completava.

O calor tornou-se alucinante. A fumaça invadiu o recinto e só tiveram como alternativa quebrar algumas janelas, usando cadeiras e móveis para partir o vidro. Com isso, a fumaça saiu, mas também formou um corredor de ar para que o fogo se propagasse com maior intensidade.

Cláudio precisava de ar. Arrastou-se até a janela e seu estômago revirou-se ao olhar para baixo. Parecia estar em um avião, tamanha era a altura. Andrew estava logo atrás dele. Por um instante, imaginou-se lá embaixo, tão perto, olhando para cima e indo embora depois, para pegar o metrô e continuar a sua vida.

Um garçom estava chorando muito ao lado de Cláudio. Fumaça saía de suas costas. Estava sendo queimado vivo e já não aguentava a dor. Saltou para a morte. Cláudio voltou e agarrou Andrew e abraçou-o o mais que pôde. Começou então a chorar. Imagens vieram à sua mente. Sua vida, seus amores, seus temores. Tudo.

— Eu não quero morrer! — gritou Andrew, apavorado.

Nesse momento, Cláudio entrou em pânico.

— Meu Deus, e se for tudo uma enganação da minha imaginação? E se não houver nada? E se Antônio existir só em minha imaginação?

Cláudio puxou Andrew para fora do corredor de ar e arrastaram-se até um canto da sala, onde o calor era um pouco menor, mas a fumaça era intensa.

331

"Escolho morrer neste cantinho. Respirando a fumaça até dormir tranquilamente", pensou.

O pânico cessou e ele entregou-se ao sono. Abraçou Andrew e sussurrou:

— Vamos juntos. Fique tranquilo. Você vai adorar o passeio.

Sua mente foi se desligando e, em instantes, o coração de Cláudio dava a sua última batida.

Cláudio acordou com Antônio ao seu lado. Estava deitado em uma das salas do centro de recuperação.

— Minha garganta está muito seca. Quero água.

— Aqui está. Tudo isso ainda é reflexo de sua passagem. Você já não tem mais o corpo físico. Isto aqui é apenas energia convertida em forma de matéria. Não é matéria em si. A matéria é condensada, uma energia mais densa. Mas, calma, irmão. Terá muito tempo para descansar.

— Antônio?

— Pois não?

— Onde está Andrew?

— Em outra colônia. Cada um vai para um centro que melhor se encaixa à sua vibração.

— Puxa, tudo isso é tão estranho... Estou tão feliz em vê-lo pessoalmente, mas sinto tanto em ter deixado tudo para trás.

— Calma, meu filho. Você receberá um tratamento muito bom. Acredite.

— Eu sei.

Um homem aproximou-se dele para aplicar-lhe uma sessão energética, mas antes disso, Cláudio falou a Antônio:

— Na hora da passagem, fiquei tão assustado! Estava duvidando até de sua existência, acredita?

— Lógico que acredito, é muito comum. O desprendimento causa muito medo. Acontece tanto quando encarnamos e quando desencarnamos. É mais do que normal. Seria estranho se fosse diferente. Mas é engraçado. O espírito pode passar por mil planos astrais, mil encarnações e em todas elas é sempre a mesma ladainha! — e ambos riram.
— Queria saber se meus desejos irão se realizar.
— Só o tempo dirá, irmão. Agora descanse.

No mesmo dia, Arthur ligou para Marcos e Ana para avisar que Cláudio estava em uma das torres gêmeas.

Uma semana após os atentados, Arthur, Marcos e Ana finalmente aceitaram que Cláudio havia morrido. Não havia mais esperança em encontrá-lo com vida. Só então Arthur teve coragem para abrir a gaveta.

Nela, encontrou os quatro envelopes.

O primeiro envelope era para ele.

Arthur
Meu querido amor, meu mentor, Antônio, está me ensinando a realizar todos os meus desejos. Apenas com a fé. E aprendi qual é o grande segredo. Na verdade, é uma coisa tão simples! É ter fé em Deus. Mas não esse Deus que os homens inventaram, que vive em um lugar de um mundo encantado. Deus está em cada um de nós e nos atende em qualquer desejo. Basta ter fé em si mesmo, na sua luz, na minha luz. Entendeu, meu querido? Fé é crer e guiar-se pela própria luz. Essa é a tal iluminação que os hindus tanto falam desde antes de Buda. A única diferença é que não precisei ficar anos embaixo de uma árvore meditando para descobrir isso. Somos todos espíritos iluminados, que é o que Jesus

nos ensinou há dois mil anos! Meu amor, guie-se pela sua luz. Mas, como ele me orientou a escrever uma carta com o meu desejo para você, saiba que desejo que você seja curado de tudo o que esse vírus implica: a negação, a dor emocional, o preconceito, o desconhecimento e a ignorância. Mas lembre-se que isso só depende de você. Eu te amo. Com muito amor,

Cláudio.

Junto com os outros três envelopes restantes, havia dez mil dólares em dinheiro.

— Seu miserável! — soluçou Arthur. — Isto é tão pouco! Eu não queria apenas uma carta, um pedaço de papel! Se você já imaginava que algo poderia lhe acontecer, por que não me preparou? Por quê? — e desabou a chorar, inconsolado.

Arthur comprou uma passagem de ida para São Paulo e viajaria no início de outubro. Nem sabia como começar a retomar a sua vida novamente e como conduzir a morte do companheiro, sem ter um corpo para ser identificado e enterrado. Mas isso não era exclusividade dele. Toda a nação norte-americana estava passando por aquele momento de turbulência. Arthur não poderia mais morar nos Estados Unidos, já que o apartamento estava alugado em nome de Cláudio e só ele tinha visto de permanência e o *green card*. Além disso, se o governo norte-americano soubesse que Cláudio tinha o vírus HIV positivado, seria extraditado imediatamente para o Brasil. Mas agora nada mais importava para ele. Só queria sair de lá.

capítulo 42

Arthur chegou a São Paulo e foi direto para a loja na rua Augusta.

— Arthur! — gritou Ana que saiu do balcão e abraçou-o muito forte. — Ah, meu filho!

Começaram a chorar. Marcos juntou-se a eles.

— Tio, não me pergunte como nem por quê, mas Cláudio deixou isto aqui para você. Tome.

Marcos pegou o segundo envelope e começou a ler em voz alta.

Marcos Wolf
Querido tio. Fui agraciado por nosso amigo em comum, Antônio, com alguns ensinamentos.

Nesse momento, Marcos olhou abismado para Ana e disse:

— Ele conhece Antônio!
— Vai, continua lendo! — exigiu Ana.

E, para comprovar que consigo atingir meus objetivos com a minha própria fé, gostaria muito que você entregasse a próxima carta ao seu irmão de sangue, Maurício. O meu pai.

— O que mais? Só isso? — surpreendeu-se Arthur.
— Só! — Marcos estava tão surpreso quanto ele e Ana.
— E o que vai fazer? — perguntou Ana.
— Sinceramente não sei.
— Como não sabe? Vai entregar a carta, nem que eu o amarre e o leve até lá! — ordenou Arthur, com tamanha imponência que deixou o casal intimidado.
— Então eu vou. Na próxima semana, vou programar para ir ao Rio de Janeiro. Eu ligo para Maurício.
— Nada disso. Eu vim de Nova Iorque e lhe entreguei a carta pessoalmente. Amanhã cedo a gente vai para o Rio e você fará o mesmo.
— Está bem. Amanhã vamos ao Rio — concordou Marcos, não gostando da ideia.

Mais tarde, por mais que Marcos tentasse comunicação com Antônio, ele não conseguia.

"O que você está aprontando?", pensou Marcos com relação a Antônio.

No dia seguinte, embarcaram na ponte aérea e, ao chegarem ao Rio de Janeiro, pegaram um táxi até o endereço da cobertura onde Cláudio morou em sua juventude. Arthur achou o endereço em uma velha agenda de Cláudio.

— Boa tarde, o senhor Maurício Wolf está?
— Quem deseja falar? — perguntou o porteiro do prédio.
— Diga a ele que é o seu irmão.

O porteiro anunciou a visita pelo interfone. Ele abriu a porta e ambos foram à cobertura.

— Marcos? — espantou-se Maurício.
— Tudo bem, Maurício?
— O que você quer?
— Podemos conversar?
— Já estamos conversando. O que quer?
— Maurício, já faz mais de trinta anos que não nos vemos, cara. Trinta anos! E você quer me enxotar como um cachorro?

— Não temos nada a falar. Além disso, pelo que soube, você adotou o meu filho. Não bastasse pegar a vagabunda da Aninha, pegou também o fedelho do Cláudio.

Marcos segurou-se para não dar um soco em Maurício. Arthur não entendeu nada, mas ficou com muito ódio quando Maurício ofendeu Cláudio.

— Tome, seu imbecil! Esta carta é pra você! — Marcos empurrou a carta em cima do peito de Maurício.

Ele pegou-a e olhou desconfiado.

— O que é isso? Uma intimação? O pentelho finalmente vai entrar na justiça querendo dinheiro? — perguntou Maurício ao ver seu nome no envelope da carta.

— Seu filho está morto — disparou Marcos.

Maurício olhou com ar de surpresa para os dois e abriu a carta, lendo-a sem que os demais vissem o seu conteúdo.

Maurício Wolf
Papai, estou aprendendo a realizar os meus desejos. Desejei encontrar mamãe e espero que isso se realize um dia. Sei que, com a minha fé, certamente eu a encontrarei em breve. E fé em mim mesmo eu tenho de sobra. Mas desejei algo mais. Desejei que você ficasse mais feliz. Só isso. Não quero vê-lo triste, até porque eu mesmo já fiquei triste o suficiente por todos nós. Para que isso se realize, abro mão de qualquer coisa que eu possa ter direito referente à sua fortuna. Use esta carta como documento de que abro mão de tudo. A única condição para isso é que entregue a outra carta, a última, para o seu pai. O meu avô.

— O que é isso? Alguma piada? — esbravejou Maurício.
— Do que você está falando? — perguntou Marcos.
— Acha que vou cair em algo tão ridículo? — questionou Maurício.

337

— Maurício, se você tiver cinco minutos do seu precioso tempo, podemos lhe explicar brevemente os últimos quinze anos da vida do seu filho. Posso falar? — ironizou Marcos.

O irmão apenas acenou com a cabeça, com cara de má vontade.

Marcos repassou a trajetória de Cláudio e sua posição em nunca querer nada do que fosse do pai. Falou finalmente de sua morte no World Trade Center. Maurício, dessa vez, baixou os olhos e também a guarda.

— Eu nunca quis que fosse assim... — sussurrou.

— Então, vai cumprir a sua parte? Se não for pelo seu filho, faça pelo seu dinheiro.

— Sim, eu vou. Mas, se for alguma armadilha, vocês estão mortos! Passem aqui amanhã às nove horas e vamos até lá.

— Você sabe onde o papai mora?

— Sim, eu sei. Agora, vão embora. Daqui a pouco minha esposa chega da academia e não quero que ela os veja.

— Fique tranquilo, irmão. Não quero ficar nem mais um segundo aqui com você.

Assim que saíram, Marcos relembrou boa parte da raiva e do ódio que sentia em sua juventude seu irmão.

— Vamos achar um hotel barato aqui perto e voltaremos amanhã.

À noite, Marcos encontrou-se com Antônio no astral.

— Olá! Estava com saudades de você, amigo.

— Eu também, Marcos. Como vão as coisas?

Marcos olhou-o com ar de censura, mas a expressão era de brincadeira.

— Como se você não soubesse... Você é tão cara de pau! Tudo isso tem a sua cara!

Antônio riu e prontamente respondeu:

— Confesso que tem um dedinho meu nisso, mas quem escolheu e bancou toda a história foi Cláudio.

— E como ele está?

— Por que não pergunta a ele?

Marcos virou-se e Cláudio estava logo atrás dele.

— Meu querido! — disse Marcos, abraçando-o com muito amor.

Os dois pareciam amigos de colégio, pois começaram a dar pulos abraçados, como fazem os adolescentes.

— Vamos, parem com isso! O pessoal do andar de baixo vai reclamar. — brincou Antônio.

— Que encrenca você nos aprontou, hein? O que nos espera amanhã no encontro com meu pai?

— Ah, isso nem eu sei. Mas faça o que o seu coração mandar.

— Eu farei.

— Bem, meninos, é hora de nos despedirmos.

— De forma alguma! — protestou Cláudio. — Antônio, afinal de contas, quem é você?

O mentor respirou fundo, olhou serenamente para os dois e disse:

— Vamos nos sentar no parque.

Caminharam até um lindo jardim, e Antônio começou a falar.

— Marcos, você se lembra de quando eu lhe contei que fui um explorador espanhol casado com uma jovem chamada Leonor? Depois fui para a América e me apaixonei por uma índia, ela engravidou e eu voltei para a Espanha?

— Sim, eu me lembro. Também me lembro que você não quis mais comentar sobre isso.

— Bem, agora posso comentar para ajudá-los a se libertar em das amarras do passado, quebrar em correntes energéticas e crenças limitantes. Já estão preparados para isso. Eu me chamava Estêvão e minha esposa, Leonor, era você, Marcos.

— O quê? — Marcos ficou de boca aberta.

339

— Isso mesmo. Você era uma esposa fiel e deu à luz dois meninos. Eu raramente parava em casa, e, por conta disso, minha fortuna aumentava cada vez mais. Você cuidou bem dos garotos, mas, um deles, assim que começou a ter idade suficiente para me acompanhar, tomou gosto pelo mar, pelas explorações e pelas pilhagens que fazíamos com os índios. Eram verdadeiras atrocidades em nome da fortuna e da fé cristã na época. Esse filho era Maurício, o seu irmão.

— Antônio, então meu pai vem desde séculos procurando fortunas e sempre consegue enriquecer. Mas até quando? Quando a vida vai mostrar a ele que está no caminho errado? — perguntou Cláudio.

— Cláudio, não existe caminho errado! Estão todos certos. Cada um escolhe o que melhor lhe convier e paga o preço por isso. Lembre-se da lei da vida, que, para cada ação, há uma reação. O conceito de bem e mal está na moral da mente humana. A vida não pensa como a mente. Por isso há tanta revolta entre os seres humanos, simplesmente por não aceitarem as leis da vida. Maurício está no caminho dele. Se ele ainda não tem maturidade o suficiente para enxergar as ilusões da mente, então isso é problema dele. Um dia, Maurício expandirá seu grau de lucidez, provavelmente pela dor. Mas, de um jeito ou de outro, sua lucidez aumentará e disso eu tenho certeza.

E Antônio continuou sua história:

— Eu nunca mais soube em vida de minha amada Kaiá e de seu filho. Meu outro filho espanhol apegou-se muito à mãe. Esse filho é Arthur. Você, Marcos, cuidou de Arthur como mãe. Agora está fazendo o mesmo, só que como um pai que ele nunca teve.

Cláudio arrepiou-se inteiro.

— Na Espanha, continuei com meus negócios, dei tudo do bom e do melhor para a minha família. Tive algumas amantes, mas uma delas foi a minha favorita. Eu lhe dei uma casa e ela era a pessoa mais rica de sua pequena cidade. Só que era muito mal falada, não tinha respeito algum, pois todos sabiam que ela era sustentada por mim. Essa amante era a sua esposa Ana, Marcos. O interesse dela era ter uma vida luxuosa. Não queria mais nada. Hoje entendo que nem a mim ela queria. A cada gravidez que ela tinha, tomava uma série de chás abortivos. A vida ia caminhando assim até que sofri um acidente em uma das viagens. Meu filho, que é o Maurício que vocês conhecem hoje, começou a tomar todo o dinheiro e tudo o que era meu para si. Me senti traído e abandonado. Você, Marcos, como minha esposa, perdeu todo luxo que tinha, mas nunca deixou de me amar e cuidar de mim. Ana também perdeu todo o luxo e teve que mudar de cidade, pois eu nunca mais pude sustentá-la. Perdi quase tudo até que me recuperei e reconquistei meu poder e honra novamente. Voltei a ganhar dinheiro, mas à custa de abandonar novamente minha esposa. Nunca mais voltei para casa. Fiquei rico e desencarnei depois de velho, em uma ilha nas Américas.

— E você nunca mais soube de Kaiá e seu filho?

— Depois que desencarnei, soube que ela foi presa e muito torturada. Tiraram o filho dela assim que ele nasceu e o levaram para a Europa. Esse filho era Karl. Ele viveu pouco tempo, vítima de maus-tratos. Kaiá viveu durante muito tempo presa, trabalhando para os espanhóis como servente e para satisfazer as necessidades sexuais dos marinheiros. Esse amor que abandonei para morrer nas Américas era Gabriela.

Marcos e Cláudio não sabiam o que dizer. Ficaram em silêncio.

— Ao desencarnar, fui aos poucos vendo o tamanho dos danos que provoquei nas vidas alheias e tornei-me um espírito atormentado pela culpa. Por mais que quisesse, essa culpa me levou a lugares inimagináveis de escuridão, podridão e terror. Até que desisti de tudo e abri meu coração ao que viesse. Qualquer coisa era melhor do que aquilo. Sem ter consciência, me permiti ser ajudado. O plano espiritual me levou a uma colônia e depois de muito tempo aprendi que não há culpa. E então me senti responsável por vocês, como se fosse um grande pai, querendo espalhar ensinamentos por meio do amor. Aprendi muito, amadureci e aqui estou eu, como mentor daqueles aos quais antes eu fiz tanto mal e hoje eu tanto amo. Perdão, amor e compaixão por si mesmo. Isso me tirou das ilusões.

— Antônio, Karl é meu meio-irmão? — questionou Marcos.

— Não, Marcos, ele é filho de Rudolph e não de Isaac.

— E onde ele está?

— Está em outra dimensão, trabalhando na recuperação de espíritos mais atormentados, assim como ele era. Essa é a vantagem de ter experiência, de sentir na própria pele uma situação extrema, pois um espírito como ele, além de ter muita maturidade, possui lucidez em aconselhar os outros.

Marcos e Cláudio juntaram-se a Antônio, que os abraçou com lágrimas nos olhos.

— Vão, queridos irmãos. Vivam plenamente e disseminem a mensagem pelo mundo tão belo em que vivem. Sempre estaremos juntos. Somos uma grande família.

Marcos voltou ao seu corpo e dormiu pelo resto da noite. Ao acordar, não se recordava do encontro, mas a sensação de bem-estar, plenitude e confiança na vida permaneceram.

Antes das nove horas, Marcos e Arthur estavam na portaria do prédio de Maurício.

— Ele avisou que já desce — anunciou o porteiro.

Maurício saiu com sua Mercedes prata, último modelo, e os dois entraram no carro. Seguiram sem dizer nada um para o outro. Chegaram a um elegante conjunto residencial. Maurício anunciou a sua presença na portaria, dizendo ser o filho do senhor Albert Wolf.

A portaria passou o recado para a casa do senhor Wolf pelo interfone, e Maurício recebeu um sonoro não do segurança que estava na guarita.

— Eu sou o filho dele! — indignou-se Maurício.

— Lamento, senhor. Foi ele mesmo quem atendeu à ligação.

— Por favor, diga para ele que tenho um recado de Renata — alegou Marcos.

— Sim, senhor — acatou o segurança.

Cláudio e Maurício olharam para Marcos como se ele estivesse louco.

— Podem entrar. O carro à frente os levará até lá — comunicou o segurança, abrindo a cancela.

— Marcos, que papo é esse de falar da nossa mãe?

— Sei lá, isso me veio à cabeça de supetão.

— E vai falar o quê pra ele? — perguntou Maurício.

— Nada... Sei lá! Entramos, não entramos? Agora entregue logo essa carta para ele para acabarmos com isso e eu voltar para São Paulo.

Pararam o carro e os três desceram. Tanto Marcos quanto Maurício não podiam acreditar no que viam.

O todo-poderoso do mercado de joias transformou-se em um velhinho raquítico, usando andador e respirando com a ajuda de um tubinho de oxigênio. Ao seu lado, estava um enfermeiro que cuidava dele. Isaac estava com noventa e um anos de idade.

— Pai, sou eu, Maurício. Esse aqui é o Marcos.

Ele murmurou algo, e Marcos perguntou ao enfermeiro se ele entendeu o que o pai falou.

— O que querem? — o enfermeiro fez o papel de interlocutor do pai.

— Pai, ainda se lembra de Cláudio, meu filho e seu neto? Isaac acenou positivamente com a cabeça.

— Ele morreu e me pediu que lhe entregasse essa carta.

Maurício entregou a carta ao pai. Ele pegou-a, ajeitou os óculos e começou a ler.

Senhor Wolf
Vovô, talvez o senhor não acredite em milagres, mas recebi o dom de me comunicar com os mortos. Não culpe mais os seus filhos pelo que passou. Eles fizeram o que você os ensinou a fazer, não com suas falsas palavras e sim com seu espírito vingativo e corruptível. Agora cabe a você sair desse padrão, se quiser. Desejei muito que a nossa família se reunisse novamente. Você, meu pai Maurício e meu tio Marcos. Infelizmente, vejo claramente que você e eu não nos encontraremos por muito, mas muito tempo mesmo. Há uma legião de espíritos perturbados à sua espera, sedentos de vingança. Você sabe do que estou falando. Renata já foi pega por eles. Você é o próximo. Não há escapatória, é a lei do retorno, da ação e reação. As leis cósmicas são justas e infalíveis, não são como as leis dos homens, das quais você sempre conseguiu se livrar. Em todo caso, estarei sempre vibrando por você. Que Deus tenha misericórdia do seu espírito.

Cláudio

Os dois irmãos viram algo que nunca tinham visto em toda a vida: o medo nos olhos do pai.

Marcos quebrou, com muito esforço, a barreira do orgulho e dirigiu-se, abraçando-o gentilmente. Maurício a Isaac uniu-se aos dois. Pai e filhos encontraram-se novamente.

Arthur olhou para os três e depois olhou para o céu.

— Você é um tremendo de um danado! Conseguiu algo impossível...

capítulo 43

Duas semanas após o reencontro com os filhos, Isaac desencarnou.

Dessa vez, Marcos e Maurício fizeram um funeral para o velho homem no Rio de Janeiro. Mal se falaram. Só os dois estavam presentes no enterro. Despediram-se com um breve aperto de mão e seguiram suas vidas.

Uma semana depois, Marcos recebeu uma ligação de um escritório de advocacia.

— Senhor Marcos Wolf, precisamos que o senhor venha ao Rio de Janeiro para tratar do testamento de seu falecido pai.

— Eu já estive aí na semana passada, não posso voltar! Afinal, o que é? Não dá para resolvermos por telefone?

— Infelizmente não, senhor. Só pessoalmente.

— Puxa, não acredito... Me dê o seu telefone que eu ligo amanhã, está bem? — e pegou os dados do advogado.

— Aninha, estão me chamando no Rio.

— Ah, não! — protestou ela com veemência. — Dessa vez vou junto! Quero passear, andar de bondinho e ir à praia.

— Você está falando sério? — perguntou Marcos, com ar de desânimo no rosto.

— Seríssimo. Quando partiremos?

— Está bem. Vamos na quinta-feira à noite. Eu marco com o advogado na sexta e passamos o final de semana no Rio.

Ana pulou de alegria. Na quinta-feira pegaram a ponte aérea e foram para o Rio.

Na sexta-feira, o encontro ocorreu em um elegante escritório de advocacia na baía de Botafogo. Marcos e Maurício estavam presentes, além do advogado e de um procurador. O advogado pigarreou e disse:

— Senhores, estou aqui para cumprir o último desejo em vida do senhor Albert Willy Wolf. Como sabem, ele deixou um valor extremamente alto em aplicações, joias e no mercado imobiliário. Tenho comigo informações confidenciais sobre uma conta na Suíça, que os senhores terão acesso assim que as formalidades forem completadas.

— O velho vai abrir a mão depois de morto? — cochichou Maurício para Marcos.

O advogado começou a ler o testamento:

Divido todo o meu patrimônio entre meus filhos Marcos Willy Wolf e Maurício Willy Wolf. Para facilitar a divisão e para que não haja briga ou discórdia, deixo com meu advogado uma extensa relação de bens, assim como o destinatário de cada um.

— Espere aí! — interrompeu Maurício. — Eu entendi bem? O velho deixou tudo para a gente?

— Sim, senhor, naturalmente. Vocês são os únicos herdeiros.

E o advogado continuou:

— As ações serão vendidas a valor de mercado e as joias serão levadas a leilão. Todo o valor arrecadado será dividido entre os senhores, assim como o valor das contas bancárias no país e no exterior. Quanto aos imóveis, que são galpões, pequenos edifícios, algumas casas, uma casa em Teresópolis e vários apartamentos, não serão vendidos nem repartidos. Cada um receberá o imóvel que ele decidiu, conforme lista anexa, ressaltando que ambos devem receber aproximadamente o mesmo valor.

— Quem fica com a casa de Teresópolis? — interrompeu Maurício, prontamente.

— Deixe-me ver... O senhor Marcos — respondeu o advogado.

— Droga! — queixou-se Maurício.

Marcos não podia acreditar. Nunca esperaria por isso. Tinha uma fortuna em suas mãos. Estava milionário. Retomou por direito a fortuna roubada pelo próprio pai em sua outra encarnação como Rudolph, embora não soubesse disso. A primeira coisa que pensou em fazer foi criar um centro de atendimento para vítimas de HIV e administrá-la com Arthur.

— Senhor Marcos? — o advogado o chamava enquanto Marcos sonhava alto.

— Sim?

— Vamos dar início a todo o processo. Parece até que o pai dos senhores estava prevendo a própria morte. Deixou tudo pronto para que o processo fosse o menos burocrático possível.

Na saída, houve um breve aperto de mão entre os irmãos. Olharam um nos olhos do outro e, por fim, Marcos deu um rápido abraço em Maurício.

— Se cuide, irmão.

— Me cuidarei, irmãozinho, como sempre! — e Maurício deu um sorriso maroto, de moleque mesmo, lembrando os bons tempos de antigamente e virou-se para o outro lado, seguindo com o seu destino.

Marcos seguiu para o hotel, onde se encontraria com Ana à noite. Ela estava passeando pela cidade.

Deitado na cama do quarto do hotel, ele mentalizou muito o seu mentor. Queria sonhar com ele novamente. Disse então em pensamento:

— Antônio, obrigado! Mande lembranças a Cláudio, onde quer que ele esteja. Notei também que a reação de meu pai ao receber a carta não foi boa. Não tive acesso ao conteúdo dela, mas sinto que o destino dele não será melhor só pelo fato de ele ter repartido a herança antes de morrer, como se esse ato o livrasse das barbaridades que cometeu em vida. Não houve arrependimento nem crise de consciência. Tudo o que ele sentiu foi medo... Medo de deixar a vida boa que teve...

Marcos não percebeu, mas Antônio estava ao seu lado e respondeu:

— Meu querido amigo, saiba que gosto muito de você. Fique sossegado pois cuidarei de Cláudio e mandarei suas lembranças. Em relação a seu pai, não posso me intrometer. Cada um colhe o que planta e é responsável por suas escolhas, mas admiro a sua nobreza de caráter. Seu espírito não guardaria mágoa, pois você é a personificação do Bem. A cada experiência terrena, você galga degraus cada vez mais altos rumo à verdadeira felicidade!

Marcos experimentou uma sensação de bem-estar indescritível e adormeceu com um leve sorriso estampado nos lábios.

No astral, Antônio encaminhou Cláudio a outra colônia, em um setor de recuperação. Os dois pararam na frente da sala e Antônio apontou para a entrada.

— Vamos, entre.

Cláudio entrou e viu uma linda mulher de costas.

— Samanta? Mamãe?

Ela virou-se e sorriu.

— Filho?

Os dois envolveram-se em um abraço e deixaram que suas luzes brilhassem como uma só, iluminando os caminhos de muitos que ainda não viam nada além de escuridão.

Depois desse encontro, Cláudio fez um pedido, com lágrimas nos olhos, para Antônio:

— Antônio, preciso voltar.

— Já? — riu Antônio. — Calma, rapaz, terá muito tempo até reencarnar. Há muitas coisas boas para você fazer por aqui.

Dessa vez, foi Cláudio quem deu uma gargalhada.

— Ah, não! Eu não me expressei bem. Preciso voltar como desencarnado. Preciso dar adeus a Arthur.

— Desculpe-me, Cláudio, mas isso não será possível. Arthur ainda não aceita a sua partida e tem a mediunidade fechada. Mesmo que você se materialize por lá, ele não o verá.

— Mas me sentirá!

Antônio olhou-o com reprovação.

— Sim, ele o sentirá, mas isso está fora de questão.

Com o passar dos dias, Cláudio pedia autorização a Antônio a cada meia hora. Não desistia nunca. Antônio mudava sua agenda de atendimentos na esperança de não encontrar Cláudio, mas isso era impossível.

Em um dos encontros, Antônio falou:

— Cláudio, que provação tenho que passar ainda? Eu não aguento mais! — e riu. — Achei que estaria em paz aqui no astral, mas com você por perto, é melhor eu encarnar em algum lugar árido do deserto ou em algum pântano. Estaria melhor lá.

Cláudio deu gargalhadas e perguntou.

— E então?

Antônio olhou-o com seriedade e disse:

— Vou pedir autorização.

O jovem pulou de alegria.

Em pouco tempo, Antônio e Cláudio encontraram-se novamente.

— Você tem autorização para se despedir de Arthur.

Cláudio ficou eufórico.

— Se era tão fácil, por que você dificultou tanto?

— Não é que eu não queira. Muito pelo contrário. Se dependesse de mim, todos os desencarnados voltariam para se despedir e parte da raça humana deixaria de duvidar de uma vez por todas da existência do mundo astral. Mas, fazendo isso, estaríamos interferindo no livre-arbítrio de cada um de crer ou não crer neste mundo. De tomar as decisões por si mesmo. Se ficarmos cuidando dos encarnados e assoprando suas feridas, como se diz por aí, nós não os ajudaremos a cuidarem de si. E eles deixarão cada vez mais suas vidas nas mãos dos outros. Entendeu?

— Sim, agora entendo. Então por que consegui a autorização?

Antônio colocou sua mão direita no rosto de Cláudio, com muita ternura, e respondeu:

— Sabe o que mais gosto em você, meu filho? É a sua inocência, como a de uma criança, que quer saber e aprender cada vez mais, sem medo de cair ou de ser criticado. Essa inocência o leva ao aprendizado e à maturidade. Ao contrário de muitos, que se fazem de bobos e pedem ajuda do outro ou do astral. Esses ficarão sem ajuda mesmo. Os encarnados até podem achar que estão ajudando, na melhor das intenções, mas, para cada ajuda oferecida, estão colocando sobre seus próprios ombros a vida e os problemas do outro. E o outro não se desenvolve em nada. Se envolve com mais pobreza e miséria material ou espiritual. Nesses casos, ele pode pedir e rezar o quanto quiser que não receberá nada. Ou melhor dizendo, receberá nossa melhor ajuda, que é deixá-lo lá, até que perceba por si só o que está acontecendo. Por isso, meu filho, você pode voltar e se encontrar com seu grande amor, mas nas condições em que ele esteja preparado, está bem?

Cláudio concordou com um largo sorriso.

capítulo 44

O ambiente era tenebroso e pesado. Nuvens carregadas com pó e ácido rompiam o céu.

Isaac correu para trás de uma grande árvore, sem folhas. Estava com um papel em suas mãos. Percebeu que era jovem novamente. Ao olhar o papel, viu que era seu testamento. Ao lê-lo, deixava tudo o que tinha para si mesmo.

"Isso não faz sentido", pensou ele.

Continuou vagando e viu ao longe uma legião de soldados, com uniformes alemães. Escondeu-se imediatamente.

Quando olhou para trás, viu soldados chegando, mas com uniformes diferentes.

— Estou salvo! — disse Isaac.

Ele levantou as mãos e começou a aproximar-se desses soldados de uniformes camuflados. Ao chegar mais perto, todo o seu corpo tremeu. Eles não tinham rostos. Apenas um buraco entre as camisas e os capacetes.

Correu para o único lado que podia, o dos alemães, mas antes de chegar lá, viu uma vala onde se escondeu.

Ao olhar para fora, viu que o comandante dos alemães era Zig. O exército camuflado estava cada vez mais próximo de Isaac. Era agora ou nunca.

— Zig, sou eu! Não atire, sou eu, Isaac! Me ajude, por favor! — e ele correu com as mãos para cima em direção ao coronel.

Ao chegar lá, viu um exército enorme sob o comando de Zig. Atrás dele, uma tenda e equipamentos de guerra.

— Ora, ora! Quem diria! Seja bem-vindo, meu amigo — cumprimentou Zig.

— Onde estamos? — perguntou desesperado Isaac.

— No mesmo lugar que sempre estivemos. Venha, vamos beber um pouco. Vamos entrar em minha barraca. Agora você está entre amigos, não se preocupe. Enquanto estiver conosco, estará bem.

Zig e Isaac entraram na barraca de exército armada em meio à lama. Dentro, havia um tapete, várias almofadas e muitas jarras com vinho.

— Vamos, sirva-se! — e o coronel ofereceu-lhe uma taça de vinho, servindo uma para si.

— À vitória! — brincou o coronel.

Isaac apenas levantou a taça e bebeu o vinho. Cuspiu-o em seguida, fazendo uma careta enorme.

— O que é isso? É vinagre!

— Infelizmente não podemos nos dar ao luxo de armazenarmos muito bem as nossas bebidas. Está tudo avinagrado. Mas veja pelo lado bom, nem tudo é ruim por aqui.

Nesse momento, Zig aproximou-se de um biombo em um dos cantos da tenda e estendeu seu braço. De lá, saiu uma garota linda, vestindo apenas um véu de seda totalmente transparente, mostrando toda a sua nudez e seu corpo desejável até mesmo ao homem mais casto que já existiu. Ela beijou o coronel ardentemente em sua boca, esfregando sensualmente o corpo no uniforme sujo daquele soldado.

— Renata! — Isaac ficou paralisado.

Olhou de novo para o testamento e viu naquele pedaço de papel tudo o que sempre quis em vida. Olhou ao redor e ajoelhou-se com muita raiva e pena de si mesmo. Pensou em rasgar o papel, mas guardou-o no bolso.

— Vocês não vão ter nem um centavo disso aqui. É tudo meu! Pode ficar com ela, pode ficar com tudo, mas não ficará com nada do que é meu!

A alguns metros dali, em outra barraca, Renata estava sendo corroída pelo câncer, que adquirira em sua última encarnação. Esperava por Isaac ou por qualquer um que a ajudasse. Sentia-se só, destruída, amargurada, feia, com o corpo cheio de feridas horríveis. A barraca era luxuosíssima. Tinha tapetes persas e lindos candelabros de cristal. Havia jarras de ouro e copos adornados com pequenos diamantes, mas ela mal conseguia levantar o pescoço. Seu corpo jazia em uma cama que daria para quatro pessoas dormirem confortavelmente, porém, de dentro de suas entranhas, bichos horríveis saíam, exalando um cheiro insuportável no interior da barraca.

— Por favor, alguém... Estou com muita sede... — suplicava ela. — Isaac! Isaac, meu amor! Preciso de alguém! Alguém para cuidar de mim! Por favor!

Seus gritos ecoavam no vazio de seu próprio coração.

Ana, Marcos e Arthur saíram para jantar.

Na volta, Marcos era o mais animado, mas não achava palavras para consolar Arthur.

Ao deitarem-se, Ana comentou:

— Querido, vá até o quarto de Arthur e fale com ele. Quem sabe ele melhora.

— De que adianta? Nós dois sabemos que Cláudio apenas mudou de endereço. Sentimos falta de sua presença física, mas Arthur sente que foi abandonado injustamente. Vamos deixar que o fluxo natural da vida resolva tudo, está bem?

Os dois beijaram-se e apagaram o abajur.

Arthur deitou-se e começou a pensar em Cláudio. O primeiro beijo. A coragem daquele menino em assumir a sua orientação sexual perante o mundo. Sua determinação em sempre fazer o melhor. Lembrou-se das festas, da alegria e da traição. Isso apertou seu coração e ele começou a chorar. Chorou até dormir.

— Olá, querido!
— Cláudio! Você está vivo?
— Lógico que sim! Tão vivo quanto você!

Cláudio olhou em volta e viu um cenário lindo. Estavam em um lugar paradisíaco.

— Eu só posso estar sonhando, querido — e Arthur agarrou Cláudio com toda a força do mundo para perto de si.

Aquilo não era um abraço e sim um pedido de socorro. Cláudio esperou que Arthur se acalmasse e parasse de chorar. Então, com muito carinho, disse:

— Meu amor, você tem toda razão. Você está sonhando.

Arthur ficou atônito.

— Mas... Como? Não, eu não quero! Quero morrer, se eu acordar! Não quero mais viver sem você! — e começou a chorar novamente.

— Olhe para mim, vamos! — Cláudio foi firme na entonação da voz. — Chega de drama, está bem? Me escute. Lembra-se de quando falei a respeito das cartas?

Arthur acenou positivamente com a cabeça.

— Eu também estou aprendendo, assim como você. Quando meu mentor sugeriu que eu escolhesse o que mais queria, no mais profundo de minha alma, escolhi que minha família se reunisse novamente no amor e não na dor. Também escolhi rever a minha mãe. E, o mais importante, que você se curasse. Mas a sua cura só virá pelo perdão, querido. Isso só será possível se você se olhar como a mais bela criatura jamais criada por Deus e se acolher com amor. Nada ocorre ao acaso e, para que eu realizasse os meus anseios, passei pelo que passei. E ponto final. A vida é assim.

Para cada ação há uma reação, mas nossas mentes humanas querem que a reação seja de um jeito bom só para nós mesmos. Por isso estou aqui, para lhe mostrar como eu e você somos abençoados!

— Mas, querido, eu não consigo viver sem você!

— Lógico que consegue. Já está vivendo. É isso que eu quero que você veja. A vida! Você vive só com você mesmo. Tem companhias que vêm e vão, mas você sempre estará com você por toda a eternidade. Enquanto não aceitar isso, não se curará e nunca ficará inteiro. Acredite em mim! Como fará com que sua luz brilhe se você não aceita ficar com você mesmo?

Arthur ficou olhando para o seu amor. Abaixou a cabeça para não encarar Cláudio.

Cláudio segurou as mãos de Arthur e aproximou-se dele.

— Você é muito especial para mim. Eu estarei esperando-o no astral, com todo o amor do mundo. Mas lhe peço, aceite o presente que Deus lhe deu, de ser quem você é, sem precisar de ninguém para lhe apontar o caminho certo ou lhe dar comida na boca, que era o que eu estava fazendo de certa forma.

— É tão difícil... — Arthur segurava as lágrimas.

— Para mim também é.

— Você não entende, para mim é muito mais. Eu o traí. Eu contraí o vírus por meio dessa traição. Traí a mim mesmo e a você. Espero que um dia você possa me perdoar. Mesmo dizendo que me perdoou, ainda sinto em meu coração que isso não aconteceu.

Cláudio levou Arthur a um gramado. Seguiram em direção a um pequeno coreto. Subiram as escadinhas e ficaram no centro do tablado.

— Aqui é o palco da vida. Deus está aqui, presente. Sinta-o em você, meu amor — Cláudio colocou sua mão direita no coração de Arthur. — Está sentindo este pulsar? Isto é a vida. Isto é Deus. Se você achar que isso não é importante, então o que mais pode ser? Outra pessoa? Bah! — e fez uma careta. — Isto aqui é você, meu amor.

Cláudio chegou bem perto de Arthur e colou seu rosto ao lado do seu amado.

— O perdão vem de dentro. Não vem dos homens. Vem de Deus. Mas não do Deus que você imagina existir. Deus é a vida, que está em você. Se você não puder se perdoar, ninguém mais poderá. Deixe Deus tocar o seu interior. É nEle que se encontra a vida plena, sem complicações, sem rolos nem encrencas. Tudo nEle é plenitude e paz interior, mesmo que a coisa lá fora esteja pegando fogo. E de fogo eu entendo bem! — e deu uma risadinha.

— Eu não sei como me perdoar.

— Olhe nos meus olhos. Veja seus olhos nos meus. Somos todos iguais, falíveis e perfeitos, cada um à sua maneira. Se você olhar nos meus olhos, você me perdoa?

— Pelo quê?

— Por qualquer coisa. Se você acessar o amor que tem por mim, me perdoa?

— Lógico que sim.

— Então, meus olhos são os seus olhos. Acesse esse mesmo amor que é Deus. E perdoe-se com amor. Essa é a chave de tudo. Largue toda e qualquer culpa que leve consigo, não importa o que tenha feito em sua vida. Recomece e renasça para essa nova vida... Viva por você e para você. Não se esqueça: você em primeiro lugar.

Arthur ficou comovido com o presente e a oportunidade que tinha em mãos.

Nesse momento, uma música começou a tocar. Arthur tirou Cláudio para dançar. O céu azul sumiu e estrelas coloridas apareceram no firmamento. O palco do coreto estava todo iluminado. Dançavam uma linda valsa. Os dois usavam belíssimos smokings e giravam sem parar, rindo e rodopiando. Ao terminar a música, Cláudio olhou para Arthur com lágrimas nos olhos e disse:

— Meu querido amor, chegou a minha hora. Tenho que ir. Mas, se você realmente me ama e ama a si mesmo, nunca desperdice um segundo de sua vida pensando bobagens ou deixando de viver. Deus nos deu a vida. É o presente mais precioso que existe. Viva, tenha outros companheiros, outras aventuras, outros amores. Um dia todos nós nos encontraremos e tudo o que faremos será compartilhar todo esse amor.

— Farei isso, querido. Eu te amo! Sempre te amarei!

— Eu sei, Arthur. Eu também te amo.

Cláudio soltou as mãos de Arthur e afastou-se. Arthur começou a sentir-se pesado e sonolento. Viu-se no escuro e teve uma sensação estranha, de que caía em queda livre enquanto dormia. Isso o fez acordar assustado. Lembrou-se imediatamente do sonho. Acendeu a luz e o seu coração disparou.

Havia uma foto no chão, bem no meio do quarto. Era uma fotografia dele com Cláudio.

— Ah, meu querido! Obrigado! Obrigado!

Ele pegou a foto e colocou sobre o seu peito, bem perto do coração. Respirou profundamente e deitou-se novamente.

— Eu estou vivo! Eu mereço viver!

Arthur apagou o abajur, colocou a foto embaixo do travesseiro e, a partir daquele momento, começou uma vida nova, com muito carinho por si e extraindo da vida o que ela tem de melhor: a própria vida.

Um ano depois, Arthur conheceu Adriano. Engataram um namoro e Adriano o aceitou, mesmo quando ele revelou ser soropositivo.

Foram viver em Santa Catarina, em uma belíssima praia, onde montaram um pequeno comércio de bijuterias.

Até hoje, Ana e Marcos passam suas férias com eles.

EPÍLOGO

Em um belo final de dia, perto do pôr do sol, Cláudio foi convidado por Antônio para uma caminhada. Eles estavam em um lugar maravilhoso. As flores exalavam um delicado perfume misturado à leve brisa suave, que faziam com que Cláudio e Antônio se sentissem em uma linda tarde de primavera.

— Você se saiu muito bem em seu aprendizado. Melhor do que o esperado.

— Eu sou um ótimo aluno — brincou ele.

— Você teve diante de si um grande desafio. Quando decidiu voltar tão subitamente, realmente fiquei com dúvidas se você seria bem-sucedido.

— Não foi fácil, tenho que reconhecer. Nascer em uma família com tudo à mão pode levar o espírito à perdição. Foi muito difícil ser rejeitado pelos meus avós paternos e depois pelo meu pai. O engraçado é que sinto que meu espírito se ressentia com Isaac e Renata, mas não sabia o motivo. A propósito, quando você me disse o que escrever a Isaac sobre Renata, o que você quis dizer?

— Isaac e Renata vêm de uma longa história de espíritos, que ainda não têm a maturidade suficiente para entender as leis da vida. Sua última encarnação ocorreu na Inquisição Portuguesa, há séculos. Foi como a Inquisição Espanhola. Em cada lugar, havia algum maluco matando em nome de Deus. Tudo dentro da lei dos homens. Renata era um padre inquisidor que se satisfazia com a tortura. Era um sádico. Matava para pilhar os bens dos pobres coitados. E Isaac era a amante desse padre. Uma freira, imagine! Antes disso, viveram em cortes reais pela Europa fazendo sempre a mesma coisa. Unindo-se para trair os outros em troca de bens materiais e mordomias. Fizeram uma espécie de pacto espiritual.

— Como assim?

— Suas energias estão tão próximas que um não quer viver sem o outro. Assim que desencarnam, permanecem em um limbo de muito sofrimento e angústia. Para aplacar isso, eles se unem e se tornam uma força mais densa ainda, amedrontando outros espíritos que vagueiam sem rumo por esse nível. Entendeu? Eles se alimentam disso. Até que conseguem criar consciência suficiente para separar as suas energias e encarnar novamente. E o ciclo continua.

— Para sempre?

— Não — disse Antônio. — A eternidade é um período de tempo muito grande. Tenho certeza de que, um dia, algum deles terá um pouco mais de lucidez e se voltará à essência do próprio espírito, começando esse lento processo de mudança, até se tornar cada vez mais consciente da própria luz. Entendeu? Poder se apropriar de si mesmo e vibrar como um espírito de luz.

— Entendi. Parece que o meu pai vai pelo mesmo caminho. É uma pena que ele tenha apagado o brilho de minha mãe.

— Ninguém tem esse poder! Ninguém. Sua mãe também teve o aprendizado dela, que era não aceitar passivamente uma situação que lhe era conveniente, mas que tinha um alto custo para ela. Mas lembre-se: esse é o aprendizado dela, irmão. Ela também se vitimou em outra encarnação, como mais uma das amantes de Maurício por simples conveniência, quando ele viveu na Espanha.

— Você tem razão. Eu sei que quero saber demais, mas será que meu desejo de que Arthur seja curado será realizado?

Antônio riu.

— Eu tenho certeza que sim, mas isso só depende dele. Ele tem que ter fé em si mesmo. Fazer brilhar Deus em si. Ter fé e coragem em suas capacidades. Deixar que o bicho adormecido, que está dentro dele, venha à tona e dê um rugido para o mundo. Sua mente ouvirá esse rugido que é ele próprio, que é a vida, e certamente ele voltará a ter autoestima, que é por direito de todos os homens. Ninguém é maior ou menor do que ninguém. Dessa forma, ele caminha com segurança para a possibilidade real de cura. E conhecendo Arthur como nós o conhecemos, ele vai conseguir!

— E quanto a Marcos? Ele realmente perdoou o pai e o irmão, não é?

— Sim, ele perdoou.

— Agora veja, se para você foi difícil ser neto de Isaac, imagine para Marcos, que reencarnou como filho do homem que o matou, pois Marcos era Rudolph. Tudo o que Rudolph queria na época era usar sua fortuna para salvar vidas, comprando documentos falsos e fazendo a transferência de famílias judias para outras áreas. Isaac não só tirou a vida dele como se apropriou de sua fortuna, e, o principal, tirou a oportunidade de serem inúmeras vidas salvas durante a guerra. Como eu lhe disse, cada um tem o livre-arbítrio de, a qualquer momento, quebrar um ciclo prejudicial que vem de gerações.

— Isso é impressionante! Marcos nasceu como filho do homem que o matou em sua última encarnação e da mulher que o usou para roubarem toda a sua fortuna!

— Marcos recebeu a permissão de conhecer, até certo ponto, uma parte de seu passado ainda encarnado, pois ele já se perdoou de suas falhas e do que considera serem suas fraquezas. Conhecer detalhes sobre sua última encarnação como Rudolph seria demais para ele enquanto estiver encarnado. Mas ele tem dentro de si muita força e o astral pode aliar-se a ele para que possamos ampliar e muito os nossos trabalhos. Ele é um ser iluminado, como todos somos, mas percebeu em vida a sua luz.

— Nada é por acaso... — desabafou Cláudio, com os olhos marejados.

— Exatamente, nada é por acaso.

— Eu gosto demais do Marcos. Temos um laço forte, não sei como lhe explicar — falou Cláudio.

Antônio olhou-o bem e disse:

— Não é à toa que vocês dois tiveram uma afinidade tão grande. Você foi Gabriela em sua última encarnação.

— Gabriela?! — Cláudio ficou espantado.

— É por esse motivo que você e Marcos eram tão próximos, afinal de contas, você foi Gabriela e Marcos foi Rudolph. Foram marido e mulher até serem enganados por Isaac e Renata. Depois que você morreu no campo de concentração, ele foi assassinado por Isaac, que queria se apossar de toda a sua fortuna e fugir com Renata para o Brasil.

— Por que não me lembro disso?

— Vai se lembrar, não se preocupe, querido.

— Antônio, tem mais alguma peça faltando nesse quebra-cabeça... Algo que sei que aconteceu e que é muito importante para mim, mas não consigo me lembrar.

Antônio abaixou a cabeça e colocou sua mão sobre os olhos. Ele aspirou gentilmente o perfume das flores. Cláudio ficou ao seu lado, sentindo que Antônio estava muito emocionado.

O mentor não disse nada. Apenas virou-se para Cláudio e segurou-o pelos braços com muita delicadeza.

Nesse momento, Cláudio sentiu todo o seu corpo estremecer. Percebeu que viajava no tempo e no espaço e via

Antônio junto dele. Os dois caminharam por uma floresta até chegarem a um riacho. Ao se olhar na água, Cláudio viu o seu reflexo. Arregalou os olhos... Era Kaiá.

— Antônio...

— Sim.

— Sou eu? Quer dizer que sou a índia que você tanto amou?

Imediatamente, o perispírito de Cláudio transformou-se em Kaiá, uma linda morena com a pele amendoada e cabelos negros, olhos castanhos, ligeiramente puxados, que dava a ela um ar de mistério e sensualidade raros. Seu corpo era lindíssimo. Estava vestida apenas com uma peça de roupa envolvendo a sua cintura. Havia uma luminosidade exuberante envolvendo-a.

Os olhos de Antônio ficaram marejados.

— Kaiá... Meu amor. Até que enfim, nossos espíritos estão unidos, depois de quase cinco séculos de espera.

Antônio estendeu a mão para Kaiá. Então, como na primeira vez, ele olhou para a sua amada e envolveu-a em seus braços. Aproximou-se de seu rosto e seus lábios tocaram-se, e os dois envolveram-se em um beijo de puro amor.

Amor que só os espíritos mais puros conseguem ter, formando em volta deles um halo de luz, de cores lindas, uma tela única digna de uma pintura renascentista. Em volta, só havia a paz e a sensação de que, não importa o que aconteça, tudo está certo na vida.

Os dois espíritos estavam profundamente emocionados. Haviam passado por muitas experiências, provações, alegrias, dores, tristezas... Odiaram, sofreram, mas também amaram muito e, o mais importante, estavam ali, frente a frente, juntos, mais maduros, mais lúcidos, unidos por um elo indestrutível de amor, tão belo e tão forte, que nada mais seria capaz de separá-los novamente. Nunca mais...

FIM

Crie uma vida melhor para si mesmo.

Conheça outros sucessos da
Editora Vida & Consciência

Zibia Gasparetto

pelo espírito Lucius

A verdade de cada um
A vida sabe o que faz
Entre o amor e a guerra
Esmeralda (nova edição)
Espinhos do tempo
Laços eternos
Nada é por acaso
Ninguém é de ninguém
O advogado de Deus
O amanhã a Deus pertence
O amor venceu
O encontro inesperado
O fio do destino
O matuto
O morro das ilusões

Onde está Teresa?
Pelas portas do coração (nova edição)
Quando a vida escolhe
Quando chega a hora
Quando é preciso voltar
Se abrindo pra vida
Sem medo de viver
Só o amor consegue
Somos todos inocentes
Tudo tem seu preço
Tudo valeu a pena
Um amor de verdade
Vencendo o passado

Mônica de Castro

pelo espírito Leonel

A atriz (edição revista e atualizada)

Apesar de tudo...

Até que a vida os separe

Com o amor não se brinca

De frente com a verdade

De todo o meu ser

Desejo – Até onde ele pode te levar?
(pelos espíritos Daniela e Leonel)

Gêmeas

Giselle – A amante do inquisidor (nova edição)

Greta

Jurema das matas

Lembranças que o vento traz

O preço de ser diferente

Segredos da alma

Sentindo na própria pele

Só por amor

Uma história de ontem (nova edição)

Virando o jogo

Marcelo Cezar

pelo espírito Marco Aurélio

A última chance

A vida sempre vence

Ela só queria casar...

Medo de amar (nova edição)

Nada é como parece

Nunca estamos sós

O amor é para os fortes

O preço da paz

O próximo passo

O que importa é o amor

Para sempre comigo

Só Deus sabe

Treze almas

Um sopro de ternura

Você faz o amanhã

Ana Cristina Vargas

pelos espíritos Layla e José Antônio

A morte é uma farsa

Em busca de uma nova vida

Em tempos de liberdade

Encontrando a paz

Intensa como o mar

O bispo (nova edição)

Uma TV na internet feita especialmente para você, que busca bem-estar e renovação da alma.
www.almaconscienciatv.com.br

FIQUE POR DENTRO!

 /Almaeconscienciatv

 @acwebtv

Assista aos programas AO VIVO ou no horário que preferir.

Rua Agostinho Gomes, 2.312 – SP
55 11 3577-3200

grafica@vidaeconsciencia.com.br
www.vidaeconsciencia.com.br